《古典学评论》

古典學評論

第1辑

徐松岩 主编

上海三联书店

CONTENTS

目录

论著选译

考古前沿

CONTENTS

DISIPLINE CONSTRUCTION

TRANSLATION OF SELECTED WORKS

ARCHEOLOGY

写在前面的话

甲午岁末，对于中国学界而言，依然像往年一样平凡。嘉陵江畔，阴雨绵绵，缙云山麓，翠竹挺拔，西大银杏，片片金黄。一份酝酿两年多的刊物《古典学评论》就要在这里问世了。她，将会为中国古典学的学科建设和发展提供一块小小的园地。此时此刻，所有关注和期待中国古典学发展的人，所有从事这一学科领域研究的人，所有为她的诞生付出辛勤劳作的人，都会为之感到欣慰。

古典学是以研习古代文字与文献为基础，对人类文明史上的“轴心时代”（公元前8世纪至公元前3世纪）诸文明进行全方位多学科综合研究的一门学问。世界各区域文明在经过早期发展之后，形成了创新性文明成果最为丰硕的三个中心，即中国、印度、希腊，这是古典学研究的主要对象。古典学的核心内容是探究人类精神觉醒及古典文明兴衰规律。具体而言，主要研究古典政治与经济、哲学与思想文化、法律、文献与文字及社会生活等诸方面。古典学研究综合运用考古学、语言学、人类学、历史学、社会学、经济学、地理学、伦理学、心理学、生态学等诸学科的方法，注重宏观研究与个案研究、微观研究相融合，专题研究与比较研究相结合，从研究古代文字、文献入手，解读古典原典文本之要义，阐释古典文明之精义，缕析现代古典学研究成果，比较古典文明之异同，探讨早期国家种种发展道路，阐明古典文明兴衰之规律。

20世纪70年代以来，随着经济全球化和国际学术交融化，诸学科之间相互渗透不断加强，跨学科、全方位综合研究的条件日臻成熟。从某种意义上说，当今世界各种文化的发展和诸文化中心的出现，正是对两千年前的“轴心时代”的一次新的飞跃。世界各民族、国家在其经济发展的同时必定会要求发展其自身的文化，经济全球化必将为文化多元发展搭建一个良好的平台。新的“轴心时代”的世界文化发展状况将不是各自独立，而是在相互影响下形成多元共存局面，跨文化和跨学科的研究将会成为21世纪文化发展的强劲动力。古典时期少数伟大思想家主导的百家争鸣现象，也将变化为众多的思想家群体导演或表演的交响与合奏。古典文明成果必将为新的轴心时代提供丰厚的文化资源，并成为文学艺术创作的宝库。

古典学在西方教育、文化和学术传统中具有崇高地位。英文“古典学”(Classics)一词来源于拉丁文“高级的”、“权威的”一词(classicus，原意为“属于公民最高等级”)，取其权威和经典之意。西方古典学起源于希腊化时代。在西方世界，古典学是一门历史悠久的学问，其源头可追溯至希腊化时代亚历山大里亚学派的学者们对古代希腊文献的校勘和整理。这些文人学者们相信，古典希腊文献承载了高级的知识、智慧和思想。

18世纪末，近代古典学兴起于德国。从19世纪到20世纪前期，古典学均是西欧乃至北美中高等教育的基础，古希腊文和拉丁文是中学必修课程，掌握这两门语言也是进入高等学府的必要条件。19世纪的西方学者和思想家多具有深厚的古典学素养。德国作为古典学(Altertumswissenschaft)发祥地，其研究范式值得我们特别重视。其主要特征有三：其一，古典学的基础与核心是古典语文学，它是通达“古希腊罗马文明的本质”之最根本途径。其二，经典文本的阐释必须置于其所从属的历史与文化情境。这就要求古典学者对于文本产生于其中的历史、文化与思想背景有透彻而全面的掌握。其三，要实现“用学术的方法来复活那个已逝的世界”，古典学所蕴含的人文精神与历史精神必须相互制约，缺一不可。

19世纪西方古典学知识开始传入中国，其中以艾约瑟为代表的传教士发挥了主导作用。20世纪初，在中国历史上影响深远的新文化运动中的核心内容是提倡“科学”与“民主”，这体现了当时中国文化精英对西方文明精髓之认识，而其源头正是西方古典文明。20世纪前期，中国学界接受并且呈现的是关于西方古典学的零散知识，距离古典学学科的建立还相当遥远。

新中国建国以后，西方古典学多部名著被译为中文出版，特别是近30年来，大量古典学论著和相关工具书被引进或迻译出版；古典学知识则以“碎片状”分散于高校和研究机构的世界历史、外国语言文学史、外国哲学史、外国建筑艺术史等学科中加以讲授和传播。不少学者为古典文明史学科建设奔走呼吁，其中贡献最卓著的当属中国世界古代史研究会首任理事长林志纯(笔名日知)先生。林志纯联合复旦大学周谷城和武汉大学吴于廑两位先生,一再发出加强世界古典文明史研究的呼吁。1984年,教育部在东北师范大学建立世界古典文明史研究所,创办世界古典文明史学习班,每年还招收亚述学、赫梯学、埃及学和西方古典学研究方向的硕士生、博士生。

近年来,国内诸多学者强调"重建中国古典学","中国古典学"学科的建立则意味着需将古代中国灿烂辉煌的文明置于世界史、全球史和人类史的广阔视角中去审视和考察。但必须承认,国内最高学科管理机构迄今并未确认古典学应有的学术地位。国内恢复研究生招生30余年来,古典学基本上只是历史学的二级学科世界史之下的一个研究方向。2011年世界史被确认为一级学科之后,国内多所大学将古典学作为其一个研究方向招收博士、硕士研究生;个别高校进行了大胆的尝试,设立了古典学二级学科,招收本科、硕士、博士研究生。

总体而言,在国内,古典学学科尚处于草创阶段。近代以来,随着西学东渐,西方学术分科影响甚巨。在中国,古典学的相关研究内容分散于历史学、哲学、语言文学等学科之中。近30年来,国内西方古典学研究取得较大进展,国内有6所高校设立古典文明研究中心(所),研究队伍日益扩充,对外学术交流日渐增多,相关专著译著不断出版,研究水平逐步提高;与此同时,相关学科如埃及学、亚述学、印度学、赫梯学以及中国古代文明史研究也取得长足进步;而中国古典学则处于起步阶段,人们对中国古典学如何界定也存有争议。自20世纪70年代以来,国际人文社会科学学术发展中,针对近代学术分科而导致学术研究选题"碎化"之弊,兴起的一股趋于全方位综合化,采用跨学科、多学科联合攻关研究的趋向,已经成为国际学术发展的主流。因此,贯通中西多学科研究的古典学交叉学科的建立,可以说是适应了经济全球化、国内国际学术发展和中国崛起之需要,对改变目前诸学科之间"一盘散沙"的研究现状具有重要意义。

2015年夏,中国山东大学将首次主办"国际历史科学大会",这在某种意义上堪比中国成功举办奥林匹克运动会。随着中国与世界各国经济文化交流不断加强,人文社会科学的发展逐步走向世界,是繁荣21世纪中国学术的必由之路。

正是在这样的形势下,为这一学科的研究人员提供一个比较稳定的交流平台,并将研究成果推向世界,就显得十分必要了。这就是我们创办《古典学评论》的出发点。西南大学古典文明研究所获准成立伊始,即酝酿创办刊物和网站(古典文明研究网)。两年多来,除了刊物的主办单位西南大学古典文明研究所的全体人员付出了大量艰苦劳动之外,西南大学校方以及历史文化学院、民族学院从财力、物力等方面,给予了巨大的支持。学术界同仁也热情鼓励,鼎力相助。上海三联书店的黄韬先生在出版方面给予热情支持。西南大学美术学院陈航教授、重庆四联集团白永胜先生欣然亲笔题写刊头。刘家和先生(著名历史学家、北京师范大学资深教授、中国世界古代史研究会名誉理事长)、王敦书先生(著名历史学家、南开大学教授、中国世界古代史研究会名誉理事长)、王焕生先生(著名希腊拉丁语翻译家、中国社会科学院外国文学研究所研究员)、王兴运教授(著名历史学家、西南大学教授)、意大利罗马第三大学古典学者 Arnaldo Marcone、希腊国立雅典大学古典学教授 Kostas Buraselis 亲自担任本刊的顾问。国内外古典学界的一批知名专家组成本刊编委会,给予了宝贵的帮助和指点。创刊号上的文章,大都是作者深思熟虑专为本刊撰写的佳作,或者是准备投给其他刊物的得意之作。在此我谨代表古典文明研究所的工作人员对他们表示衷心的感谢!

因此,毫不夸张地说,本刊承载着学界同仁的关心与厚爱,凝聚着学界同仁的关心与厚望,这就要求我们以对社会、对学术高度的责任心和强烈的使命感,以 21 世纪中国学者应该具有的开创精神,将其建设成为具有鲜明特色的学术刊物,彰显其无可替代的社会价值和学术价值。

首先,注重多学科相互借鉴与融合。近代以来,人文社会科学诸学科的发展日新月异,专业化程度不断提高,不同学科之间,甚至学科内部往往彼此隔膜,缺乏沟通与交流,虽然从表面上看是研究日益深入而精细,但事实上则使科研选题趋于过狭过小,常常使人有“只见树木,不见森林”之感。这种情况的出现,固然可视为人文科学进步的表现,同时亦是发展中的问题,甚至有可能成为学科进一步发展的障碍。西南大学全力支持设立古典学交叉学科,就是希望在人文科学研究中,汲取不同学科诸如哲学、历史学、文学、语言学、人类学、民族学、考古学、地理学、生态学、艺术学等学科的研究方法和成果的精华,对世界古典文明进行全方位综合研究。因此,本刊所刊载的文章绝不会以学科划界,尤其推崇尝试以跨学科视角对相关问题加以探讨的文章。

其次,中国古典文明与异域古典文明研究相结合。中国文明源远流长,成果丰硕,特色鲜明。从世界范围来看,公元前 3000 年代进入文明的地区只有两河流域、埃及、印度河流域、黄河流域和克里特岛。中国文明无疑是世界最古老的文明之一。中国文明发展的连续、历史记录不断，在全世界文明中是极为罕见的。中国文明的另一个显著特征是，在发展过程中有一个基本稳定的统一趋势。在与异域文明比较研究中，在世界文明视野下，这些特征才突显出来。同样，世界古典文明史上涌现出来的诸位政治家、思想家、军事家、哲学家、改革家、立法家、科学家，以其超人的智慧为后世留下极为丰厚的遗产，亟待人们去深入发掘、研究、阐释，发扬光大。

再次，注重文明传承研究，倡导历史与现实相结合。人类文明史上的所谓“轴心时代”虽然距今2000余年，但是那时诸位先贤所创立的成果却一直传承至今，影响着全人类的生活，具有不可替代的重要价值。我们相信，真正有价值的东西，是一定不会过时的。纵观每一位先贤及其作品的流传历程，无疑是一部不折不扣的学术史。因此，本刊注重以原始资料为依据的论文，也推崇追根溯源，正本清源，疏凿源流的研究成果。我们不仅要研究和阐释古典，更要将其与服务于现实社会结合起来。

最后，倡导平实文风，自由探讨，百家争鸣，平等切磋。近几十年来中国学术事业蓬勃发展，硕果累累。不过，必须承认，在这一片繁荣景象的背后，也有一些不能忽视的隐忧。譬如，学术成果的“泡沫化”现象相当严重，买文卖文的事情时有发生，这种情况也多少影响到古典学研究领域；又如，国内不少高校或研究机构学术评价采用“数字化”管理模式，动辄以量化指标来简单衡量基础研究者的劳动量，这对于从事基础研究特别是古代历史研究者来说是不公平的，是造成研究队伍不稳定的原因之一；再如，真正的学术批评文章愈来愈少。本来学术批评是促进学术进步和繁荣、营造良好学风的重要助推器，但是由于种种原因，国内学界学术批评近年来似乎日趋沉寂。必须指出的是，批评者所持观点未必更高明，被批评者的观点也未必有误。问题的关键在于论辩双方必须平等切磋。只要讨论是建设性的，有助于学术的进步，那么我们对于争论双方都是无条件支持的。本刊希望给长期扎实做学问的同仁提供一块平心静气地切磋学术、以文会友的园地，有真知灼见的学术争鸣，尤为欢迎。

2014年12月，《古典学评论》问世。不过，她只是一棵刚刚出土的幼苗，离不开关注、热爱古典学问的诸位作者、读者的关心与呵护。我们相信：“星星之火，可以燎原”。读者们可以看到，我们的作者队伍，来自于不同学科，不分国内国外，只须用中文写作，只须有真知灼见。大家共同的期盼，是让她成长为一份名副其实的古典学学术刊物，在科学研究和知识普及方面都发挥其应有的作用。让我们共同祝愿这棵幼苗茁壮成长，开花结果！

徐松岩

2014 年 12 月 18 日

内容提示

本辑文章共 15 篇，内容集中于以下五个栏目：

"历史与地理"栏目有 6 篇文章。晏绍祥的《公元前 6 世纪末希腊城邦政治中的平等趋向》从希腊政治思想中"平等"这一概念入手，通过分析从来库古到克里斯提尼的政治改革，讨论公元前 6 世纪末希腊城邦政治中走向平等的一般趋势。徐难于在《继承与创新视野中的孔子天命思想》中指出，从西周末年到春秋时期，社会现实与上天"惩恶扬善"理论的矛盾冲突日益尖锐，从而导致传统天命信仰嬗变。孔子以天命信仰嬗变为契机，颇具创新性地阐释了上天对个体命运与社会秩序的主宰，同时也创造性地转化了由上天主宰的人世祸福内涵，重构了与传统天命思想既有联系，又有极大差异的天命学说，以适应时代的理论需求。徐晓旭《古希腊语的史前史》对古希腊语史前史知识进行了系统介绍和回顾性评论。祝宏俊《希波战争中波斯胜败的反思》梳理了古典文献中对波斯战争中胜败的不同叙述，阐释了波斯由胜利者变为失败者的过程。李铁匠《斯特拉波及其〈地理学〉》吸收国内外近百年来的研究成果，对斯特拉波和《地理学》进行了深入介绍和评价。白春晓《运气、希望、恐惧与爱欲》论述了修昔底德历史叙述中对人性和人类言行模式的思考。

"哲学与文学"栏目有 4 篇文章。崔延强《怀疑即探究》论述了古希腊怀疑主义在哲学史上的意义，认为其预示了 20 世纪形而上学的科学实证主义思潮。张绪山《论经院哲学对近代科学思维的贡献》强调经院哲学恢复和发展了古希腊逻辑分析传统，并促使其走向近代的科学思维。宋立宏《哈德良：不倦的旅人》介绍、评论了伯利关于哈德良皇帝的学术传记《哈德良：躁动不安的皇帝》。肖训能《被遗忘的"命中注定"》分析了赫西俄德视域下的神世与人世的秩序。

“学科建设”栏目有2篇文章，展示了关于如何建设国内古典学这一问题的两种观点。杨巨平《中希古典研究刍议》强调通过比较研究的方法，通过文献互补等形式，中西古典学之间、中希古典文明研究之间完全有可能建立一种学术互动关系。张文涛《古典学与思想史》认为中国西学研究的根本动力来源于中国问题，强调尼采和施特劳斯才是古典学建设的路标。

“论著选译”栏目刊载了吴晓群翻译的耶格尔《早期基督教与希腊教化》（节选）和李永斌翻译的伊索克拉底演说辞《布希里斯》。在“考古前沿”栏目，井玲《希腊马其顿安菲波利大墓考古发掘纪实》，介绍了希腊考古学家对该墓考古发掘的最新进展以及国内外种种猜测和评论。

历史与地理

公元前6世纪末希腊城邦政治中的平等趋向

晏绍祥

摘　要:本文从希腊政治思想中的一个重要概念“平等”入手,讨论公元前6世纪末希腊城邦政治中走向平等的一般趋势。其时来库古和梭伦偏爱的“优良秩序”已经不能满足希腊民众一般的要求。在萨摩斯、小亚细亚的希腊人城邦和库列涅等地的变革中,均出现了不同程度的追求平等的趋势。但平等最为充分的体现,体现在雅典经克里斯提尼改革创立的政治和制度之中。通过重组阿提卡的政治与社会组织,克里斯提尼不仅在雅典实现了民众在法律面前的平等,而且实现了公民对国家管理的平等参与。克里斯提尼改革本身可能就是公民平等的结果。他所创立的制度,也因此成为民主政治的原始版本。

关键词:优良秩序　平等　克里斯提尼改革　政治参与

“平等”(isonomia)是古典时代希腊城邦主要的政治口号之一。学者们公认,它与民主政治联系密切,是民主政治的前奏。西方学者对这个概念的起源和发展多有讨论,但中国学者对它似乎仍不够了解,相关论著中也缺乏具体讨论。本文期望结合公元前6世纪希腊历史发展的一般趋势,对这个概念的起源及其基本含义做一个基本介绍。

从“优良秩序”到“平等”

古风时代前期,希腊城邦政治的基本走向,是“优良秩序”(eunomia)。斯巴达的来库古改革与雅典的梭伦改革,口号都是“优良秩序”。虽然在斯巴达,优良秩序更多地与说服、远见和谨慎联系在一起，强调顺从和服从，以及国家对公民个人的绝对强势地位，"'优良秩序'作为'说服'的姊妹、'远见'的女儿，既在个人也在国家身上占据了优势，尤其是他们之间的关系上。如果像后来一样，当时是'万物之主风俗'统治着斯巴达，则'优良秩序'就是顺从和服从这个风俗，其中体现的是国家的意志"①。然而，它终归解决了斯巴达公民基本的土地和对政治的参与问题，让斯巴达从此赢得了稳定。而在雅典的梭伦改革中，优良秩序不仅代表着正义，更代表着公民对国家事务的参与。对梭伦而言，城邦的命运寄托于公民的作为和命运。② "对城邦任何成员的伤害，间接地，但同样确定地伤害了城邦所有的成员，因为尽管最初的不公仅仅及于一人或者少数人，但对共同幸福的最终果报将损害所有人的幸福，因此，任何人的冤屈，是所有人的事情。"③因此，与斯巴达等城邦要求公民绝对服从国家不同，梭伦体制之下，城邦通过授予公民必要的权利，鼓励他们积极参与政治，来确保城邦正义的实现。耶格尔曾经认为，梭伦的改革，创造了雅典的政治文化。④ 而梭伦的政治文化，正是从公民个体的命运将影响到所有人，因此所有人都需要享有某些权利，以帮助受到不公待遇的他人为前提。具体的做法，则是鼓励公民参与国家治理，以公民全体为依托，保护个人不受伤害，进而通过公民大会、议事会和司法上诉权等渠道，把雅典公民变成雅典城邦和公民个人命运的掌握者。⑤

虽然梭伦已经认识到，城邦是公民的城邦，公民个人的命运与城邦的命运息息相关，并据此鼓励公民参与国家政治，把国家交托于公民。通过取消债务，废止债务奴役，承认公民土地私有权，把占有土地与公民资格联系起来等

---

① Victor Ehrenberg, *Aspects of the Ancient World: Essays and Reviews*, Oxford: Basil Blackwell, 1946, p. 79.

② 在《Eunomia：梭伦的理想政制》(《历史研究》2014 年第 1 期)中，张巍对此有深入讨论。他以梭伦的诗歌《致城邦》为基础，结合古风时代希腊思想的发展，准确界定了梭伦理想政制的特征及其思想文化渊源。它"体现了'分配性正义'的城邦政制秩序"，"实现了心智秩序与理想政治秩序的结合"。

③ Gregory Vlastos, "Solonian Justice", *Classical Philology*, vol. xli, No. 2 (April 1946), pp. 69.

④ Werner Jaeger, *Paideia: The Ideal of Greek Culture*, vol. 1, translated by Gilbert Highet, Oxford: Basil Blackwell, 1965, pp. 136 – 149. 梭伦一章的标题就是《梭伦：雅典政治文化的创造者》。

⑤ 弗拉斯托斯对梭伦正义观和自由观的分析，正以此为出发点，见 Gregory Vlastos, "Solonian Justice", pp. 65 – 75。

措施，梭伦界定了雅典公民资格，把公民与外侨、奴隶等非公民团体清晰地区分开来。[①] 但在梭伦等级化的优良秩序体制下，富人仍然把持着雅典国家的主要权力，典型表现是高级官职限于第一和第二等级的公民，第三等级的公民只能担任低级官职，而占人口多数的第四等级，只享有最为基本的公民权，例如出席公民大会，参与审判等。诚如亚里士多德所说，"照梭伦当初立法的本旨，赋予平民的实权是有限度的，他所规定的民权仅仅是选举行政人员并检查哪些行政人员有无失职之处；这些都是平民应有的权利，他们倘使没有这些权利，就同非公民的奴隶无异，这就可能转而为城邦政府的仇敌了。他规定一切职官都须在著名人物(才德)和小康以上的家庭(资产)中选任；必须是'五百斗级'或所谓'双牛级'(即第三级)或骑士级才有当执政人员的被选举权。第四级，即佣工，是不容许担任任何官职的。"[②]所以，在整个公元前 6 世纪，政治舞台上扮演主角的，仍然是那些世家大族，平民很大程度上不过是贵族的追随者。公民大会的权威，此时也许不过是选举官员、通过决议，是否有对决议的讨论权，不无疑问。[③] 然而，这种等级式的优良秩序，也许符合梭伦本人的认识，在公元前 6 世纪初，也许足够革命，尤其是它允许最低等级的公民参与到城邦政治进程之中，并采取措施确保了社会下层基本的政治和社会权利，[④]却不适应后来雅典社会和政治发展的需要。贵族之间争权夺利的斗争，不能不仰赖平民的支持，并对平民做出不同程度的让步，由此将平民引入政治，逐渐激发出了平民自身的政治意识。[⑤] 庇西特拉图家族的僭主政治，某种程度上解决了平民基本的生计，为平民参与政治创造了经济前提。于是，到公元前 6

---

① 黄洋：《古代希腊土地制度研究》，复旦大学出版社 1995 年版，第 157—158 页。

② 亚里士多德：《政治学》，吴寿彭译，商务印书馆 1983 年版，第 105 页。

③ 例如在投票给予庇西特拉图私人卫队时，希罗多德不曾提到进行任何讨论。庇西特拉图之夺取权力和两次被驱逐，也不曾经过公民大会，他权力的得失，很大程度上取决于他与其他贵族家族的关系。见希罗多德：《历史》，王以铸译，商务印书馆 2005 年版，上册，第 27—30 页。

④ 圣克鲁瓦强调梭伦取消债务措施的革命性质，特别指出取消债务为其他希腊城邦所无。但笔者必须指出，赋予社会下层直接参与国家管理的权利，至少像斯巴达的来库古改革一样具有革命性。见 G. E. M. de Ste. Croix, *The Class Struggle of Ancient Greek World to the Arbian Conquest*, London: Duckworth, 1983, pp. 137, 282。

⑤ 不少学者倾向于强调雅典政治斗争的贵族性质，但因为雅典国家的特性和梭伦以来平民对政治的参与，平民逐渐成为贵族争夺政治权力中最为重要的筹码。有关贵族争权与民众参与及其与民主政治产生的关系，见陈莹：《与民众结盟——阿尔克迈翁家族与雅典民主的诞生》，《世界历史》，2012 年第 1 期，第 115—125 页。

世纪末，当僭主政治垮台之时，梭伦式的优良秩序被抛弃，取而代之的，是更能表现平民意愿的平等（伊索诺米亚[isonomia]），雅典的政体，也经过克里斯提尼改革，成为民主政治。

平等成为政治要求

学者们公认，平等一词最初可能出现于公元前 6 世纪末的雅典，克里斯提尼可能把它作为政治口号，用来赢得公民的支持。[①] 它基本的含义，是法律面前的平等和所有公民共同享有的权利。虽然现存文献中该词最初出现于公元前 6 世纪末僭主被推翻后的雅典，表达的可能是贵族的感受，但后来被以克里斯提尼为首的民主派接过作为口号，以描述改革后雅典建立的民主政体，但作为一个原生形态而非输入的观念，政治实践很可能早于表达它的术语。从希腊历史上看，它可能首次出现于公元前 522 年。当年萨摩斯僭主波利克拉特斯意外被波斯总督处死，他的继承人迈里安德罗斯打算放弃权力，恢复萨摩斯人的自由。他首先为自由之神宙斯修建一座祭坛，然后召集萨摩斯人全体公民的大会。他在会上宣布，他很不喜欢之前波利克拉特斯君临一切的作风，而希望与“你们分享所有权威，并且宣布平等”，作为回报，他只需要得到已故僭主财产中的 6 塔兰特黄金和自由之神宙斯的祭司职位。这里所说的平等，就是伊索诺米亚。[②] 从上下文看，它确实表示所有公民平等享有进行统治的权利。不过，这次试验以失败告终，一者，迈里安德罗斯宣布的平等仍不够平等，他本人希望拥有的 6 塔兰特黄金与宙斯的祭司职位，固然不足以让他成为僭主，但无疑会使他成为特权分子。二者更加重要：萨摩斯人中部分人反对，而且是比较重要的人物。于是迈里安德罗斯被迫放弃了他的主张，转而企图建立僭主政治。经过一系列动荡后，该岛最终被波斯征服。希罗多德言及此处，特别评论了一句，“看来，他们（萨摩斯人）并不是希望自由的。”[③]

---

① Victor Ehrenberg, *Aspects of the Ancient World*, pp. 89 - 91; Gregory Vlastos, “Isonomia”, *American Journal of Philology*, vol. 74, No. 4 (1953), pp. 339 - 341. 如果从年代上推算，平等一词本出现于波斯 7 个贵族讨论波斯应当采用何种政体之时。但那样一场讨论，尽管希罗多德信誓旦旦地表示确曾发生，然而讨论中使用的话语，表明那只能是公元前 5 世纪雅典或者希腊其他城邦的情景，因此下文的讨论中对此略而不论。

② Herodotus, *The Persian Wars*, vol. II, translated by A. D. Godley, Cambridge, MA: Harvard University Press, 1938, pp. 176 - 177.

③ 希罗多德：《历史》，上册，第 258 页。

尽管如此，权利平等仍是公元前6世纪末希腊城邦政治发展的一个基本趋势。可能在萨摩斯之前，北非的希腊人殖民城市库列涅发生过一次改革。当时库列涅因王位继承和不同集团的居民之间发生冲突，门丁尼亚的戴摩纳凯斯应邀调处。他的具体做法，多少也有些平等的味道，将原来国王享有的权威大部剥夺并交给公民（只保留了某些领地和祭司职务），并根据库列涅的情况，将它的居民重新划分为三个部落，让公民大会掌握了主要权力，亚里士多德因此将那时的库列涅政体视为与克里斯提尼在雅典建立的类似的民主政治。只是因为国王仍保留某些特权，难称真正的平等。① 如在萨摩斯一样，这种体制大概维持了一代人后被颠覆，该城也在经历动荡后，于公元前6世纪末成为波斯的藩属。

同样在该世纪末，波斯统治下的小亚细亚希腊人城市中出现了类似的趋势。公元前513年，随波斯远征西徐亚人的小亚细亚希腊人僭主讨论是否接受西徐亚人的建议，放弃他们为波斯人守卫的多瑙河上的浮桥自行返回自己的城邦。雅典人米尔提阿德斯发言认可，但米利都僭主希斯提埃伊欧斯表示反对，理由就是"他们今日之所以各自成为自己城邦的僭主，正是由于大流士的力量。如果大流士的权势被推翻的话，他们便再也不能进行统治了，不论是他在米利都还是他们的任何人在任何地方都会如此，因为那时所有城邦都会选择民主政治，不会选择僭主政治了。"②希罗多德这里直接使用了民主政治（demokrate）一词，③很可能是误用了公元前5世纪的术语，更准确的说法，也许应当是平等，因为在第5卷中，当希罗多德提到阿利斯塔哥拉斯为争取米利都人支持反叛波斯的起义时，说的是后者"故意放弃了他的僭主地位并使米利都的人们获得平等的权利"，而米利都人欣然接受。这里所使用的"平等的权利"，就是伊索诺米亚。④

相对于希腊世界的上千个城邦，上述事例似乎并不算多。但它至少表明，公元前6世纪末希腊的某些地区，确实出现了公民追求政治平等的一般趋势。我们不应忘记，希斯提埃伊欧斯的话代表了亚洲希腊人的一般取向，希腊人对

---

① 希罗多德：《历史》，上册，第329页；亚里士多德：《政治学》，第322页。

② 希罗多德：《历史》，上册，第318页。

③ Herodotus, *The Persian Wars*, vol. II, p. 338.

④ Herodotus, *The Persian Wars*, vol. III, translated by A. D. Godley, Cambridge, MA: Harvard University Press, 1998, p. 40.

阿利斯塔哥拉斯的支持，则成为那里的希腊人确实向往平等的有力证据。在库列涅，具体负责设计改革措施的是来自阿卡狄亚城邦门丁尼亚的普通公民戴摩纳凯斯。那意味着即使在阿卡狄亚那样相对后进的地区，人们也熟悉这样的概念。而他在库列涅并无强制手段，其措施却能得到库列涅的支持，并且能够维持若干时日，似乎暗示库列涅人也不是完全不认同这样的做法。然而如前所述，这样的趋势在其他地方或者未能完全实现（如萨摩斯和米利都），或者勉强实现，不免打了折扣，且延续时间不长（如库列涅和米利都）。只有在雅典，权利平等不但得到实现，而且在公元前 5 世纪得到巩固，进而发展成古典时代希腊最为典型的民主政治。因此，我们需要对该术语在雅典产生的背景以及它与克里斯提尼改革的关系略做辨析。

克里斯提尼改革与平等

平等一词首次出现于雅典，应当是在雅典僭主被推翻后贵族们在酒会上吟唱的诗歌中。“我会像哈摩尔狄乌斯和阿里斯托格通一样，头戴桃金娘冠，身负长剑。当时他们杀死了僭主，让雅典获得了平等。”不过因为这句歌词到底出现于何时存在争议，其含义也不免随定年有所变化。人们争议的主要是它到底是首先出现在僭主垮台后的雅典贵族中间，表达贵族的意识形态，即僭主垮台后贵族取得了平等争夺权力的机会，还是出现于克里斯提尼改革之后，以表达新政体的精神。[①] 对我们来说，这个问题没有那么重要，因为无论它表达的是贵族还是平民的理想，它最初肯定是贵族们创作的，后来被克里斯提尼接受过来，成为了他争取支持的手段，并据此击败了政敌伊萨哥拉斯，在雅典完成了奠定民主政治基础的改革。希罗多德明显认为，平等是克里斯提尼政体的基本精神，并且因此做出了他至今仍非常著名的评论：“权利的平等，不是在一个例子，而是在许多例子上证明本身是一件绝好的事情。因为当雅典人在僭主的统治下的时候，雅典人在战争中并不比他们的任何邻人高明，可是一旦他们摆脱了僭主的桎梏，他们就远远超越了他们的邻人。因而这一点便表明，当他们受着压迫的时候，就好像是为主人做工的人们一样，他们是宁肯做个怯懦鬼的，但是当他们被解放的时候，每一个人就都尽心竭力地为自己做事

① Gregory Vlastos, “Isonomia”, pp. 340 – 344; Victor Ehrenberg, *Aspects of the Ancient World*, pp. 89 – 91.

情了。”①

这里值得注意的现象有两个，第一，希罗多德将平等与僭主统治对举，显然意在比较克里斯提尼新近在雅典建立的政体和此前庇西特拉图家族的僭主政治。事实上希罗多德曾予雅典僭主高度评价，认为他们在雅典进行统治时，“毫不弄乱先前已有的各种官职，也不改变任何法律。他根据既定的制度治理城邦，他的措施是贤明和巧妙的”②。不过他仍然认为，在僭主政治下，雅典人觉得自己与奴隶无异，是为主人工作，一旦赢得自由，则自己成为了主人，表现在战场上，就是之前犹如怯懦鬼的雅典人，突然为了保卫民主政治，不惧强敌，一天之内分别击败了底比斯人和卡尔西斯人两支军队的入侵。希罗多德认为，那只能用雅典人享有自由来解释。第二，希罗多德把权利的平等和自由联系起来，暗示雅典人在僭主统治之下缺乏自由，而在权利平等的政体下，享有了自由，因此成为了自己的主人。因此我们不禁要问，公元前 6 世纪的雅典到底发生了什么，让公元前 6 世纪初仍能够接受梭伦等级式优良秩序的雅典人，到公元前 6 世纪末会主动接受平等的口号，把国家权力掌握在自己手中？

僭主政治本身的垮台，是贵族争夺权力的结果。虽然修昔底德明确提到，庇西特拉图死后，实际掌握权力的是希庇亚斯。与父亲比较，“他行使权力的方式使人民易于忍受，被他统治而无怨言。事实上这些特别的僭主们长期以来的政策表明他们有高度的原则和智慧。他们对雅典人所征的税不过财产的二十分之一，但是他们大大地改善了雅典的面貌，在战争中取得了胜利，举行了一切正当的宗教祭祀。在其他一切方面，城邦还是依照过去的法律管理，他们只是注意他们自己的家族中一个成员总是居于公职”③。可能正是在修昔底德所说的这个时期，雅典一些著名家族的领袖，如菲拉伊德家族的米尔提阿德斯，阿尔克迈翁家族的克里斯提尼、卡利阿斯家族的卡利亚德斯等，不管他们过去对庇西特拉图家族的僭主政治是何种态度，现在都实现了和解，并曾出任执政官。④ 然而，到公元前 6 世纪末，僭主的统治仍遇到了问题：最为根本的

① 希罗多德：《历史》，下册，王以铸译，商务印书馆 2005 年版，第 379 页。

② 希罗多德：《历史》，上册，第 27 页。

③ 修昔底德：《伯罗奔尼撒战争史》，下册，谢德风译，商务印书馆 2004 年版，第 518 页。

④ 查尔斯·福尔那拉：《希腊罗马史料集》(一)：古风时代至公元前 5 世纪末的希腊(英文影印版)，北京大学出版社，2013 年，第 27 页。

因素，是僭主政治期间普通公民地位的上升和经济地位的改善，要求更多地分享权力，[①]然而如修昔底德所说，在雅典有限的公职中，最为重要的一个职位经常被僭主家族垄断。同时，僭主打压贵族的传统，尽管在希庇亚斯统治初期可能有所松动，但贵族仍有理由不满，迹象之一，是雅典重要的菲拉伊德家族的一个重要人物曾被暗杀，曾出任执政官的米尔提阿德斯则选择前往色雷斯殖民。[②] 从僭主方面来说，长期掌握权力带来的特殊地位，也让他们的行事缺乏节制。希帕库斯对阿里斯托格通和哈摩尔狄乌斯的侵犯，虽然在修昔底德看来不过是爱情事件，好像与政治无关，但引发的后果无疑是政治性的，因为在刺杀发生之后，希庇亚斯立刻解除了公民的武装，并处死了一批可能参与也可能根本与阴谋无关的公民；一些贵族，包括很有影响的克里斯提尼在内，选择流亡国外，更有一些贵族试图借助底比斯和德尔斐的支持，武装返回雅典，推翻僭主政治。[③] 僭主政治最后确实是被斯巴达推翻的，但僭主政治垮台的根源，则在雅典国内。

据希罗多德，僭主政治垮台后，雅典最有势力的是两个人，一个是伊萨哥拉斯，另一个是克里斯提尼。两人各自率领自己的追随者争夺权力，但伊萨哥拉斯取得了胜利，当选为公元前 508/7 年的执政官。克里斯提尼“既然在斗争中处于劣势，便和民众结合到一起去了”，并且赢得了胜利，随后便进行了历史上著名的改革。在希罗多德看来，克里斯提尼改革最为重要的内容，就是对阿提卡公民进行新的组织，以 10 个新部落作为主要的政治、军事和社会单位，把阿提卡的乡村政治化。伊萨哥拉斯转而向斯巴达求助。斯巴达人先发出通牒，要求雅典人流放包括克里斯提尼在内的 700 家族，随后国王克列奥美涅斯亲率军队到达雅典，意图解散议事会，建立以伊萨哥拉斯为首的 300 人政权。但雅典人奋起反抗，议事会（不清楚是战神山议事会还是梭伦的四百人议事会）拒绝解散，雅典人民则将斯巴达军队和伊萨哥拉斯围困在卫城中两天，在第三天斯巴达人以非常丢人的条件离开后，雅典人处死了伊萨哥拉斯派的部分成员，请回克里斯提尼，随后再度击败斯巴达组织的三路进攻，并引出了希罗多德那段热情洋溢的评论。

---

① 廖学盛：《廖学盛文集》，上海辞书出版社 2005 年版，第 113 页。

② 希罗多德：《历史》，下册，第 416—417，444—445 页。

③ 希罗多德：《历史》，下册，第 371 页；修昔底德：《伯罗奔尼撒战争史》，下册，第 519—522 页。

这里我们看到一个有意思的现象，就是僭主政治垮台初年的政治斗争模式，与公元前6世纪前期雅典政治斗争的一般状况无二：最有势力的家族，在他们的领袖的率领下，与同样有政治欲望的家族争夺权力。民众最初显然并未完全被包括在内。只是在斗争失败之后，克里斯提尼才“和民众结合到一起”，并且赢得了胜利，随后在民众的支持下进行了部落改革。克里斯提尼之转向民众求助，反映了雅典长期政治斗争对民众政治意识的唤起，而克里斯提尼敏锐地意识到了民众如今在政治中的作用。[①] 但奥斯瓦尔德正确地指出，是什么让原本在僭主政治下可能得到较多照顾的普通民众转而支持了克里斯提尼？[②] 更重要的问题是，克里斯提尼改革实际给予了雅典民众什么实际的利益，以至于他们敢于在克里斯提尼缺席、斯巴达大军压境的情况下，公开发起暴动，将斯巴达人驱逐并将反对派处死？奥伯因此认为，当时雅典发生了一场由人民自主发动的革命，直接后果是确立了民主政治。[③]

这个神奇的东西，可能就是在萨摩斯和伊奥尼亚未能得到实现的平等。虽然希罗多德没有给我们提供相关证据，证明克里斯提尼确实借用了这个口号，也没有提供他如何向雅典民众解释他的政纲，但希罗多德的记载确定无疑地表明，他确实向雅典民众承诺了某种东西，并因此赢得了雅典民众的信任与拥戴。亚里士多德的记载似乎更加明确，“僭主政治推翻之后，进入一段党争的时期，一方领袖是忒珊得耳之子伊萨哥拉斯，另一方是克里斯提尼，他属于阿尔克迈翁家族。克里斯提尼被小集团击败，就提议将政府交给民众，以争取人民的援助。”[④]两人都非常明确，克里斯提尼最初按照传统模式，利用贵族斗争中惯用的小集团(hetairoi)争夺政权，在失败之后才转向民众。他之能够赢得民众支持，虽然亚里士多德认为是因为他驱逐了僭主，而伊萨哥拉斯是僭主的朋友，但在我们看来，克里斯提尼的成功，更主要的原因是他把政权交给人

---

① 陈莹：“与民众结盟：阿尔克迈翁家族与雅典民主的诞生”，第120—125页。

② Martin Ostwald, *Nomos and the Beginning of the Athenian Democracy*, Oxford: the Clarendon Press, 1969, pp. 147-149.

③ Kurt A. Raaflaub, Josiah Ober and Robert W. Wallace, *Origins of Democracy in Ancient Greece*, Berkeley and Los Angles: University of California Press, 2007, pp. 83-104.

④ 亚里士多德：《雅典政制》，日知、力野译，商务印书馆1999年版，第24页，并请见 Aristotle, *Athenian Constitution*, *Eudemian Ethics*, *Virtues and Vices*, translated by H. Rackham, Cambridge, MA: Harvard University Press, 1996, pp. 60-61。

民。[①] 不过亚里士多德似乎认为，克里斯提尼改革的具体实施，是在雅典人击败斯巴达干涉军、并召回克里斯提尼及其他流亡者之后。亚里士多德接着补充说，“现在人民已经控制政体，克里斯提尼是他们的领袖。”[②]克里斯提尼改革的核心原则是随着新部落制度创立而产生的平等。

克里斯提尼的新部落彻底打破了阿提卡原有的部落格局，它由阿提卡三个大区即城区、海岸和山地各一个三一区组成，三一区的基础是阿提卡原有的德莫(一译村社)。据说这些三一区是根据抽签被随意指定给相关部落的，同一个部落的三个三一区可能相距甚远，但各个部落的中心应当都是雅典城。亚里士多德说，通过这样的组合，不同部落的成员混合起来。无论大家是来自山地和海岸，还是来自城区，最终都是雅典人，在同一个部落团队中战斗，在议事会同一个主席团中任职，可能还会举行相关选举。此举目标意在削弱地方贵族的影响，增强雅典国家的统一性，但亚里士多德提到，克里斯提尼如此设计的目的，是“让更多数的人可以参加到政府中来”。[③] 这句话令人费解，它既可能指新入籍的公民有资格借此参与雅典政治，也可能指原有公民有更多机会参与国家管理，即参与公民大会和议事会。从后来的历史发展来说，后者更为可能。因为通过新部落的设计，以及部落与议事会、公民大会的关联，此后无论是阿提卡哪个地区的公民，尤其是那些距离雅典较远的山地和海岸两个地区，也都能够参与到对国家的管理之中，因此让雅典政治具有了平等意蕴。因为雅典军队以部落为单位组织，将军最初是每个部落一名；议事会主席团以部落为单位，具有重要职责。准此而论，部落确实让民众对政府的参与更加平等。此外，部落和三一区的基础是德莫，它设德莫长，主要责任是登记公民，选举基层官员和处理本德莫的相关事务，从而取代了雅典原由贵族控制的胞族登记公民的职责。议事会议员的选举等，可能也以德莫为单位进行。默里关

---

① 克里斯提尼的主观动机到底是真心为雅典人创立民主政治，还是有他个人的精明算计，学术界历来争议颇多。前者可以埃伦伯格为代表，后者可以刘易斯、西利和希格内特为代表。这里着重讨论他的改革所产生的影响，因此个人动机这类复杂的问题，似乎并不重要。见 Victor Ehrenberg, *Polis und Imperium*, Zurich und Stuttgart: Artemis Verlage, 1965, pp. 282 - 297; D. M. Lewis, *Selected papers in Greek and Near Eastern history*, edited by P. J. Rhodes, Cambridge: Cambridge University Press, 1997, pp. 77 - 98; Charles Hignett, *A History of the Athenian Constitution to the End of the Fifth-Century B. C.*, Oxford: the Clarendon Press, 1952, pp. 124 ff.。

② 亚里士多德:《雅典政制》,第 24 页。

③ 亚里士多德:《雅典政制》,第 25 页。

于德莫在雅典基层创立民主的论断，应当说抓住了问题的实质。[①] 经过克里斯提尼的改革，雅典民众对政治的参与，即公民获得的“政治在场性”，不仅在地域意义上，而且在阶层意义上，都更加广泛。“他们既可以通过公民大会直接参与政治，也能经由议事会间接享有政治权利，非但如此，由于广大公民可以对政治事务加以关注，并使自己的意愿在其中得以体现，因此他们也通过委托而享有了权利。”[②]以德莫为基层单位、以三一区和部落为基础组成的新的雅典国家，让“所有公民，无论新老，都在他新的德莫和部落中站在同一条起跑线上”。克里斯提尼的平等，同时也是他对雅典“最重大的贡献”，正在这里。[③]用平等来形容克里斯提尼新的政体，恰如其分。

克里斯提尼改革本身，可能就是公民平等的产物。与此前的梭伦等人不同，克里斯提尼是在民众的支持下取得优势，并且以人民领袖的身份领导改革。从亚里士多德的行文看，克里斯提尼改革是在雅典人驱逐斯巴达人并且召回流亡者的情况下进行的。奥斯瓦尔德正确地推测，克里斯提尼的改革措施，很可能不是以立法家梭伦那样的身份颁布的法典，而是首先在公民大会上提出建议、并且经过公民大会批准得以实施的。它的出台和得到实施本身，就是公民平等的产物。[④] 虽然雅典民众未必能够准确理解克里斯提尼如此复杂设计的用意及其作用，[⑤]也无法预测它后来的发展，但雅典人愿意接受平等（不像萨摩斯人那样拒绝），本身就体现了他们经过公元前6世纪政治斗争的历练，已经具有了参与和掌管国家的能力。雅典人民在关键时刻的政治主动性，与克里斯提尼设计的“十进位制民主”的结合，成为雅典民主政治在公元前508/7年那个特定时刻诞生的基本前提。[⑥]

克里斯提尼的平等，还体现在随着10个新部落创立产生的一系列制度上。议事会从梭伦时代的400人扩大到500人，让更多的公民能够直接参与

---

① 默里：《早期希腊》，晏绍祥译，上海人民出版社2008年版，第266—267页。

② 梅耶：《古希腊政治的起源》，王师译，华东师范大学出版社2013年版，第116、125页。

③ D. M. Lewis, “Cleisthenes and Attika”, *Historia*, vol. 12 (1963), p. 39.

④ Martin Ostwald, *Nomos and the Beginning of the Athenian Democracy*, p. 157.

⑤ 默里：《早期希腊》，第269页。

⑥ 这里无意否认雅典民主政治的形成是一个过程，而且过于强调克里斯提尼的革命，可能有误读历史、落入西方学者意识形态牢笼的嫌疑。但就平等而论，似乎有理由做出这样的论断。黄洋对此有比较深入的讨论，见黄洋著：《古代希腊政治与社会初探》，北京大学出版社2013年版，第111—125页；《“雅典革命”论与古典雅典政制的建构》，《历史研究》，2012年第5期。

国家管理。毕竟议事会承担着为公民大会准备议案、主持公民大会、执行公民大会决议、接待外来使节、处理国家日常事务与监督官员等诸多重要责任，是雅典民主政治下最为重要的机构之一。① 公元前 5 世纪初雅典公民不过 3 万人左右，如果 10 年轮换下来，则雅典公民中有近 20%的人参与过国家机密。随后，10 名权力平等的将军组成的委员会，成为雅典主要的军事将领。陶片放逐法则在雅典国家缺少近代官僚体系的情况下，把有关国家政策走向最终的决定权交给了公民。它一方面让雅典公民成为相关争议的最终裁决者，另一方面，弱化了政治家之间面对面的冲突，有利于维护雅典国家与政策的相对稳定。因此，经过克里斯提尼改革后的雅典政体，普通公民真正开始在政治中发挥作用。雅典人不仅在法律上赢得了平等的权利，而且有渠道和机会行使他们的权利。正是在这个意义上，亚里士多德声称，经过克里斯提尼改革后的雅典政体“比梭伦政体要民主得多”，②不过这种政体当时并不叫民主，而叫平等。“与‘优良秩序’相反，现今存在的是‘平等的秩序’。”③

与梭伦等人的优良秩序比较，平等的秩序不仅抛开了等级制，它“通过平等分配政治权利，维护着法律的统治和责任政府”，而且设计了一系列制度，以确保平等的实现，不再像根本没有意识到制度不公正的梭伦和赫西奥德那样，把优良秩序的维持单纯寄托于道德。此前希腊人担心的贵族、僭主等统治者傲慢和过分的问题，只有“在遭遇同胞们平等权利遏制的情形下，让其置于法律的判决之下，才能在合法统治的公正限度内，被平等的遏制”，“正是在这个意义上，平等，即政治权力的平等分配，才能确保一个负责的，同时也是守法的政府”，寡头政府、僭主政治等所以傲慢、不守法度，也正是因为它们那里的民众缺乏平等的权利。④ 因此，平等让希腊人在历史上第一次明确地把政府是否守法与民众是否拥有平等权利联系起来，而且通过克里斯提尼改革，从制度上确保了这种平等的实现。对于希腊政治思想的发展，平等的权利和制度的保障从此被直接联系在一起。在此后希腊乃至西方政治思想中，权利、制度设计与国家治理优劣之间的关系，成为他们讨论中最为重要的议题。

---

① 有关议事会权力最充分的讨论仍是 P. J. Rhodes, *The Athenian Boule*, Oxford: the Clarendon Press, 1972, pp. 49 ff。

② 亚里士多德:《雅典政制》,第 26 页。

③ 默里:《早期希腊》,第 269 页。

④ Gregory Vlastos, “Isonomia”, pp. 358 - 360.

从平等到民主政治,不过一步的距离。按照希腊语的定义,民主政治(demokratia)的本意,正是“人民的统治或主权”。这个词大概首次出现于公元前5世纪中前期,希罗多德对它已经相当熟悉,而且有时把平等与民主政治互换使用。① 不少学者将该词的出现与公元前5世纪中期厄菲阿尔特改革或公元前5世纪雅典海军的强大联系起来,认为正是平民阶级成为雅典军队的主力,才造就了雅典平民在公元前5世纪的强势,通过阶级斗争和改革,直接掌握了国家权力,并用更加强势的“民主政治”一词,取代了行之已久的“平等秩序”。② 民主政治执行的政策,也体现了相对贫困的公民阶层对富有者的胜利,并在公元前5世纪后期引起雅典精英阶级的反击。③ 然而,过分强调穷人尤其是第四等级公民的作用,不免有模糊雅典民主本为雅典整个公民阶层的民主的危险。从根本上说,公元前5到前4世纪雅典国家的主要政策,是得到大多数公民认同的结果。而从雅典政策中得益的,也不只是雅典的穷人。④ 在希腊语中,demos一词本身就有代表全体公民的意思。更准确的表述也许应当是,在民主政治下,相对贫穷的公民的权利,较之在平等政体或者有某些民主成分的政体之下,得到了更多发挥作用的空间,其利益相应得到了更多的保护,但并不必然意味着它一定会侵犯富人的利益。

作者简介:晏绍祥,1962— ,历史学博士,首都师范大学历史学院教授,博士生导师,兼任中国世界古代中世纪史研究会古代史专业委员会会长,主要研究方向为西方古典文明。已出版的著作有《荷马社会研究》、《希腊史研究入门》、《古典历史研究史》等。

---

① Victor Ehrenberg, *Polis und Imperium*, pp. 264 - 297.

② 如威廉·弗格逊:《希腊帝国主义》,晏绍祥译,上海三联书店2006年版,第21—42页;默里:《早期希腊》,第269页;Kurt Raaflaub, Josiah Ober and Robert W. Wallace, *Origins of Democracy in Ancient Greece*, pp. 105 - 154。并请见Robin Osborne, “When was the Athenian democratic revolution?”, in Simon Goldhill and Robin Osborne, eds., *Rethinking Revolutions through Ancient Greece*, Cambridge: Cambridge University Press, pp. 10 - 28。

③ 芬利:《古代世界的政治》,晏绍祥、黄洋译,商务印书馆2013年版,第3—31页;黄洋:《“雅典革命”论与古典雅典政制的建构》,第164—175页。

④ 芬利已经意识到,雅典富人从雅典帝国的统治中获得了更大收益,见M. I. Finley, *Economy and Society in Ancient Greece*, London: Chatto and Windus, 1981, pp. 41 - 61。

继承与创新视野中的孔子天命思想

徐难于

摘　要：在西周天命思想中，“天人互动”的核心理论是：天帝具有“惩恶扬善”的属性；人依据自身善恶邀天福、避天祸。从西周末年到春秋时期，社会现实与上天“惩恶扬善”理论的矛盾冲突日益尖锐，从而导致传统天命信仰嬗变。孔子以天命信仰嬗变为契机，颇具创新性地阐释了上天对个体命运与社会秩序的主宰，同时也创造性地转化了由上天主宰的人世祸福内涵，重构了与传统天命思想既有联系，又有极大差异的天命学说，以适应时代的理论需求。

关键词：孔子　天命思想　惩恶扬善　西周　春秋

如所周知，先秦儒家的天命学说是其思想体系的重要组成部分，对中国古代思想影响至为巨大。然而在先秦思想研究中，儒家天命思想可谓最复杂的难题之一，迄今对孔、孟、荀天命思想的研究仍歧说百出，所以进一步深入研究儒家天命思想甚有必要。尽管孔、孟、荀的天命学说不尽一致，然而其承袭与演变的脉络却斑斑可考，故对儒家天命思想的进一步研究应当以对孔子相关学说的深入研究为起点。以系统把握传统天命信仰嬗变为前提，全面而深入地探研孔子天命思想，既是本文旨趣所在，也成为本文与既往相关研究的主要区别。

一

西周天命思想由“有命自天”、“天命靡常”、“保天之命”等内容构成，与现实政治紧密联系是其本质特征。“有命自天”主要指主宰邦国兴衰与天下存亡的命令来自上天，是西周人关于天帝绝对权威的认知；“天命靡常”，是西周人在坚信天帝绝对权威的前提下对“天命并非恒常不变”的思考；“保天之命”，是西周人基于对“天命靡常”的惕惧而产生的“永保天命”的祈愿。在天人关系方面，西周人认为天帝具有主宰人事的绝对权威，人则以自身的善恶影响天帝的主宰。天帝将天命授予敬德、明德者，使其成为人君；而对乱德、丧德者，则使其坠失天命而王权荡然无存。① 西周的天人关系中，天帝具有“惩恶扬善”的正义性，人则趋善以邀天福，弃恶以避天祸。这一天人互动关系中，天帝的“惩恶扬善”是互动的关键。

西周晚期，天灾频见，人祸屡至，社会苦难深重，人们由此而困惑天帝“惩恶扬善”的道德属性，疑天思潮开始出现。西周晚期，涉及天降丧乱、灾祸的记载大致可分为两类，其一表述“天降丧乱，咎由人取”的观念，《诗·大雅·荡》、《小雅·十月之交》的相关内容是此类观念的代表。此类观念蕴含的天人关系与西周传统天命观一脉相承，天人的互动以天帝的“惩恶扬善”为前提。另一类则以《大雅·云汉》、《小雅·雨无正》的相关内容为代表，具有浓郁的疑天、怨天色彩。《雨无正》认为饥馑、兵祸、刑罚失度等天灾人祸等皆由天主宰。与第一类比较，虽然二者皆认为天帝主宰着灾祸之降，然而此类却消解了“人咎”这一因素，将灾祸的降临视为天帝单方面的行为。在“人无罪而天降祸”的陈述中，天帝“惩恶扬善”的正义性、道德属性遭到无声质疑。《大雅·云汉》载：宣王时，大旱连年，饥馑荐臻，人们以种种方式祭祀了包括天帝、祖神在内的各方神明，然而却无神佑助，旱灾依旧。人们对天帝及其他神灵属性、功能的困惑与无奈跃然其间。按传统天命观的逻辑，人的乱德、丧德才会招致天帝降灾祸，然而西周晚期承担天灾人祸的大多数人并无过失，人们由此开始了对天帝“惩恶扬善”属性的困惑。

西周末年，在天命信仰领域，既产生了上述困惑思潮，也出现了发展天帝“惩恶扬善”理论的端倪。《国语:郑语》载:周幽王时，王室太史伯阳父分析政局，认为西周王朝衰微体现了天帝的“赏善惩恶”。自厉王迄幽王，周王皆昏乱弃德，致使朝纲暗乱，上天因此欲终止周室所拥有之天命，灭亡周朝。在周室衰亡过程中，幽王宠妃褒姒是极为关键的消极因素，而褒姒的出现及其危害周室，实属天意。周宣王曾尽力消除与褒姒相关的消极因素而未遂，史伯认为：

① 徐难于:《“天棐忱”辨析》,《文史》2001 年第 1 辑,第 27—30 页。

"天之命此久矣，其又何可为乎！"褒姒终成幽王宠妃，史伯曰："天之生此久矣，其为毒也大矣，将使侯淫德而加之焉。"史伯的上述分析有三点至为明显，其一，仍坚信上天据人君的善恶主宰王朝的兴衰；其二，在王朝衰亡过程中，上天能够以种种方式加速其亡；其三，衰亡既定，人的行为便无力回天。宣王时期，虽然由于宣王及其最高统治集团努力重振王业，曾使王朝统治一度中兴，然而宣王却无力从根本上拯救王朝的衰颓，王朝衰亡已成不可逆转之势。对这一必然趋势的认识，史伯一方面继承传统天命思想，承认周室衰亡乃天帝"惩恶"的必然结果，另一方面则明确提出，衰亡既为上天所注定，人力便不可抗拒天意。此点显然是对传统天命观的发展。这一发展无疑为特定时期的人们认识"人力无法改变历史趋势"的现象提供了新的理论依据，然而也正是此类发展使传统天命观的"惩恶扬善"理论出现了裂痕，即特定条件下人的善恶对天帝的主宰已不具备任何影响。既然如此，天人互动的可能性与正当性在一定程度上被消解。这样的理论预设对春秋时期天命思想的发展演变当有不容低估的影响。

二

春秋时期，西周传统天命思想在更为严峻的挑战中延续与发展。

春秋时期，传统天命观的延续集中表现在"国之存亡，天命也，……'天道无亲，唯德是授'"①、"天道赏善而罚淫"②、"神福仁而祸淫"③类命题中，强调天下存亡、人世祸福由天帝依据人的善恶加以主宰，构成这类命题的共同主旨。

"天假助不善"、"报及后世"等观念的产生，则体现了传统天命观的发展。导致传统天命观发展的根本原因是天帝"惩恶扬善"理论与现实的矛盾日益尖锐。西周天命观形成之初，主要以三代更替作为天帝"惩恶扬善"理论的解释依据，三代更替从总体上彰显了统治行为是否有序与政权存亡的因果关系，三代更替的史实与最高主宰操控人间"善恶报应"的理论也就具有一致性，所以在一定历史时期，西周天命理论基本圆满，能有效地解释历史与现实，满足时人的相关理论需求。然在西周王朝建立之后的数十、数百年间，天帝"惩恶扬

① 《国语·晋语六》。
② 《国语·周语中》。
③ 《左传》成公五年。

善”理论面临的解释对象不再是王朝更替而主要是社会个体成员的命运，就社会个体成员而言，人世间总是有毫无道理的苦难出现，所以现实与理论的矛盾也就在所难免。在礼崩乐坏、纷争动荡的春秋时期，“唯强势者存”成为社会发展趋势，崇尚功利逐渐成为普遍的社会价值取向，随之而来的便是人心不古，道德沦丧，从而导致善恶无报、善遭厄运、恶交好运的现象日益增长。这类现象的增长则促使已经产生的疑天思潮深化。春秋时期，一方面是天帝“惩恶扬善”理论所遇挑战日益严峻，传统天命信仰危机不断深化；另一方面，受制于社会发展水平及思维水平的春秋人还不可能抛开神灵信仰来解释其赖以生存的世界，更何况对身处乱世而面临巨大生存压力的春秋人而言，尤其需要信仰给人以心灵慰藉，从而产生面对现实的勇气和力量。于是在传统天命信仰领域内产生了“天假助不善”、“报及后世”等具有时代特征的新观念。①

所谓“天假助不善”，指上天佑助“不善者”而使其交好运乃假象，天帝的真实意图或终极意志是“惩恶”，这是对传统“天罚观”的发展。《左传》昭公十二年载：楚国以诱骗、欺诈先后灭陈县蔡，晋叔向评价楚之所获曰：“天之假助不善，非祚之也，厚其凶恶，而降之罚。”《国语·吴语》则认为：“夫天之所弃，必骤近其小喜，而远其大忧。”齐国庆封因内乱而奔吴，吴王以丰厚财货赏赐庆封。鲁国大夫对此事议论纷纷，或曰：“天殆富淫人，庆封又富矣”，叔向穆子则曰：“善人富谓之赏，淫人富谓之殃。天其殃之，其将聚而歼旃”②。针对现实中恶人、淫人交好运的现象，“天假助不善”类观念认为“恶人好运”不过是上天“惩恶”的特殊方式而已，其“好运”并非真正的天佑，反而是“天罚”的特殊形式。上天使恶人暂时得逞，以便通过“厚”、“聚”等方式使其邪恶不断积累，待其恶贯满盈再降天罚。动荡之世，不仁不义者总是交好运，不过，多行不义而终败者也屡见不鲜，这就为“天假助不善”类观念提供了现实依据，所以此类观念在春秋时期有一定生命力。值得注意的是“天假助不善”类观念虽然以新的方式坚持对上天“惩恶”属性的肯定，然而其强调天以“厚”、“聚”其恶的方式惩恶时，实际上已赋予了“恶”可在一定条件下脱离人主观意志的理论预设，这样的

---

① 陈宁先生在中国古代命运观的研究中，将东周时期的相关观念分为“计划神义论”、“偶有神义论”、“领袖神义论”、“后代神义论”等四类（陈宁：《中国古代命运观的现代诠释》辽宁教育出版社，2000年，第220—228页），其“计划神义论”、“后代神义论”可与本文的“天假助不善”、“报及后世”对应，其余两类观念在春秋时期尚不具有典型意义，故本文不涉及。

② 《左传》襄公二十八年。

预设在一定程度上背离了传统天人互动理论。传统天命观中，善恶全然由人，由人自控的善恶是影响天帝主宰的唯一凭借。而“天假助不善”类观念却认为恶人被天罚的过程中，其恶增长与否纯属天意已非己力可掌控。

所谓“报及后世”，主要指由上天主宰的善报体现于后世子孙，是对传统“天赏观”的发展。[①]《左传》昭公七年载：“圣人有明德者，若不当世，其后必有达人。”《国语・周语下》载：周室卿士单靖公德行显著，于是晋叔向预言单氏必获善报。只是善报有两种形式，“若能类善物，以混厚民人者，必有章誉蕃育之祚，则单子必当之矣”，此类为“现报”；“单若不兴，子孙必蕃”，“单若有阙，必兹君之子孙实续之”，此类为“后世报”。

春秋时期，“天假助不善”与“报及后世”的观念，分别从“天罚”与“天赏”的角度对传统天命信仰的核心理论——上天的“惩恶扬善”——进行更具弹性、灵活性的调整，从而在一定程度上满足了人们的现实信仰需求，为既离不开天命信仰而又为“善恶无报”所困者提供了些许心理慰藉。然而随时间推移，这些理论的作用日益弱化，不能有效地解释与缓解现实与天帝“惩恶扬善”论的尖锐冲突，于是新的天命信仰理论的产生便势在必行。

春秋中、后期，善恶报应无征，善遭厄运而恶交好运的现象更是层出不穷，从而使许多社会成员对上天“惩恶扬善”的道德属性由困惑走向否定。否定了上天此类属性的人们却仍然坚信上天的主宰力，由此而形成天命信仰中的“命定论”思潮。

命定论是东周时期天命信仰的组成部分之一，与传统天命观既有联系，又有重大差异。命定论的主要特征是：承认上天以“命”主宰人事[②]，而人对上天的主宰则无能为力，既不能影响上天的主宰，也不能抗拒其主宰。人们否定上天“惩恶扬善”属性而仍然坚信上天的主宰，其主要原因应当基于人们对“命

---

① 《左传》、《国语》中，缺乏“天罚”及后世类观念，而“善报”及后世的观念则多见。

② 关于主宰“命”的力量，目前学界具有代表性的观点有两类，或以为“旧的所谓‘命’，就是天的意志，而新的所谓‘命’是指自然界的一种神秘规律”（童书业：《先秦七子思想研究》，齐鲁书社，1982年，第51页，按：童氏所谓旧的“命”，指“命定论”产生之前的天命，新的“命”则指“命定论”。）；或认为“命”是“天神的意志”（任继愈主编：《中国哲学发展史》先秦卷，人民出版社，1998年，第225页）。我们认同后者。“命定论”中，主宰“命”的力量当是传统的天帝、上天，主要理由有两点，其一，“命定论”产生之前，商周先民所信仰的至上神只有天帝，春秋时期人依据现实否定上天“惩恶扬善”的属性而保留上天的主宰性是可以成立的，反之，当时人们在上天之外重新寻求与认知另一种至上神秘力量似既无必要，同时也不太可能。其二，本文将涉及的春秋时人及孔、孟、荀等思想家有关“命论”的资料显示，“命”的确不是外在于上天的另一类神秘规律。

运”的深切感受。客观讲，从古迄今，每个人的命运中都有可以把握与不能以理性解释的不可把握部分，正是命运的不可把握部分构成了人生命运的莫测与难料。相对而言，在和平年代、安定时期，社会客观条件的变数无疑比动荡岁月小许多，由此，人生的可控性就会大些，社会动荡越强，人生莫测的成分就会越多。春秋时期，社会变化、动荡日趋激烈，个体对命运之莫测与难料的感受也就更深刻。命运带给人们的迷惘与恐惧，促使时人关注与思考命运。动荡之世，由于人生命运太多的莫测与难料，所以那些否定了天帝“惩恶扬善”属性的人们仍然坚信冥冥之中的主宰力量。正是这样的信仰现实催生了命定论。

命定论思潮产生之前或与之同时，与其相关的某些思想也见诸载籍。

春秋中期以来，在天命信仰领域，认为特定条件下的人之“恶”由天使然的理论渐趋流行。《左传》昭公二十六年载：王子朝回顾周室兴衰，“至于幽王，天不弔周，王昏不若，用愆王位，……至于惠王，天不靖周，生颓祸心”，王子朝将周幽王、王子颓自身的“恶”皆归结为天意，上天不再佑助周室，遂使幽王“昏不若”，上天不愿周室安定，便使王颓生“祸心”。类似观点，在当时颇有市场，在解释王室衰亡原因时，即使不同政见者也持与此类同的观点。东周王室发生内乱，周敬王欲寻求诸侯支持王室以平息内乱。涉及王室内乱，周敬王视王室成员之反叛为“天使然”，即所谓“天降祸于周，俾我兄弟并有乱心”[①]。卫大夫彪傒则以天意不可违而反对支持周室，其曰：“自幽王而天夺之明，使迷乱弃德，而即慆淫”[②]，也就是说，周王的弃德迷乱，周室的衰亡皆天意所在。上述“恶由天定”的观点当由西周末年史伯的相关思想发展而来。周室衰亡是天意，人则无力回天，此点乃史伯思想与上述观点共同强调的，然而史伯所强调的“人无力回天”，主要指人力无法改变天所主宰的致使周室衰败的客观条件，诸如消极因素褒姒之类，而春秋时人则直接将导致王室衰亡的周王之“恶”归结为天意，上天行将亡周，便使周王昏乱弃德。依此逻辑，倘若上天决定某王朝兴盛，那么就必然使当朝者明德趋善。至此，传统天命信仰中上天“惩恶扬善”的理论便遭到釜底抽薪的冲击。既然人的善恶亦取决于天意，那么上天的“赏惩”对人类社会还有什么积极意义？

---

① 《左传》昭公三十二年。

② 《国语·周语下》。

春秋时期，天命具有时效性的观念，同样具有天命与人的善恶相分离的致思趋向。据现有资料，至少在西周末年，类似思想已经出现。史伯认为“天之所启，十世不替，夫成天地之大功者，其子孙未尝不章”①，史伯既承认天帝“赏善”的意志，同时也明确表示天命具有时效性。春秋时人则将“天命具有时效”的观点系统化。《左传》宣公三年载，王孙满针对楚庄王问鼎中原曰：“天祚明德，有所厎止。成王定鼎于郏鄏，卜世三十，卜年七百，天所命也。周德虽衰，天命未改，鼎之轻重，未可问也。”即天赐福于明德者，并预定了福禄的时效，在“时效”内，无论承受福禄者是善或恶，天命都不会改变，福禄将始终存在。此论在承认天帝“赏善”方面虽然类似传统天命观，然而其“时效”之内人自身善恶与天所主宰的祸福了无关系的主张则背离了传统天命观。

由上述可见，在春秋时期，“天假助不善”、“人恶天定”、“天命的时效性”等思潮从不同角度瓦解了上天“惩恶扬善”这一传统天命观的核心理论。而这些思潮的存在及其流行，当是“命定论”滋生的时代沃壤。

春秋晚期，“命定论”思潮渐趋流行。《左传》昭公三十年载：楚王欲危害吴国，楚臣子西却认为不宜轻举妄动，其主要原因，一是当时吴王亲民如子，百姓则乐于为吴王效力；二是尚未弄清天意，究竟要“翦灭吴国”，抑或“祚吴”。在子西看来，天罚或天赏与人的善恶并没有必然联系，吴国的“政通人和”并非必定赢得上天佑助。吴越交战时，越大夫种认为双方胜负皆天意，所以“不可授命”②，即不可与天命抗争。支配“不可授命”的，当是“命定”思想，天命注定，人力就不可能改变。而“死亡有命”③、“存亡有命”④类命题，则是春秋时期“命定论”思想的集中表现，前者针对个人生死而言，后者针对国之存亡而论。

命定论的产生，在中国古代思想史上具有重要意义。其主要积极意义在于，该理论蕴含了人对自身作为一种存在的局限性与脆弱性的认识，而这一认识必将推动人们反思如何面对自身的生存局限与脆弱。我们认为轴心期中国儒家天人思想的产生与发展在很大程度上正得力于这一推动。其主要消极性则在于，由于完全消解了传统天命信仰的天帝“惩恶扬善”，人们对上天的敬畏也随之荡然无存，从而为人生的消极待命、懈怠懒惰与人生的放纵提供了理论

① 《国语・郑语》。
② 《国语・吴语》。授命，韦注：“犹斗命”。
③ 《左传》昭公二十年、二十一年。
④ 《左传》定公十五年。

支持。《左传》定公十五年载，胡子在国际事务上恣意妄为，趁楚危而侵其边，楚转危为安而强势之际，胡子却拒不臣事楚国，不久即亡于楚。胡子之所以妄为，很大程度上与“命定”思想影响相关，其认为：“存亡有命，事楚何为？多取费焉”。命定论的消极影响，在《墨子・非命》篇对其全面抨击中更得以充分彰显。《非命上》首先针对信“命定”而导致敬畏精神缺乏，再三强调，绝非“福不可请，祸不可讳，敬无益，暴无伤”，天鬼皆有主宰人世祸福之力，世人当行善以趋福，弃恶以避祸，同时指出，“命”往往成为放纵者、懈怠者推卸责任的口实。《非命下》则指出：“乎王公大人，蒉[①]若信有命而致行之，则必怠乎听狱治政矣，卿大夫必怠乎治官府矣，农夫必怠乎耕稼树艺矣，妇人必怠乎纺绩织紝矣”，如果信“命定”而社会成员全面懈怠、放纵，则“天下必乱”。

从《墨子・非命》对命定论的批判中，可以明显觉察到一些与我们的探研相关的信息。其一，黑子时代，命定论思潮已逐渐流行开来，并且具有广泛的社会影响。其二，墨子的批判对象及批判武器皆限于“天人关系”框架内，由此使我们从一个角度窥见“天人关系”是时人无法回避而必须面对的理论课题。其三，针对传统天命学说与命定论思潮的不足而重构新的天命学说是春秋末至战国时期的迫切时代理论需求。如前所述，春秋中期以后，由于传统天命学说与现实的冲突日益尖锐而无法有效解释现实，才导致命定论思潮出现。而从《左传》与《墨子・非命》所载可见，与命定论思潮相伴生的消极社会影响是非常突出的，所以天命学说理论的重构便势在必行，而且这一重构必须针对传统天命学说与命定论思潮的缺失。

三

春秋中期以后，礼崩乐坏加速，人世祸福不定也随之加剧，人们为命运所困而生存压力空前沉重，由此而滋生缓解与摆脱重压的渴求。春秋中期以后，有两种社会现象特别引人瞩目。其一，人们饱受世事多变的煎熬与折磨。人们或悲叹“朝夕不相及”[②]，或声称“人生几何，谁能无偷”[③]，在朝不保夕的重压下，或“忨日而愒岁”[④]，极度无奈与苟且地活着。世人的无奈与苟且所昭示的

① 蒉，俞樾认为乃“籍“字之误。藉若，犹假如。孙诒让从俞说（见孙诒让《墨子间诂・非命下》注）。

② 《左传》昭公元年。

③ 《左传》襄公三十一年。

④ 《国语・晋语八》。

当是其生存压力的沉重。其二，春秋晚期，社会涌动着“不说学”的思潮[①]。学，主要指以《诗》、《书》、《礼》、《易》等经典为载体，以天命、王权、社会秩序为核心内容的传统学问，其曾经卓有成效地解释了人们赖以存在的世界，成为传统社会秩序的理论支撑，也曾是社会成员信仰与精神支柱所在，指导社会成员有序的生活。从精神的角度看，“不说学”作为一种社会思潮出现，无疑表明社会信仰危机与社会精神混乱。时人渴求缓解与摆脱生存重压，然而作为社会主流意识形态的传统之学在很大程度上已无法满足人们的相应需求，无奈的人们只好寄望于传统学问之外的其他方面。

由于缓解与摆脱生存之重压需求的推动，在春秋中后期，占筮等数术活动，以及祈求神灵降福免灾的祭祀日趋繁复。受不同鬼神[②]信仰观支配，占筮、祭祀则有不同的表现形式。与传统天命观相关的鬼神信仰主张鬼神具有“惩恶扬善”属性。由此，无论人们以占筮问吉凶，抑或通过祭祀以趋福避祸，皆不会脱离人自身善恶而妄求鬼神。《左传》襄公十三年载：楚国固有占卜规矩是：“卜征五年，而岁习其祥，祥习则行；不习，则增修德而改卜。”此载显示，楚既十分重视以占卜了解神灵意图，同时坚信由神灵主宰的吉凶不会妄至，有德才能趋吉避祸。鲁襄公祖母穆姜、鲁大夫子服惠伯一致认为脱离德的占卜不灵验[③]。关于祭祀，则不能脱离德行、德政妄求于鬼神。“祝史陈信于鬼神，无愧辞”[④]，是祈福于鬼神的必要前提。《左传》昭公二十年载，齐晏婴曾透彻地分析过德与祈福于鬼神的关系，他强调：“祝史荐信，无愧心矣。是以鬼神用飨，国受其福”，若失德，“其祝史荐信，是言罪也；其盖失数美，是矫诬也。进退无辞，则虚以求媚，是以鬼神不飨其国以祸之”。以上所涉皆体现出人事、神事并重的旨趣，其“并重”是基于信仰天帝“惩恶扬善”。另一类信仰则与社会价值无涉，其信仰对象缺乏“惩恶扬善”的属性，鬼神所掌控的人世祸福与善恶无关。既然人的得失、祸福与人自身善恶无关，人们就企望以数术而不是凭据德行趋福避祸。鲁昭公时期，齐国有慧星，时人认为乃不祥之兆，齐景公欲以禳

① 《左传》昭公二十六年。

② 晁福林先生认为：“起初的时候，鬼多指祖先神，神多指天神。‘鬼神’连用则泛指包括祖先神和天神在内的所有神灵”。（晁福林：《先秦民俗史》，上海人民出版社 2001 年版，第 342 页）。

③ 《左传》襄公九年，昭公十二年。

④ 《左传》襄公二十七年。

祭祓除不祥[①]。郑国出现所谓火灾征兆，裨灶曾两次主张以玉器祭神以禳火灾[②]。鲁哀公六年，天象异常，周太史认为此兆示凶，关涉楚王，并建议以"祟"祭转灾祸于他人[③]。上述现象都属于脱离人自身的德行而企望避祸之类，为具有传统天命信仰而神人并重的人士所反对。春秋中期以后，此类旨在脱离德行而以数术趋福避祸的活动日趋频繁，遂引起有识之士的忧虑与关注，这类关注主要表现有二：其一，如上所涉，关于德与数术、祭祀活动关系的讨论渐趋多见；其二，出现了"不烦卜筮"[④]的呼吁，以及抨击"轻身而恃巫"的声音，晏婴抨击时人"慢行而繁祭，轻身而恃巫"[⑤]，孔子则谴责："德行亡者，神灵之趋；智谋远者，卜筮之蔡。"[⑥]春秋中期以后，占筮、祭祀领域或轻视，或放弃人主观努力而寄"改命"之望于外力的趋势，既表明传统天命信仰危机的深化，也彰显了生存重压之下的人生恐惧与无奈之深重。

四

孔子的天命思想与传统天命观既有联系，又有很大差异。传统天命信仰中，构成天人关系的核心理论是：天帝主宰人世祸福，具有"惩恶扬善"属性；人则以自身的"趋善"邀天福、"弃恶"避天祸。孔子的天命思想恰恰不涉及这两方面内容。脱离此两方面，孔子天命思想的主要内涵究竟还有什么？

承认上天具有主宰性，是孔子天命思想的主要内涵之一。

孔子认为，上天的主宰性，一方面表现为对自然界的主宰。《论语·阳货》载：孔子向子贡表明"欲无言"是自己的施教方式之一，子贡对此困惑不解，孔子便曰："天何言哉？四时行焉，百物生焉"，即上天没有言说，却规定了四时行而百物生的自然秩序[⑦]。在孔子那里，天对自然界的主宰，一方面表现为如上

---

① 《左传》昭公二十六年。

② 《左传》昭公十七年、十八年。

③ 《左传》哀公六年。

④ 《左传》哀公十八年。

⑤ 《晏子春秋·内篇谏上第十四》。

⑥ 陈松长、廖名春：《帛书〈二三子问〉、〈易之义〉、〈要〉释文》，《道家文化研究》第3辑，上海古籍出版社1993年版，第434页。

⑦ 过去，论者多以为这条材料所表达的天是"自然之天"，然而这类观点恐不符孔子本意。孔子以"天何言哉"比喻"予欲无言"，比喻是为了说明"予欲无言"的作用，那么这里对天与四时行而百物生的关系当是从"作用"的角度强调，而不是一般的对自然之象之陈述。联系本文以下将涉及的孔子关于天与自然现象关系的论述，当可从另一角度表明天对自然界具有主宰性。

所涉的规定自然界的运行秩序，另一方面则表现为上天以自然迹象言道他对人类社会的主宰与裁定[①]。上天与自然、人事的这类关系，后世习称“天人感应”。孔子也相信天人感应，主张“迅雷风烈必变”[②]，感叹“凤鸟不至，河不出图，吾已矣夫！”[③]此类记载当表明孔子认为上天通过自然物象兆示其主宰人事的意志。

孔子对上天主宰性的关注，更多涉及的是上天对人事的主宰。孔子认为天对人事的主宰，一方面是主宰个人命运，另一方面是主宰人世秩序。

春秋时期的天命思想中，涉及天对个人主宰的理论主要有两类，或主张天具有“惩恶扬善”属性，其依据人的善恶主宰个人祸福，就本质而言，此类属传统天命观的继续；或认为天以“命”的形式左右人的一切，此类则属命定论的范畴。孔子相信“命定”，认为人的生死由天主宰。孔子面临宋司马桓魋的迫害，以及在匡地身陷困厄，一概镇定自若，声称“桓魋其如予何！”[④]、“匡人其如予何！”[⑤]在生死存亡之际孔子处之泰然的底蕴，是坚信自己的生死由上天决定，而据天意自己命不当绝，所以一般人的“加害”意图不可能得逞。其得意门生伯牛染恶疾，孔子则痛心疾首地将“染疾”归诸“命”[⑥]。除了个人生死，孔子还主张人生的遭遇由命定。孔子曰：“道之将行也与，命也，道之将废也与，命也。公伯寮其如命何！”[⑦]对以“弘道”为己任的人而言，所谓“道之行”指弘道者见用于世，得以行道，“道之废”则指其不为世所用，无法弘扬道。孔子此处所谓的道之行废，实指“弘道者”见用与否，即个人的见用与否由“命”决定，非人力可左右。“生死有命，富贵在天”[⑧]类命题，则是孔子命定思想的集中表现。孔子命定思想的形成，既与已经产生的命定思潮相关，当然更与孔子切身的生存体验分不开。春秋中期以后，身处乱世的孔子及其他博学睿知的大德君

---

① 先秦时期信仰至上神的人们对“天人感应”之一般看法，春秋时人习称“天事恒象”（《左传》昭公十七年，《国语·周语上》），战国时人认为“民无道知天，民以四时寒暑日月星辰之行知”（《吕览·当赏》）。

②《论语·乡党》。

③《论语·子罕》。

④《论语·述而》。

⑤《论语·子罕》。

⑥《论语·雍也》。

⑦《论语·宪问》。

⑧《论语·颜渊》。此言虽出自子夏，但综合《论语》中孔子的相关言行，及其整个思想体系看，孔子对此点也坚信不疑，孔子理解的“命”对人之生死与遭遇的主宰，正与这一命题切合。

子常身陷困厄，屡遭磨难，相反，大奸大滑之恶人、巧言令色的小人却屡交好运。生存境遇中世俗行为的因果关系与天“惩恶扬善”的意志严重背离，这样的生存体验与命定思想在一定层面契合，由此决定了孔子天命思想中的“命定”内涵。

将孔子的命定思想与一般的命定思想比较，我们将发现两者绝不可同日而语。虽然孔子的命定思想与一般命定思想都承认天以“命”的形式主宰人事，人却无力影响与改变“命”，可是就“命”所主宰的人事范围看，孔子却有着与一般命定论大相庭径的认知。一般的命定论认为“命”对人的主宰是全方位的，既包括个人的外物得失，境遇好坏，也包括个人的善恶①。而孔子认为由命主宰者，仅限个人的生死寿夭与富贵贫贱。由命主宰的这些部分具有两个明显特征：其一，很大程度上人的主观意志无法掌控，尤以生死寿夭最为典型；其二，与外在客观条件联系紧密，诸如人生富贵贫贱之类。在孔子的天命思想体系中，天对人的主宰除了以“命”的形式之外，还包括了另一种形式的主宰，这就是将德与践德、弘道使命赋予人。史载孔子周游列国而过宋，与弟子习礼大树之下，宋司马桓魋欲杀之，孔门弟子惊慌失措，而孔子却从容不迫，曰：“天生德于予，桓魋其如予何？”②孔子曾被囚禁于匡，匡人欲加害，孔子却镇定自苦，认为“文王既没，文不在此乎？天将丧斯文也，后死者不得与于斯文也；天之未丧斯文也，匡人其如予何？”③由上述可见，孔子认为自己存而不亡是天意，而存在的根本缘由在于承载了天赋之德与传承“斯文”的使命。孔子天命思想体系中，天对个人的主宰由如上所涉的两部分构成，其中以人的生死、外物得失为代表的一域，绝对归上天主宰，人无能动性可言；而与人的内在精神相关的德，以及领悟与传承“天德”之使命部分，上天则为人保留了能动的一席之地。

孔子的上天赋予人能动性思想的形成，既得益于西周传统思想影响，又吸收了时代的思想养分。

① 先秦时期的“命定”思想，有两种类型，其一为本文所指的一般“命定论”，另一类即为由孔子开启的儒家天命学说中的“命定”思想。涉及一般命定论，《左传》、《国语》中，没有关于“命”主宰人事范围的表述，但从本文所涉的“信命而放弃主观努力”的事例，以击《墨子》对“信命而懈怠、放纵”现象的抨击看，信命者对主观努力的放弃是全方位的，既涉及生存境遇，也关系自身善恶。对主观努力的全方位放弃，昭示的当是相信“命”对人的全方位主宰。

② 《论语・述而》，《史记・孔子世家》。

③ 《论语・子罕》。

西周时期,已形成关于天、德[①]、人相互关系的思想。

《诗·大雅·皇矣》:维此王季”[②],帝度其心,貊其德音,其德克明。

《逸周书·祭公》:维维皇上帝,度其(文武)心,置之明德。

毛公鼎:皇天弘厌[③]厥(文武)德。

墙盘:(文王时)上帝降懿德大屏[④]。

《左传》昭公二十八年释《皇矣》的“帝度其心”之“度”曰:“心能制义曰度”,朱右曾释《祭公》的“度”曰:“言天使之心能制义”[⑤]。也就是说,“帝度其心”指上帝使周文武内心具必“度物制义”的能力。天帝之所以使文武具备“度物制义”的能力,是为了将“德”赋予文武。《祭公》谓“置之明德”,即天帝将“明德”搁置、安放于文武那里。毛公鼎则称皇天使文武极大地满足于德。墙盘则谓上帝将“懿德”降赐给文王。在西周人的思维框架内,周文武之德源于上天,这意味着文武等少数人被赋予了直接承受“天德”的特权,与此同时,上天也责成了文武践履与光大天德的责任;上揭材料的“貊其德音”,貊,《左传》昭公二十八年引作“莫”,并释曰:“德正应和曰莫”,即天帝使文王的德音纯正而民人应和。德音,一般指教化之音。“貊其德音”实质即上帝赋予文王“布德化民”之责的文学表达形式。《书》、《诗》和西周金文中具有的浓郁“明德”[⑥]意识,无疑

① 在《诗》、《书》及西周金文中,德是西周人高度重视的核心观念,然而囿于材料匮乏,今人对德之起源及其内涵的探讨却众说纷纭,莫衷一是。我们认为西周的德与上天及人世秩序相关。上天为人世制定的秩序之则,内在于心的一般称德;外在行为规范的则称范、彝、则等,另有专文论及。

② 《毛诗》作“维此王季”,《左传》昭公二十八年引作“维此文王”,《正义》曰:“王肃注及《韩诗》也作‘文王”,联系其他载籍和周金所载,天赋德的对象,或称文王,或文武并指,故此处似以“文王”为妥。

③ 厌,论者多训为满意,似欠妥。笔者结合传世与出土文献的相关记载,认为以“满足”训释为宜,另有专文论及,此不赘述。

④ 裘锡圭、唐兰先生将该句释为:上帝降赐美德给文王(裘锡圭:《史墙盘铭解释》,《义物》,1978年第3期,第26页;唐兰:《略论两周微史家族窖藏铜器群的重要意义》,《文物》,1978年第3期,第22页),可从。

⑤ 朱右曾:《逸周书集训校释》,《清经解续编》第四册,上海书店1988年版,第709贞。

⑥ 《诗·皇矣》谓:“帝谓文王,于怀明德”,《书·康诰》称:“惟乃丕显考文王,克明德慎罚”,《书·文侯之命》曰:“不显文武,克慎明德”,“明德”乃西周习语,明,用作形容词,指称德的“光明”;作为动词,则指践履与光大“天德”。《左传》昭公二十八年释《皇矣》的“其德克明”,明,“照临四方曰明”。这里的明,与上引《诗》、《书》的“明德”之明相同,其指文武对德的践履与光大。通过践履,德才可光显;德被光显,方能照临四方。德光照临四方,实指布德四方、以德化民,由此“天德”被光大。

凝聚着西周统治者对天责、天职的自觉意识及自我期许。对衷心向往西周礼乐文化的孔子而言，西周的“德由天赋”观对其影响应当非常大，其“天生德于予”的思想当直接承袭西周传统思想而来。既然直接承受“天德”，就必然伴随布德化民的职责与使命。孔子通过潜心历史文化、整理六经、周游列国、深刻观察时事等方式“下学”而“上达”[①]，体悟到天命与人生真谛，坚信承受了天德的自己必须肩负传承由周文王开创的礼乐文化之使命，使命所在是自己得以存在的根本理由。

孔子的“德由天赋”观、使命意识皆与西周天命观息息相关，然而春秋中期邾文公的天命思想对孔子则有更为直接的影响。

《左传》文公十三年载：邾文公卜迁于绎。史曰：“利于民而不利于君”。邾子曰：“苟利于民，孤之利也。天生民而树之君，以利之也。民既利矣，孤必与焉。”左右曰：“命可长也，君何弗为？”邾子曰：“命在养民。死之长短，时也[②]。民苟利矣，迁也，吉莫如之！”

上揭史料中，邾文公强调天赋予人君权力的同时便责成人君承担“养民”、“利民”之责，此点属继承西周相关思想而来[③]，然而邾文公的上述思想中尚包括两点具有时代气息的新见，其一，将由天主宰的人事分为可由自己抉择和自己不能左右的两部分，即人君在践履“养民“使命方面具有能动空间，人君的生死寿夭则全然由命定。其二，将天所主宰的两部分人事赋予了价值判断，对邾文公而言，可自主抉择而发挥能动作用部分价值至上，能践履上天赋予的使命便是“吉”，而个人的生死既不由已，也就不必执著于此。邾文公关于天命的这两点新认知，应当对孔子有直接影响。孔子虽然没有像孟子那样将作用于个体的天命从理论明确而系统地区分为可以把握和不可把握的两部分[④]，但是已经出现了如前所涉的区分当无可置疑。西周时期的天命思想主要从政权角度涉及天帝对人事的主宰，春秋时人一方面继续关注天命与政权的关系，另一

① 《论语·宪问》

② 时，即“命”。

③ 徐难于：《公盨铭“乃自配作鄉民”浅释——兼论西周“天配观”，《中华文化坛》，2006 年第 2 期，第 22 页。

④ 《孟子·尽心上》曰：“求则得之，舍则失之，是求有于得也，求之在我者也。”孟子所谓求即可得者，指上天赋予人的“善性”，因其内在于人，通过“内求”即可得。孟子认为，对以名利、荣华富贵为代表的外物之得，统归上天主宰，非人力可以把握，即所谓：“求之有道，得之有命，是求无益于得，求之在外者也。”（《孟子·尽心上》）

方面却日益加强关注天命对个人命运的主宰，正是在日益增多与深化的关注中，并伴随着命定论思潮的出现，邾文公、孔子的上述思想得以形成，其发展到战国中期，才有了孟子那样明确而系统的相关思想。

西周时期，已经形成天帝主宰人类社会秩序的思想，孔子基于回应时代问题的责任及杰出的人生智慧，对传统思想进行了创造性的阐释。西周人认为天帝主宰人类社会的主要方式有二，其一，制定秩序之则赋予下民①；其二，在人间选立能匹合天意的"配"循则治民安天下②。在这一思想体系中，上天对人间秩序的主宰必须通过人君的能动作用来实现，而致使人君发挥能动作用的核心动力则是基于对天帝"惩恶扬善"属性的信仰，即相信上天依据人君的善恶决定政权的兴衰与存亡。孔子时代，礼崩乐坏，符合天意的君王罕见，显然依靠人君实现上天对人间秩序的主宰已不现实；同时由于不少人对传统天命思想的上天"惩恶扬善"论或困惑，或否定，下民发挥能动性的核心动力随之缺失。面临上述变化，依然信仰上天主宰的孔子该怎样重构"上天主宰人间秩序"的理论？首先，孔子认为"道"是人间秩序之则，人世的有序必须遵循"道"的规定。据《论语·季氏》，孔子曰："天下有道，则礼乐征伐自天子出；天下无道，则礼乐征伐自诸侯出。自诸侯出，盖十世希不失矣；自大夫出，五世希不失矣；陪臣执国命，三世希不失矣。"所谓"有道"，即依道行事。依道行事则造就"礼乐征代自天子出"的正常秩序，由此，天下方可长治久安。在天下无道而失序之际，社会怎样才能步入道的轨迹而恢复良序？孔子的人、道关系的观点当针对此问题提出。孔子强调"人能弘道，非道弘人"③即道作为人间秩序之则，是外在于人的客观存在，自身并不能产生效用而使人弘大，必须依赖人将其作用于世而发扬光大。作为人世秩序之则，西周习称范、彝、则，春秋则习称道。从强调人的能动作用的角度看，"弘道"类同西周的"明德"，德靠人"明"，道赖人"弘"，皆旨在强调德、道等秩序之则的效用实现必须依靠人的能动性。在礼崩乐坏的时代，既然依赖人君"弘道"而恢复社会良序已属不易，所以在孔子看来，促使下民依则行事的责任只能更多地由掌控政权的君王转向"替天弘道"

① 《书·康诰》称"孝友"为天赐与下民的"彝"，《洪范》谓上天赋予人君治世的有"洪范九畴"，《诗·大雅·烝民》曰："天生烝民，有物有则"。

② 徐难于：《公盨铭"乃自配作鄉民"浅释——兼论西周"天配观"》，《中华文化坛》，2006 年第 2 期，第 22—23 页。

③ 《论语·卫灵公》。

的圣贤。在孔子天命思想中，伴随“承受天德”、“与斯文”而滋生出责任感、使命感的有关学说，当与这种“转向”相关。孔子肯定“人能弘道”，然而其终极依据何在？孔子认为“弘道”乃天意。孔子声称“天生德于予”，即上天将秩序之则以内在的形式赋予孔子，同时，上天让孔子“与斯文”，即上天赋予孔子传承西周礼乐文化的使命。周文王作为上天选立之“配”、天德的直接禀承者，其开创的礼乐文化就是天则、天德的具体体现，因此，孔子禀承天意而传承西周礼乐文化，也就是“替天弘道”。孔子不仅创立了“贤圣替天弘道”的理论，同时也将该理论付诸实践，因此，时人才颇有感触地谓“天下之无道也久矣，天将以夫子为木铎”，①即时人认为孔子是天所遣使的布道者。

孔子的上述思想与西周传统思想大同小异，二者都承认上天对人间秩序的主宰主要通过上天制定秩序之则，以及下民的依则行事，不同之处在于，遵循天意而促使下民依则行事的责任，西周传统思想赋予人君，而在孔子天命思想中，则主要赋予圣贤。圣贤既然“替天弘道”，孔子就必须面对弘道的“动力”问题，即离开了上天的“惩恶扬善”，圣贤弘道的动力何在？圣贤既然“替天弘道”，为什么还要历经由上天主宰的困厄和磨难？我们将在下文探讨孔子对这两问题的回应。

以上所涉，主要探讨了孔子天命思想中上天对自然界与人事的主宰，下面我们将涉及其天命思想的另一维，即人对天的态度。

五

孔子“畏天命”的思想，集中体现了人对天的态度。孔子认为：“君子有三畏：畏天命，畏大人，畏圣人言。小人不知天命而不畏也，狎大人，侮圣人言。”②孔子强调，君子不仅对上天要心存敬畏，对大人、圣人也当心存敬畏。而对大人、圣人之畏却根源对上天的敬畏，因为在先秦人心目中，大人代天行事，圣人代天立言。小人轻慢大人，蔑视圣人言则是因为缺乏对上天的敬畏。可见对上天的敬畏是君子循天意而行为有序化的心理基础。问题在于，君子对上天为何会心存敬畏？就传统天命思想而言，敬畏天帝是由于敬畏者相信天帝依据人的善恶主宰其祸福。小人不畏天命而放纵，当是传统天命式微过

① 《论语·八佾》。
② 《论语·季氏》。

程中的必然现象，既然上天之“惩恶扬善”已不再，个人的疾恶向善或背善从恶皆与自身祸福无涉，小人也就失却了“畏天而约束自己”的根本缘由。对于孔子主张的“畏天命”，程树德《论语集释》引皇侃《疏》曰：“天命，谓作善降祥，作不善降百殃，从吉逆凶。”即孔子所强调的对天命之“畏”，也是基于人世祸福由上天依据人自身善恶而主宰。虽然如此，我们则必须指出孔子所谓上天主宰的“祸福”是否与传统天命思想的“祸福”具有相同内涵。传统天命观所强调的祸福集中表现为以名利为中心的外物之得失，人们恐惧外物之失，企盼外物之得，所以敬畏主宰得失的天帝而不敢放纵。然而在孔子的天命思想中，外物得失虽然由上天主宰，但人的善恶却无法影响上天主宰外物得失。既然人的善恶与上天主宰的外物得失毫不相干，君子凭什么依然敬畏上天而循规蹈矩？

孔子赋予“命”以意义，从而创造性地转化了由上天主宰的祸福内涵，重塑人们对上天的敬畏。如前所涉的一般命定论中，“命”是由至上神支配的一种可左右人世祸福的盲目力量，而孔子却将这一力量意义化，虽然缺乏这方面的明确记载，但只要深入孔子的思想体系，就能感觉并理解这一存在。孔子建构其天命思想体系，具有将“命”意义化的必然性，我们拟从以下几方面探究之。

其一，孔子认为“命”是上天针对贪欲而主宰社会秩序的方式。

孔子明确指出“命”是限制贪欲的堤防。《礼记·坊记》云：“子言之：君子之道，辟则坊与？……君子礼以坊德，刑以坊淫，命以坊欲。”这条材料对于我们理解孔子的天命学说应当弥足珍贵。郑玄将坊欲之“命”释为“教令”，孔颖达从郑而释为“法令”[①]，南宋陆佃、应镛始突破郑说，否定“命”为法令、教令将其归之于天的意志[②]。陆、应之论虽然不尽完善，但其训释方向应当不误，可惜未能引起足够重视，所以郑、孔之说迄今依然流行。坊欲之“命”，应当是“教令”之外的控制因素。先秦时期，一般的社会控制因素，时人习称礼、刑或德、刑。该条材料所涉的礼、刑则当涵盖了社会所有控制因素，坊民之教令或法令当分属此两类。而“命”当为礼、刑之外的其他控制、约束因素。《韩诗外传》卷三曰：“障防而清，似知命者”，以“水”的“障防而清”喻“知命者”，无疑表明“命”对欲有障防作用。上引材料之“命”当与此类，皆为礼、刑之外约束贪欲者。如果我们对“命”的理解不误，那么《坊记》的材料还昭示了这样的信息：礼、刑对

---

① 《礼记正义》，《十三经注疏》，中华书局，1980 年影印本，第 1618 页。

② （宋）卫湜：《礼记集说》卷 121，文渊阁四库全书本。

“欲”之约束力有限，才以“命”坊欲。然而孔子所谓能补礼、刑之不足而约束贪欲的“命”究竟是什么？

《论语》中充满了孔子对制度的焦虑，其毕身孜孜以求的便是怎样恢复社会良序。既要恢复社会良序，就必然会思考社会为什么失序。孔子关于“失序”的思考直指人性。孔子认为“富与贵，是人之所欲，……贫与贱，是人之所恶”[①]，即趋富贵，避贫贱乃人之本性。此本性集中表现为对名利等外物的求得避失。而人对外物又往往具有求取无度的贪欲。从统治者与被统治者的角度讲，孔子认为当权者的贪欲对社会风气具有导向性影响，在下者疾贫，在上者贪富是春秋末年的普遍社会现象，而小民为财不惜为盗，则是因为权贵者的贪欲所导[②]。从一般的层面讲，孔子声称自己“未见过刚者”[③]，即没见过无贪欲的人。《论语·宪问》中，孔子亦认为人难以无贪欲。孔子不仅认识到人有贪欲，而且还指出受贪欲支配，人对外物的追求往往会不择手段，或“放于利而行”[④]，或患得患失而无所不为[⑤]。《论语》中，孔子关于人性贪的论述虽不多见，然而却如上所涉甚中肯綮。而孔子关于“做人”的主张，则无不围绕如何对待外物与内在精神这一中心。关于“做人”，从积极方面看，在人己关系层面上，“忠恕”是其一以贯之的为人之道[⑥]，坚持忠诚与宽容待人的“忠恕”之道，必然会自觉地将“谋利”置于义的规定中，不致以诈获利而损人利己；在“义利”层面，崇尚道义至上，主张“欲而不贪”[⑦]，自觉将对外物的求取置于社会秩序所允许的域界内；主张安贫乐道，“忧道不忧贫”[⑧]，以此昭示重视内在道德精神而淡泊外物的价值取向。从消极方面看，孔子最深恶痛绝的是追名逐利中的伪诈，因此，受名利欲支配的“巧言令色”成为孔子不厌其详的抨击对象[⑨]。为什么对贪欲的关注与对怎样“做人”的强调会成为孔子思想的中心，因为这些问题直接关系到社会良序的存亡。传统天命思想认为上天主宰人世秩序的

---

① 《论语·里仁》。
② 《论语·颜渊》。
③ 《论语·公冶长》
④ 《论语·里仁》。
⑤ 《论语·阳货》云：“其未得之也，患得之。既得之，患失之。苟失之，无所不至矣”。
⑥ 《论语·里仁》、《卫灵公》。
⑦ 《论语·宪问》。
⑧ 《论语·卫灵公》。
⑨ 《论语·学而》、《公冶长》、《颜渊》、《卫灵公》、《阳货》。

主要方式之一即是为人间制定秩序之则，所谓“天生烝民，有物有则”[①]，“天生民而制其度”[②]。然而由于人性的局限，人在对外物的追求中便具有了难以避免的“毁则”冲动。春秋人对此点已有清醒认识，“欲败度，纵败礼”[③]，“厌纵其耳目心腹以乱百度”[④]，“贪欲无艺，略则行志”，[⑤]时人抨击“贪欲”毁则败度的呼声不断。孔子“克己复礼”[⑥]的主张，即针对贪欲毁坏礼则法度的现实而言。这表明孔子已经颇为深刻地意识到要恢复社会良序，必须以克制贪欲为前提。传统天命思想主张上天为人间有序而制定礼则法度，而春秋时人却深刻认识到人具有毁则败度的内在冲动。这一认识无疑彰明固有上天主宰人世秩序的理论不再完善，时代呼唤新的天命理论指导人们认知现实。新天命思想的理论预设，若仍然涉及上天主宰人世秩序，那么其主宰就理应针对导致社会失序的贪欲。春秋中后期，作为社会主流意识形态的天命学说，为了适应时代需要，在继承传统天命观的同时而有所发展，产生了“天假助不善”、“报及后世”类观点，并且还出现了与传统天命观有极大差异的“命定论”，然而它们都无助于满足如上所涉的时代理论需求。在传统天命信仰下，人们因上天主宰人世祸福而敬畏上天。所谓人世祸福主要体现为外物之得失，其至高者为天下兴衰、政权得失，其最普遍者为每个社会成员的外物得失。对上天信仰、崇拜而造就出普遍的敬畏心理，曾推动社会成员不同程度地以遵守人世秩序而邀天福避天罚。虽然如此，西周传统天命观，以及春秋时期的“天假助不善”、“报及后世”类观点，在推动人们敬畏上天的同时，也引导人们执著于由天主宰的外物得失，人们为“求得”而趋善，为“避失”而弃恶，也就是说，人的善恶归根结底是被外物得失所左右，人们敬畏上天而弃恶向善，其执著的并非善恶本身，而是外物得失。这类理论显然无法回答上天怎样针对人的贪欲来主宰人世秩序。命定论认为人世一切皆由“命”主宰，而由命主宰的一切却与人力无关。如前所涉，这一理论或催生“听天由命”的无奈，或促成“为所欲为”的放纵，“听天由命”的无奈虽然内含了对物欲冲动的淡化，然而随之而来的却是人的能动

---

① 《诗・大雅・烝民》。
② 《逸周书・度训》。
③ 《左传》昭公十年。
④ 《国语・国语中》，韦注：耳目，声色；心腹，嗜欲。
⑤ 《国语・晋语八》。
⑥ 《论语・颜渊》、《左传》昭公十二年。

性的全盘放弃，所以命定论同样缺乏上天对贪欲的有效主宰。孔子赋予“命”以意义，其必然性首先就在于回应时代的这一理论需求。

孔子从更深层次上思考、领悟上天对人世秩序的主宰，认为“命”之手，正是上天针对人“毁则”、“败礼”的贪欲而运用的主宰方式。上天通过命，以“无常”的形式主宰人世外物得失，是让人明白个体在外物得失之域终究是无能为力的，从终极结果看，人不可能以任何主观能动求得避失。真正体悟到此点，便可以自觉淡化物欲冲动。若不能体悟追求外物得失的域界，执著于外物得失的追求，便会招致妄求之祸。对“妄求之祸”，春秋时期的仁人志士已有不同程序的认识。晋臣里克以为“贪者，怨之本也……厚贪则怨生”[①]。楚令尹子常贪如“饿豺狼”，楚臣斗且断言其“积货滋多，积怨滋厚，不亡何待”[②]。楚臣椒举则谓：“私欲弘侈，则德义鲜少；德义不行，则迩者骚离而远者距违。”[③]《国语・晋语八》载：韩宣子“忧贫”，叔向却贺其贫，并劝诫其曰：“若不忧德之不建，而患货之不足，将吊不暇，何贺之有?”时人基于对现实的感知而形成“厚贪怨生”等妄求招祸的认知，同时又基于德与物欲此消彼长的现象主张以德避祸，提出“忧德不忧贫”的命题。时人的上述认知、主张虽然甚中肯，然而却具有浓郁的感性色彩。孔子对类似问题的认知则深刻化了。其认知深化，一方面表现为从心身的双重角度认识“妄求”之弊。孔子认为若执著于外物得失，从心理方面看，势必陷“常戚戚”[④]，即患得患失的浮躁与焦虑中；从形身的角度讲，“放于利而行，多怨”，[⑤]即妄求利则必积怨仇。另一方面，其认识深化更主要体现在孔子将“妄求致祸”与天命联系起来。对这一问题可从正反两方面探求。从反面看，“小人不知天命而不畏也，狎大人，侮圣人言”[⑥]，孔子以“狎大人，侮圣人言”斥责小人放纵。在孔子眼中，“常戚戚”[⑦]、“喻于利”[⑧]、“下达”[⑨]等是小人的主要特征，这些特征无一例外地指向“求利”。那么，小人的

---

① 《国语・晋语二》。
② 《国语・楚语下》。
③ 《国语・楚语下》。
④ 《论语・述而》。
⑤ 《论语・里仁》。
⑥ 《论语・季氏》。
⑦ 《论语・述而》。
⑧ 《论语・里仁》。
⑨ 《论语・宪向》。下达，《论语集释》引皇侃《疏》曰：“谓达于财货。”

放纵主要当围绕“求利”。求利而放纵则往往招致杀身之祸[①]。小人的“妄求致祸”正是基于其对天命的不知，不畏。从正面讲，知天命而畏的君子，对以名利为中心的外物，其态度与小人迥然有别，不仅不妄求外物，而且还能乐于由命决定的贫穷。孔子主张“贫而乐”[②]，其弟子颜渊“一箪食，一瓢饮，在陋巷，人不堪其忧，回不改其乐”，对世人而言，与“箪瓢陋巷”相随的必然是不堪的愁苦，对颜渊而言，相伴而至的却是矢志不改的愉悦。颜渊之乐，当是对“贫而乐”主张的实践，所以孔子由衷地赞赏曰：“贤哉，回也！”[③]我们认为，对由命主宰的贫穷之“乐”，当是基于对命的意义之领悟。因为命是上天主宰人世秩序的方式之一，所以具有神圣的必然性。对于既信仰上天，又企盼人世良序的圣贤而言，愉悦地面对由命主宰的任何境遇也就顺理成章。

其二，孔子天命思想体系具有将“命”意义化的内在需求。这一需求主要表现在以下两方面。

首先，前文所涉孔子关于“上天主宰人世秩序”的理论尚面临两个不容回避的问题：其一，孔子等圣贤既然“替天弘道”，为什么在弘道过程中还要遭遇种种由“命”主宰的困厄，自己根本无法把握弘道的外部环境？其二，离开了上天的“惩恶扬善”，圣贤弘道的动力何在？将命意义化，则可在相当程度上回答这两个问题。在孟子的天命思想中，孟子也认为人世秩序由上天主宰，面对“替天弘道”的遇与不遇的困惑，孟子正是通过将“命”意义化而加以说明。对弘道之士所遭之困厄与磨难，孟子解释为：天降大任于人，为了令其堪当大任，便以种种磨难培养其意志品质[④]。荀子的天命思想虽然涉及由天主宰的“命”[⑤]，但是却没有涉及上天对人世秩序的主宰，与此相应，也没有人“替天弘道”的内涵，所以也就无须从天人关系的角度回答弘道之士“遇”与“不遇”的问题。从这一角度讲，其天命思想体系没有将“命”意义化的内在需求，所以荀子关注的命，是一种不可理喻的盲目存在。孟子将“命”意义化，荀子天命思想中

---

① 据《礼记・表记》，子曰：“狎侮死焉，而不畏也”。

②《论语・学而》。贫而乐，《史记・仲尼弟子列传》引作“贫而乐道”。“贫而乐”涉及个体对“贫”的态度；“贫而乐道”则指身处贫穷的个体对道的态度，在孔子的的思想体系中，总是将“乐贫”作为“乐道”、“弘道”的前提加以强调，此点下文将涉及。

③《论语.雍也》。

④《孟子・告子下》曰：“故天降大任于斯人也，必先苦其心志，劳其筋骨，饿其体肤，空乏其身，行拂乱其所为，所以动心忍性，增益其所不能。”

⑤ 关于荀子的“命”的思想，下文将涉及。

的“命”是却一种盲目存在，如此现象，当从不同角度证明了孔子的天命思想体系具有将“命”意义化的内在需求。当然，由于孔孟的天命思想存在差异，其赋予“命”的意义大不相同，然而其以“命”的意义化解释弘道中的困厄与磨难，基本思路当是一致的，而且此种致思方式在孔、孟间当有先后承袭关系。至于弘道的“动力”问题，由于命的意义化，弘道中的遇与不遇就成为上天主宰人世秩序的意志体现，因此具有积极意义，而对这一积极意义的领悟则有利于培养弘道之士的超越情怀。超越情怀以及下文将涉及的祸福观，便是弘道动力所在。趋得避失，欲富贵、恶贫贱乃人之本性，然而在孔子思想体系中，却要求弘道者超越这一本性。为什么对弘道者有“超越”要求？因为在孔子时代，崇尚功利已成为极其普遍的价值取向，背义弃德致见用而富贵、守义秉德遭冷遇而贫贱已屡见不鲜，在仁义道德与功利福禄严重背离的时代，弘道就往往意味着贫穷，如此状况下，倘若缺乏超越精神，弘道势必流于空谈。在超越精神培养中，针对“恶贫穷”之人性与弘道的冲突，孔子特别注重弘道者对贫穷的态度，一方面强调这一态度与弘道的关系，指出“士志于道而耻恶衣恶食者，未足与议”[①]，其门生子路也认为缺乏对贫穷的愉悦，也就无法做到“行义”[②]；另一方面则反复强调对贫穷的应有态度，主张“贫而乐”[③]，贫而“不改其乐”[④]，乐亦在其(贫穷)中[⑤]。孔子对超越精神的追求跃然两类强调之中。然而，超越精神当如何培养？在孔子看来，如果弘道者能体悟到“得失无常”的神圣性，以及其不可抗拒与战胜的必然性，也就能愉悦地接受“不遇”，乐于贫穷，真正摆脱“好得恶失”之性对弘道的羁绊，抑制贪欲对弘道的左右，心无旁骛地致力于弘道。孔子主张“谋道不谋食”[⑥]，孔子始终热衷见用于世，然而其“见用”之志不在爵禄而在弘道。孔子强调“邦无道，谷，耻也，”[⑦]“邦无道，富且贵，耻也”，[⑧]即义利冲突之际，孔子认为应当就道弃利，否则就是人身耻辱。孔子一生，无论身陷贫穷，颠沛流离，抑或见用为官，都始终如一地践履着“弘道”的神圣使命。

---

①《论语·里仁》。
②《韩诗外传》卷二，载：子路曰：“士不能勤苦，不能轻死亡，不能恬贫穷，而曰：‘我行义’，吾不信矣。”
③《论语·学而》。
④《论语·雍也》。
⑤《论语·述而》。
⑥《论语·卫灵公》。
⑦《论语·宪问》。
⑧《论语·泰伯》。

支撑其终身践德行义的当是其体悟“天命”而滋生的超越精神。

其次，在孔子的天命思想中，既然主宰人外在境遇的“命”与人的伦理精神及相关使命，以及人世秩序皆源出上天，那么从逻辑上讲，这些部分皆应体现上天的主宰意志而具有意义。联系上古时期中外思想领域的相关实际，我们的推论应当成立。从西方文化看，一方面虔诚地承认有“命”这样远比个体强大的存在者及其威力，另一方面坚信个体即使在整个宇宙的压力下也可以独对苍天，保持尊严①。“命”与个体尊严的这种关系构成了西方文化相辅相成的两个方面。这一文化精神的形成直接源于古希腊思想。古希腊时期，关注命运与个体关系的思想家，大多认为个体具有“抗命”的能动性，个体赖以抗命的，或凭借某种内在精神，或依靠“轻外物而重内在精神”的人生观的确立，通过抗命而体现人的尊严。在古希腊思想框架中，大多数时候，命运与个体尊严都是对立的，个体是以对“命”的抗争来保持人的尊严，只有在希腊化时期的斯多亚派那里，二者的关系才有所改观。从命运与个体的关系讲，斯多亚派也主张淡视外部存在，重视灵魂，认为那是人真正的价值所在，虽然如此，却将诸如“命运”之类的外部存在意义化②，因为“命运”的意义化，所以主张人们欣然“接受命”，而不是“抗命”。尽管斯多亚派将“命”意义化的目的，以及其“命”意义化的内涵与孔子思想中的相关内容都有很大差异，然而有一点却是共同的，即“命”与个体的内在精神，以及人世秩序皆源出某一至上存在，而主张“抗命”的思想体系却不具备这一共性。从先秦儒家孟、荀的相关思想看，孟、荀皆承认个体的外在境遇由体现天意的“命”主宰③，但是“命”在孟子天命思想中被赋予了如前所述的意义，而在荀子天命思想中，“命”却是一种外在于人的盲目存在，毫无意义可言。导致这种差异的原因可能有种种，然而一个明显的事实是：在孟子的思想体系中，主宰人生外在境遇的“命”与内在于人心的“善性”，以及人世秩序都源自上天。既然这些都源自上天，所以这些必然从不同角度体现上天主宰人事的意志而具备某种意义。在荀子思想体系中，上天仅以“命”的形式主宰人的外在境遇，而内在于人的精神与人世秩序则与上天了无

① 包利民：《生命与逻各斯——希腊伦理思想史论》，东方出版社 1996 年版，第 152 页。

② 包利民：《生命与逻各斯——希腊伦理思想史论》；东方出版社 1996 年版，第 332 页、第 337 页。

③ 关于孟子的“命论”，前文已涉及。至于荀子的“命论”，《荀子·天论》中，以“君王后车千乘”而“君子啜菽饮水”为例，指出决定两者处境天壤之别的，并非人的聪明才智，而是“节遇”（《荀子·正名》曰：“节遇之谓命”），《强国》、《天论》篇则都强调“人之命在天”。

关系。应当与这一割裂相关,荀子思想体系中的“命”才是一种毫无意义的盲目存在。由上述比较可见,凡是承认“命”与内在精神,以及人世秩序都源出同一至上存在的思想体系,其“命”皆被赋予了意义,所以我们关于孔子天命思想体系有将“命”意义化的内在需求的推论应当成立。

如果说孔子将“命”意义化的认知可引导人们自觉淡化物欲而避“妄求”之祸,那么其对上天赋予人能动性的认知则指导人们趋福。如上所言,从意义角度认知“命”,可使人自觉淡化追求外物的冲动,有效地抑制贪欲,从而避免由贪欲所致的“妄求之祸”。当然,如果对天命仅有此一维认知,人就无能动性可言,人生便只能由命主宰,随命沉浮,其积极意义至多也只能造就一份随命沉浮的心安理得。然而在孔子的天命思想中,天命毕竟还有另外一维,即上天主宰人世秩序离不开人的能动作用,所以上天将德与弘道使命赋予人。孔子通过对天赋德与使命,以及天赋践德弘道能动性之认知,才自觉将人生追求重心由追求外物转化为追求内在精神的秉持和由内在精神支撑的弘道实践。孔子思想体系中,与体悟天命相关的人生追求可由其羞耻观、忧乐观、幸福观得见。孔子强调“邦有道,贫且贱,耻,”[①]“邦有道,谷”[②],这里,孔子既强调“谷”,又强调以“贫且贱”为“耻”,然而其着眼点并不在“贫贱”与“谷”本身,而在“谷”所标志的个体有所作为,以及“贫贱”代表的不作为,即孔子以为耻的是当作为而不作为。在上天规定的“当为”之域,君子必须竭智尽力,这是其羞耻观着力彰显的价值取向。君子既知天命,其忧乐也就以在“当为之域”的尽力与否为转移,“内省不忧,夫何忧,”[③]“德之不修,学之不讲,闻义不能徙,不善不能改,是吾忧也,”[④]“君子忧道不忧贫”[⑤],孔子如此不厌其详强调的君子所忧,皆是“当为且可为”方面的欠缺。孔子的忧乐观表明对德义的追求才是有价值的,是真正的福所在。对德义的追求,是上天对人的本质规定,所以值得追求,同时上天又赋予了不依赖外物而实现追求的可能,所以只要追求,便会有所获。相关载籍反映孔子具有异于常人的鬼神观。据《论语》所载,尽管孔子对上天、鬼神不无敬畏,然而却没有向神灵邀福、避祸的祈求;《周易》历来是人们预测吉凶而

---

① 《沦语·泰伯》。
② 《论语·宪问》。
③ 《论语·颜渊》。
④ 《论语·述而》。
⑤ 《沦语·卫灵公》。

趋福避祸的工具，可是孔子对《周易》的态度却与常人迥异，自谓："《易》，我復其祝卜矣，吾观其德义耳也，……吾与史巫同塗而殊归者也。"[①]即孔子不像常人那样关注《易》预测祸福及趋福避祸的功能，而是倾心其"德义"，留意于其中的"古之遗言"[②]，其所以如此，当是因为孔子所谓的祸福并非外物之得失，并且其趋福避祸的方式也是自足性的，那是个体通过体悟天命而自控的。孔子曰："君子德行焉求福，故祭祀而寡也；仁义焉求吉，故卜筮而希也。"[③]学者已指出《要》篇所涉孔子的鬼神思想"与其敬鬼神而远之的精神一贯"[④]，然而其"远之"究竟何指？所谓"远之"，当指孔子不热衷于筮占、祭祀趋福避福。对鬼神"敬而远之"的根本原因则在于孔子的祸福观异于常人，其以德行的秉持为福，以仁义的拥有为吉，即所谓"欲仁得仁，又焉贪？"[⑤]在孔子看来，仁外无福，义外无吉，而这样的福、吉是自足性的，无须求助于鬼神，君子也就不致因趋福避害而重视占筮与祭祀。

人具有"趋福避祸"之性，孔子所谓祸福皆与天命息息相关，因此天命足以令人敬畏。只是在孔子的天命思想中，与天命相关的祸福已由外物得失转化为节制贪欲与秉仁行义，所以孔子所主张的"知天命而畏"便成为圣贤君子经德秉义，以及弘道的根本内动力。

六

孔子的天命学说是其思想体系的核心部分，两千多年来，其对中国社会的影响是巨大的。

孔子生存的春秋末期，一方面，固有社会良序加速沦丧，社会的纷争与动

---

① 陈松长、廖名春：《帛书〈二三子问〉、〈易之义〉、〈要〉释文》，《道家文化研究》第 3 辑，上海古籍出版社第 435 页。"復其祝卜"之"復"，李学勤先生引作"后"（李学勤：《周易溯源》，巴蜀书社 2006 年版，第 375 页），似更妥，可从。

② 陈松长、廖名存：《帛书〈二三子问〉、〈易之义〉、〈要〉释文》，《道家文化研究》第 3 辑，上海古籍出版社 2006 年版，第 434 页。

③ 陈松长、廖名春：《帛书〈二三子问〉、〈易之义〉、〈要〉释文》，《道家文化研究》第 3 辑，上海古籍出版社 2006 年版，第 435 页。孤立地看该条材料，可有两解，其一，既然上天"惩恶扬善"，君子秉德行义而自有善报，也就不必以卜筮预测吉凶和以祭祀祈福，因此不看重卜筮、祭祀；其二，福就是秉持与践履德义本身，此福是自足性的，所以也就用不着以占筮、祭祀等手段获取。据《要》的篇章大义和《论语》的相关记载，似以第二种训解为妥。

④ 李学勤：《周易溯源》，巴蜀书社 2006 年版，第 375 页。

⑤《论语・尧问》。

乱日益严重，所谓“周室衰，王道绝，诸侯力政，强劫弱，众暴寡。百姓靡安，莫之纪纲。礼仪废坏，人伦不理”[①]。另一方面，崇尚功利逐渐成为普遍的社会价值取向，人们以空前的热忱追功名逐利禄，然而尤其渴望得而恐惧失的人们却身处得失空前无常，命运格外多变的时代，人们由此承受着前所未有的心灵煎熬。孔子天命思想的意义在于一个特定时代的哲人对时代主要问题的回答。孔子希望通过对价值观的重塑，抚慰备受煎熬的心灵，拯救病态的道德人心，最终以此恢复社会良序。虽然孔子的天命思想很大程度上无补于结束社会动乱、纷争而恢复社会良序，然而他对人类永恒精神的追求，以及随之而来的对个体生命意义的关注却具有极其重大的意义。

所谓永恒精神，应当是与人类文明相始终的，只要人类文明存在，那种精神便不可或缺。从社会的角度看，自人类步入文明社会以来，从古迄今，无论中外，物欲的无限与满足物欲的手段有限之矛盾便一直存在，而正是这一矛盾导致人际、族际、国际关系紧张而天下失序；就个体而论，物欲的无限与得失的无常，始终是导致个体身心失却和谐、心灵陷入病态的尤为重要的原因。因此，任何调控贪欲，缓解“有限”与“无限”矛盾的思想对人类文明的保存与发展皆具有永恒意义。孔子作为思想家，时人给予了至高的评价[②]。至高的评价当表明孔子在思想方面具有前所未有的建树。其建树是多方面的，然最具意义的建树当是其天命学说所蕴含的对永恒精神的追求。在天命信仰的框架内，面对贪欲这一“毁则”、“败度”的人性弱点，孔子首创针对贪欲的天命信仰理论。他将天主宰的“命”意义化，以此淡化人的物欲冲动；其两分天命的理论趋向，即将天命区分为可以理解与主动把握，以及可以理解，但自己无法把握的两部分，由此，使“知天命”之人既能自觉淡化物欲，同时又拥有不可或缺的能动余地，不至于走向消极、懈怠。

孔子的这一思想建树通过孟、荀的传承而发扬光大。尽管孟、荀的天命学说各有特色，但是在“超越人生观”相涉的学说方面，孟、荀皆秉承孔子思想，并进一步从理论上明确地将人生所涉分为两部分：以名利为中心的外物得失与个体生死由命定，个体既无法改变，也不能抗拒；秉持、践履以仁义为中心的

① 《韩诗外传》卷五。

② 子贡认为：“他人之贤者，丘陵也，犹可踰也；仲丘日月，无得而踰焉。……夫子之不可及也，犹天之不可阶而升也。”（《论语・子张》）。《孟子・公孙丑上》载，有若谓：“白生民以来，未有盛于孔子。”孟子亦曰：“自生民以来，未有孔子也。”

道，则是个体可以把握，并且必须把握者[①]。由此强调淡视外物，重视个人修养的必要性和可能性，从而促成超越人生观的形成。由于对内在精神的重视，便开启了人对自身价值的自信与踏实。这种“自信与踏实”对已深刻意识到人作为存在的局限与脆弱的东周人而言，无疑十分重要。由于这种“自信与踏实”，个体的生命韧性得以增强，具有高度自控性的人生努力奋斗方向也由此确立。尽管身处乱世，命运无常而历经坎坷，孔、孟、荀皆坦然地宣称“不怨天、不尤人”[②]，其底蕴即在于对自身价值的自信与踏实。

孔子学说虽然不为当朝者所用，然而其在拯救道德人心、抚慰受得失煎熬的心灵方面则具有莫大的积极意义。《韩诗外传》卷二载：孔门弟子闵子骞初入孔门时，既推崇道义至上的孔学，又倾慕世俗荣华富贵，由此，两种不同的人生价值取向引发了强烈的内心冲突，于是心灵被“冲突”左右而面带“菜色”。然而随学业精进，“内明于去就之义”，超越外物的人生观也得以逐渐形成，身心随之回归和谐，其面色也由“菜色”转变为“刍豢之色”。《韩非子·喻老》所载则反映孔门子夏也有类似经历。孔门弟子通过深明孔学“去就之义”而导致身心和谐，其彰显的当是孔子天命学说拯救病态心灵的时代意义。《吕览·当染》载：孔子去世以后，“从者弥众，弟子弥丰，充满天下，”《吕览·不侵》则云：“万乘之君，不能与之争士，”春秋战国时期，孔子的思想学说既不为当权者所用，所以孔学也就不可能将世俗的名利带给热衷孔学者，那么孔学为何对世人具有如此大的吸引力？深层次看，在任何时代，“永恒精神”的影响皆犹如航标灯，绝对不可或缺，更何况春秋战国时期是人急剧物化的时代；具体而论，孔学所追求的理想人格与当时人们改变现实之恶、人性之丑的愿望吻合，同时，如上所述孔学所追求的超越精神的培养可以拯救病态的心灵。以上两点，当是孔学吸引世人的根本原因所在。

当然，从人类史的宏观角度看，孔子的天命学说难免对“物欲”矫枉过正，虽然如此，其永恒意义仍不可低估。众所周知，在人类文明史上，贪欲始终是一柄双刃剑，一方面，贪欲是人类物质文明创造与发展的原动力，另一方面，在所有人为性灾难中，贪欲造成的灾难无疑是最根本的。为了淡化人之贪欲，避

① 《孟子·尽心上、下》《梁惠王下》；《荀子·天论》，《修身》等相关记载。

② 孔子云：“不怨天，不尤人”（《论语·宪问》），孟子亦强调：“君子不怨天，不尤人”（《孟子·公孙丑下》），荀子则谓：“自知者不怨人，知命者不怨天”（《荀子·荣辱》）。

免人之物化，孔子的天命学说主张个体对身外之物听天由命，乐于接受由天主宰的任何境遇，而专心内在精神的秉持与实践，由此便不可避免地流于片面强调抑制贪欲。从理论上讲，抑制贪欲的同时也压制了人们对物质文明的创造力，如果社会成员都缺乏追求外物的欲望与热情，那么便会造就社会停滞不前的灾难。然而从实践层面看，常态下，社会最不缺乏的，恰恰是人们无止境地追求外物的热忱，从古迄今，由中国到世界，最常见、最深刻的人为灾难应当是贪欲横扫一切。从这一角度讲，孔子天命学说对贪欲之抑制虽然过头，然而以此"平衡"实践层面"欲壑难填"的人性弱点，仍具有永恒意义。

孔子天命学说的意义虽然巨大，然而从学理上看，其学说也不尽完善。这主要表现在以下两方面。其一，缺乏上天意志与政权存亡关系的思考。其天命学说之要旨在恢复社会良序，但其对天下兴衰、政权存亡的关注，主要限于强调为政者的行为有序，及其以德获民心，政权层面的"天人关系"则阙如。这一理论欠缺或许因为孔子对这一问题的思考尚未成熟。其二，孔子关于个体层面的"天人关系"理论深邃却语焉不详，对其理解、认知应当不易。孔子自叹"莫我知也夫！""知我者其天夫！"[①]其自叹中，应当透露出孔子及其学说，尤以天命学说不易为人理解的信息。有学者指出，孔子思想体系中，其天命、天道等超越层面的思想之所以语焉不详，是因为孔子认为"终极、超越"的境界，不是"中人以下"的凡俗心智所能理解，更不是有限度的人世语言文字所能表达[②]。该说对于理解孔子天命学说的"语焉不详"或许具有启迪意义。孔子去世以后，孔门弟子所持"命论"有的与前文所述的一般"命定论"无别[③]，孔子天命学说的精髓在他们那里已荡然无存。导致如此变化的原因应当很多，然而因其不易被认知而导致后学不求甚解则应是重要原因。弥补孔子天命学说以上理论不足，也就成为孟、荀相关学说发展的动因。[④]

作者简介：徐难于，1955—　，历史学博士，西南大学历史文化学院教授，主要研究方向中国古典文明及中外古史比较研究，独立撰写学术专著 1 部，合作撰写 6 部，论文多篇。

---

① 《论语·宪问》。
② 陈启云：《中国古代思想文化的历史论析》，北京大学出版社 2001 年版，第 109 页、153 页。
③ 《墨子·非儒》、《非命》。
④ 另有专文论及。

古希腊语的史前史*

徐晓旭

摘　要:本文既是一份关于希腊语史前史知识的介绍,又是对于其研究的一项回顾性评论。内容包括希腊语与原始印欧语的关系、希腊语中的前希腊底层语言、线形文字B和迈锡尼希腊语、古希腊语各方言的形成、发展和相互关系。

关键词:原始印欧语　前希腊底层语言　线形文字B　迈锡尼希腊语　古希腊语方言

一、施莱谢尔寓言如是说:作为一种印欧语的希腊语

1868年,德国语言学家奥古斯特·施莱谢尔(August Schleicher)发表了一篇题为《山羊和马》(*avis akvāsas ka*)的寓言。有趣的是,寓言是用一种推测出来的史前语言写成的,这种语言被命名为"原始印欧语"。浸润于浪漫主义运动之中的施莱谢尔,甚至在学术成果的表达方式上都表现出了浪漫主义风格。这则寓言其实是一篇学术论文,而非文学创作。寓言的故事情节略显诡异,但每一用词和语法形式都是出于精心考虑的,都是为了巧妙地表达他对原始印欧语的重构。寓言的文本和译文如下:

Avis akvāsas ka

Avis, jasmin varnā na ā ast, dadarka akvams, tam, vāgham garum

* 本文为裔昭印教授主持的国家社会科学基金项目"古希腊社会生活研究"(批准号:10BSS004)的阶段性研究成果。

vaghantam, tam, bhāram magham, tam, manum āku bharantam. Avis akvabhjams ā vavakat: kard aghnutai mai vidanti manum akvams agantam. Akvāsas ā vavakant: krudhi avai, kard aghnutai vividvant-svas: manus patis varnām avisāms karnauti svabhjam gharmam vastram avibhjams ka varnā na asti. Tat kukruvants avis agram ā bhugat.[①]

绵羊和马

一只没毛的绵羊看到了几匹马，一匹在拉一辆很重的车，一匹在驮一份很大的重物，一匹在驮着一个人快跑。绵羊对马们说："看到人在赶马，我很伤心。"马们说："听着，绵羊，当我们看到主人把羊毛变成为自己取暖的衣服，绵羊没毛时，我们很伤心。"听到这个，绵羊跑向了田地。

寓言文本里的每一个词，甚至小到一个小品词，以及每一个词的语音、形态变化和整个句法，都不是凭空写出来的，都是建立在对印欧语系语言的历史比较语言学研究基础上的。

1786 年 2 月 2 日，时任印度首席法官的英国学者威廉·琼斯爵士（Sir William Jones）在召开于加尔哥达的第三届孟加拉皇家亚洲学会年度学术报告会上，发表《第三年度演说，论印度》（"The Third Anniversary Discourse, On the Indus"）指出梵语、希腊语、拉丁语、哥特语、凯尔特语和古波斯语在动词词根和语法形式上存在着"绝非出于偶然的相似性"，因此它们应该来自某个共同的源头。[②] 这一报告通常被视为"印欧语系"被"发现"的标志。虽然已有学者指出琼斯的"发现"的重要性被夸大了，其实在琼斯以前就不断有人注意到欧洲和亚洲若干语言之间的相似性，[③]但的确是在琼斯报告的

---

① August Schleicher, „Eine Fabel in indogermanischer Ursprache", in Adalbert Kuhn & August Schleicher (hrsg.), *Beiträge zur vergleichenden Sprachforschung auf dem Gebiete der arischen, celtischen und slawischen Sprachen* 5. Band, Berlin: Ferd. Dümmler's Verlagsbuchhandlung, 1868, S. 206–208.

② William Jones, "The third anniversary discourse, On the Indus," in *The Collected Works of Sir William Jones* III, London: John Stockdale, 1807, pp. 34–35.

③ J. P. Mallory, *In Search of the Indo-Europeans: Language, Archaeology and Myth*, London: Thames and Hudson, 1989, pp. 10–13, 273 n. 1; John V. Day, *Indo-European Origins: The Anthropological Evidence*, Washington D. C.: The Institute for the Study of Man, 2001, p. xiv; Jonathan M. Hall, *Hellenicity: Between Ethnicity and Culture*, Chicago: The University of Chicago Press, 2002, pp. 36–37.

稍后,历史比较语言学作为一门学科兴起了。奥古斯特·施莱谢尔(August Schleicher)正是19世纪中期为这门新兴学科和新"发现"的"印欧语系"研究做出巨大贡献的语言学家之一。正是通过这些语言学家的努力,印欧各语言之间的对应关系和谱系关系得以证实,作为祖语的所谓"原始印欧语"也被系统重构出来。印欧学研究作为一个专门的学术领域,一直繁荣到今天。

在施莱谢尔之后,又先后有四位语言学家在不同时期对寓言进行了重写,以表达他们对原始印欧语的新的重构意见。限于篇幅,我们无法抄录这四位学者所写的寓言全文,不过比较一下其寓言题目之间以及与施莱谢尔的寓言题目之间的差异,也或多或少地能够让我们对其各自的构拟思路有所感知。几位学者所拟题目的句法是一样的,主要差异表现在语音和形态上:海尔曼·希尔特(Hermann Hirt)拟作 owis ek'wōses-kʷe;①W. P. 雷曼和 L. 兹古斯塔(W. P. Lehmann 和 L. Zgusta)拟作 owis eḱwōskʷe;②道格拉斯·Q. 亚当斯(Douglas Q. Adams)拟作 h$_2$óu̯ish$_1$ ék̂u̯ōs-kʷe;③弗里德里克·科特兰特(Frederik Kortlandt)拟作 ʕʷeuis ʔkeuskʷe;④罗斯玛丽·吕尔(Rosemarie Lühr)拟作 h$_2$ówis h$_1$ék'wōskʷe。⑤ 可以看到,梵语构成了在施莱谢尔时代原始印欧语构拟的主要原型,元音 a 占据了后来构拟中的 a,e,o 三个元音的位置。

海尔曼·希尔特还对其构拟做了详细的注释,来说明其构拟的根据。就寓言题目所包含的三个词而言,他给出的注释是:owis"绵羊"=拉丁语 ovis,

---

① Hermann Hirt, *Die Hauptprobleme der indogermanischen Sprachwissenschaft*, Halle: Max Niemeyer, 1939, pp. 114 - 115.

② W. P. Lehmann & L. Zgusta, "Schleicher's tale after a century," in Bela Brogyanyi (ed.), *Studies in diachronic, synchronic, and typological linguistics: Festschrift for Oswald Szemerényi on the Occasion of his 65th Birthday*, Amsterdam: B. Brogyanyi, 1979, pp. 455 - 457.

③ D. Q. Adams, "Schleicher's tale," in J. P. Mallory & D. Q. Adams (eds.), *Encyclopedia of Indo-European Culture*, London & Chicago: Fitzroy Darborn Publischers, 1997, pp. 500 - 503.

④ Frederik Kortlandt, "For Bernard Comrie," http://www.kortlandt.nl/publications/art243e.pdf.

⑤ Rosemarie Lühr, „Von Berthold Delbrück-bis Ferdinand Sommer: Die Herausbildung der Indogermanistik en Jena", Vortrag im Rahmen einer Ringvorlesung zur Geschichte der Alterumswissenschaften (09. 01. 2008, FSU-Jena), http://www.indogermanistik.uni-jena.de/dokumente/Weitere/delbrueck.pdf, S. 4.

希腊语ὄϊς，古印度语 ávis，立陶宛语 avis；ek'wōses“马”，主格复数＝哥特语* aíƕōs，古印度语 aśvāsas；eḳ'wons“马”，宾格复数＝希腊语ἵππους，拉丁语 equōs，古印度语 aśvān。希尔特的时代，迈锡尼线形文字 B 还没有释读成功。今天对于“马”这一词，我们还可以加上迈锡尼希腊语这种更古老的希腊语形式 i-qo，它所包含的-q-更为接近原始印欧语的相应辅音。希尔特也没有对连词* -k^we“和”加以注释，不过我们可以补上。该词的构拟基础为：拉丁语-que，哥特语-h，迈锡尼希腊语-qe，希腊语 τε，亚美尼亚语-k‘，赫梯语-ki，阿维斯陀语 ča，古印度语 ca 等。

从上面的引述中，我们能够大略看到一点希腊语在原始印欧语构拟中的作用。在语音和形态上，希腊语是印欧语的一个保守的代表。它保留了原始印欧语的全部元音（即长、短 i，e，a，o，u）、自由重音（动词重音除外）、不送气清辅音（* p，* t，* k 等）、不送气浊辅音（* b，* d，* g 等）和送气浊辅音（* bh，* dh，* gh 等）三种爆破音的对立（后者在希腊语中以送气清辅音即 ph，th，kh 的形式出现）。在形态上，希腊语保留了名词和动词的三个数（单数、复数和双数）、动词的三个体（现在体、不定过去体和完成体）、主动与被动/中动的区别、名词和形容词的五个格（以及另外两个格的痕迹）。没有证据能够表明希腊语的词法和句法曾经受过非印欧语底层的严重影响。

但在词汇方面，有学者估计希腊语有一半以上的词不能同其他印欧语言做同源词比较。一项对《圣经》里《马太福音》2 和《路加福音》15 两段的各印欧语系语言译本的词汇调查显示，非印欧语词及词源不明的词的数量在俄语中为 15，在立陶宛语中为 34，在意大利语中为 48，在希腊语中则高达 171。① 除了希腊语作为一种独立语言形成之后借入的外来语词语外，希腊语中的非希腊语成分绝大部分应该属于前希腊底层语言。

并且，希腊语在保持原始印欧语语音和形态诸多古老特征的同时，自身也发展出了一系列革新，正是这些革新使之成为“希腊语”而与其他印欧语言分化开来。例如，原始印欧语的送气浊爆破辅音在希腊语中清化，如* bherō>φέρω；* medhu>μέθυ；* leigh->λείχω。原始印欧语位于词首且后接元音的* s 在希腊语中变为送气音 h，如* sedos>ἕδος；* sek^w->ἕπομαι。第二变

---

① D. Q. Adams & J. P. Mallory, “Greek language,” in J. P. Mallory & D. Q. Adams (eds.), *Encyclopedia of Indo-European Culture*, p. 243.

格法名词复数与格的两种形式-οις和-οισι 并非直接由原始印欧语的复数与格*-o(i)bhs 发展而来，而是分别由复数工具格*-ōis 和复数位置格*-oisi 发展来的。

传统上将印欧诸语言划分为所谓的 satəm 语族和 centum 语族。两者的区别是，原始印欧语的软腭爆破音（*k^ 或*k 等）在前者发展为咝音，后者仍保持软腭音。satəm 语族包括印度-伊朗语族、波罗的-斯拉夫语族、阿尔巴尼亚语、亚美尼亚语等语言，而凯尔特语族、意大利语族、日耳曼语族、希腊语、安纳托利亚语族、吐火罗语等语言被称为 centum 语族。就希腊语而言，虽在软腭爆破音弃留上属 centum 类型，但从诸多特征看来，它与亚美尼亚语和印度-伊朗语族有着最近的亲缘关系。

二、希腊语中的前希腊语

许阿铿托斯（Ὑάκινθος，Hyakinthos）是希腊神话中的一位美少年，他的美貌吸引阿波罗（Apollon）和西风神（Zephyros）同时爱上了他。少年更喜欢阿波罗，这招致了西风神的嫉妒。于是在阿波罗投掷铁饼的时候，西风神将铁饼吹离了正常的轨迹，使铁饼砸在许阿铿托斯的头上。许阿铿托斯被砸死后，从他洒在地上的鲜血中生长出了一种美丽的花儿，花瓣上写着 AI AI 的哀悼字样。花儿的名字与少年的名字相同，即 ὑάκινθος。[①] 在现代植物学命名中，此名的拉丁化形式 hyacinthus（相应的英文为 hyacinth）被用来指风信子属。在古希腊，ὑάκινθος 可以指两种不同的植物。古代希腊的植物学家泰奥弗拉斯托斯（Theophrastos）将这两种植物称为 ὑάκινθος ἡ ἀγρία 和 ὑάκινθος ἡ σπαρτή，[②] 字面意思分别为“野生 hyakinthos”和“栽培 hyakinthos”。按照现代植物学分类，前者被断定为二叶绵枣儿（*Scilla bifolia*），其英文俗称 wild hyacinth 倒颇像古希腊语的名称。后者则被断定为飞燕草（*Delphinium Ajacis*），它也正是神话中讲到由许阿铿托斯的鲜血中长出的那种花儿。

---

① Nikandros, *Theriaka* 901 - 908; Pseudo-Apollodoros, *Bibliotheke* 1. 3. 3, 3. 103; Pausanias, 3. 19. 4 - 5; Loukianos, *Theon dialogoi* 16; Philostratos, *Eikones* 1. 24; Palaiphatos, *Peri apiston* 46: *Peri Hyakinthou diegema*; Ovidius, *Metamorphoses* 10. 161 - 219; Plinius Major, *Naturalis historia* 21. 66.

② Theophrastos, *Peri phyton historias* 6. 8. 1 - 2.

谁都不会否认，这位美少年和由他的鲜血化作美丽花朵的故事，散发着浓郁的古希腊文化情调。而在同时，他们的名字又被学者们公认为属前希腊语底层语言。他最初可能是一位前希腊的植物枯死神。在阿穆克莱被多里斯人的斯巴达吞并之前，他被当作一位阴间神来崇拜。他被阿波罗打死的神话是他被多里斯的阿波罗神取代的反映。这种取代之中也残留了他的传统。流行于多里斯人当中祭祀阿波罗的节日，是以他而非阿波罗的名字命名的，被称为Ὑακίνθια，即“许阿铿提亚节”。多里斯人历法中的月份名称Ὑακίνθιος（“许阿铿提奥斯月”）也得自其名。

Ὑάκινθος仅仅是被认为来自前希腊底层语言的大量的词语中的一个。那么，人们是凭借什么理由将这些词语判定为属于前希腊呢？主要依据是它们具有这样一些非希腊特征：或是缺乏可信的希腊语词源；或是具有在希腊语内部不能获得解释的形态；或是不符合希腊语的音系发展规律；或是兼具以上若干情况。对此，我们不妨看一些例子。

可识别为前希腊来源的词语中很多是地中海地区自然环境、动植物和物产的名称：θάλασσα“海”，νῆσος“岛屿”，ἴδη“森林”，ἄμπελος“葡萄”，βότρυς“葡萄串”，ἐλαία（线文 B e-ra-wa[]）“橄榄”，ἔλαιον（线文 B e-ra$_3$-wo）“橄榄油”，δάφνη“月桂”，σῦκον“无花果”，ὄλυνθος“野无花果”，κερασός“樱桃”，κάστανα“栗子”，κυπάρισσος（线文 B ku-pa-ri-se-ja）“柏树”，τερέβινθος/τέρμινθος“笃耨香”，νάρκισσος“水仙”，ἴον“紫罗兰”，μαλάχη“锦葵”，ἄψινθος“苦艾”，μίνθη（线文 B mi-ta）“薄荷”，ὀρίγανον“牛至”，κορίαννον“芫荽”，ἐρέβινθος“鹰嘴豆”，σίμβλος“蜂巢”，θύννος“金枪鱼”。

有些前希腊词语是具有地中海特征的物质文化和工艺名词：λαβύρινθος（线文 B da-pu$_2$-ri-to-[?]，也许与吕底亚语λάβρυς“双头斧”和卡里亚语Λάβρυανδος相关）“迷宫”，θάλαμος“房间”，τέραμνα“房间，房屋”，πύργος“塔楼”，θέλυμνα“基础”，γεῖσον“楣”，πλίνθος“砖”，ἀσάμινθος（线文 B a-sa-mi-to）“澡盆”，δέπας（线文 B di-pa）“酒杯”，ἄλεισον“酒杯”，κόθορνος“高统靴”，πεσσός“棋子”，ἀπήνη“大车”，πείρινθος“柳编车厢”，σαγήνη“渔网”，μήρινθος“线，弦，绳，钓线”，ὑσσός“标枪”。

甚至某些能够标志希腊社会、政治或宗教特色的名词应该也属于前希腊底层：βασιλεύς（线文 B qa-si-re-u）“王”，δοῦλος（线文 B do-e-ro）“奴隶”，παλλακή/παλλακίς“妾”，διθύραμβος“酒神颂歌”，κέρνος“承托列罐式陶祭盘”，κολοσσός“雕像”，βρέτας“木雕神像”。

不少神和英雄的名字也都具有非印欧的来源：Ἀθήνη（线文 B a-ta-na-）“雅典娜”，Ἐνυάλιος（线文 B e-nu-wa-ri-jo/e-nwa-ri-jo）“埃努阿利奥斯”，Ἑρμῆς（线文 B e-ma-a_2）“赫耳墨斯”，Δίκτυννα“狄克吞娜”（克里特女神），Μίνως“米诺斯”，Ῥαδάμανθυς“拉达曼图斯”。

最早的希腊语文字线形文字 B 里的包含的不少名字（神、英雄和人的名字）也是具有前希腊来源的：a-ro-do-ro-o，a-* 65-ma-na-ke，e-ke-se-si，e-ti-wa，ja-pe-re-so，ka-u-de，pa-de，pi-pi-tu-na（与 Δίκτυννα 具有同样的后缀），si-ja-ma-to，a-ra-na-ro（线文 A>线文 B a-ra-na-re），di-de-ro（线文 A>线文 B A di-de-ru），i-ta-ja（线文 A>线文 B A i-ta -ja），pi-ta-ke-u（线文 A>线文 B pi-ta-ke-si），qa-qa-ro（线文 A>线文 B qa-qa-ru）。

此外还有大量的希腊大陆和爱琴海岛屿地名也来自前希腊底层语言：Πύρανθος，Κόρινθος（线文 B ko-ri-to），Λέβινθος，Σάμινθος，Σύρινθος，Τίρυνς / Τίρυνθος，Ἀμάρυνθος（a-ma-ru-to），Ζάκυνθος（线文 B za-ku-si-ja），Κόσκυνθος，Πίνδος，Κερησσός，Λυκαβηττός，Μυκαλησσός，Παρνασσός，Ὑμηττός，Ἀμνισός（线文 B a-mi-ni-so），Ἰλισ(σ)ός，Κνωσ(σ)ός，Παλλήνη，Μεσσήνη，Ἀθῆναι，Μυκήνη/Μυκῆναι，Θῆβαι（线文 B te-qa-），Λῆμνος（线文 B ra-mi-ni-ja），Ὄλυμπος，Πραισός（<真正的克里特语 ... φραισο ...），Σύβριτα（线文 B su-ki-ri-ta；线文 A>线文 B］su-ki-ri-ta/su-ki-ri-te-i-ja），Πνύξ。①

从形态上看，上述词语和名称带有一些独特的后缀：-σ（σ）-/-ττ，-νθ-，-ᾱνᾱ /-ᾱναι（-ηνη / ηναι），-μν-，-ρν-，-μβ-等。尤其-σσ-和-νθ-这两个后缀很常见，特别是在地名中的出现频率非常高，从而也成为人们讨论最多的话题。凡是探讨这一问题的学者几乎都要提到保罗·克莱池默在 1896 年发表的研究成果。克莱池默指出，希腊大陆和爱琴海岛屿上这些带有-σσ-和-νθ-后缀的地名与小亚细亚西南部、南部和中部（吕底亚、卡里亚、吕基亚、皮西狄亚、庞菲利亚、基利基亚、吕卡奥尼亚、卡帕多奇亚等地）大量存在的带有-ss-

① 以上语料主要引自 Y. Duhoux，“Pre-Greek languages：Indirect evidence，” in A. -F. Christidis (ed.)，*A History of Ancient Greek：From the Beginnings to Late Antiquity*，Cambridge：Cambridge University Press，2001，pp. 225 - 226；J. B. Haley and C. W. Blegen，“The coming of the Greeks，” *American Journal of Archaeology* 32(1928)，pp. 145 - 154。

和-nd-(更早为-nt-)后缀的地名(如 Τερμησσός，Σαγαλασσός，Κάλανδα，Σίλανδος，Καρύανδα，Κάλυνδα，Μολύνδεια，Ἄσπενδος，Κύινδα)相关，它们应属"小亚细亚语言"(die kleinasiatischen Sprachen)。克莱池默所谓的"小亚细亚语言"包括吕基亚语、卡里亚语、吕底亚语等具有亲缘关系的语言。在他看来，该语言家族即为爱琴海地区和希腊大陆的前希腊语言，并且它们不属于印欧语。① 随着20世纪初期赫梯语、卢维语和帕莱语的发现和释读成功，人们认识到克莱池默所称的"小亚细亚语言"实际上与上述青铜时代小亚细亚的几种语言一起同属印欧语系，它们因相互之间更近的同源关系而被划定为"安纳托利亚语族"。而且，人们还找到了上述带有-nd-和-ss-后缀的地名的青铜时代前身：赫梯语和卢维语文献中提到了很多带有-anta/-anda-，-wanta/-wanda-和-assa-/-assi-后缀的地名，例如 Harpand/ta，Kuriwanda，Millawanda，Arnuwanda，Lalawainta，Mammananta，Hursanassa，Sallawassa，Kuwalapassi，Alpassiya。

那么，上述各种证据所反映的前希腊底层到底属于什么语言呢？学者们对此聚讼纷纭。不过，如果抛弃细节差异，各种意见大体可以划分为两派，不妨可以称之为"爱琴派"和"印欧派"。前一派通常将前希腊底层冠以"地中海语"或"爱琴海语"等名称，认为它是一种遍及地中海，属于新石器时代和早期青铜时代文化的非印欧语言。其理由是希腊语中的前希腊词语很多都无法从印欧语角度进行分析，而一些也出现于地中海地区的其他语言当中。②

"印欧派"在承认某些词语的确来自非印欧语的同时，认为其他很多词语应属印欧语言。在这派当中，有两种理论影响最大。一种可称为"卢维语理论"。该理论以上述在希腊和小亚细亚大量出现的彼此相关的地名为根据，认为希腊语中的后缀-νθ-和-σσ-和小亚细亚地名后缀-(w)ant/da-和-assa/i-都来自卢维语的构词后缀-(w)anta-和-assa/i-。-assa/i-是卢维语的领属形容词

① Paul Kretschmer, *Einleitung in die Geschichte der griechischen Sprache*, Göttingen: Dandenhoed und Ruprecht, 1896, S. 293－311,370－409.

② D. Q. Adams & J. P. Mallory, "Greek language," in J. P. Mallory & D. Q. Adams (eds.), *Encyclopedia of Indo-European Culture*, p. 243; Y. Duhoux, "Pre-Greek languages: Indirect evidence," in A.-F. Christidis (ed.), *A History of Ancient Greek: From the Beginnings to Late Antiquity*, p. 227; Shane Hawkins, "Greek and the languages of Asia Minor to the Classical period," in Egbert J. Bakker (ed.), *A Companion to the Ancient Greek Language*, Chichester: Blackwell Publishing Ltd: 2010, p. 216.

后缀，在楔形文字卢维语方言中它已取代了名词属格，其含义是“……的”。-(w)anta-是卢维语分词后缀，也已经词汇化为领属形容词的后缀，意为“……的”；其词源是原始印欧语的分词后缀*-nt-和*-ent-（或*-ont-）。还有一部分学者进一步主张线形文字 A 的语言就是卢维语。①

“印欧派”中另一种较有影响的理论可称为“皮拉斯基人语理论”。持这种理论的学者注意到，希腊语里有些词语看起来具有印欧语特征，但是其语音不符合希腊语语音的发展规律，如果换一套语音演变规则来衡量它们，其印欧语词源就能获得解释。而这套语音系统所代表的一种印欧语言被主张该理论的学者称为“皮拉斯基语”（这一标签来自是希腊传统文献中提到的一支前希腊民族“皮拉斯基人”）。例如，希腊语 τάφος“坟墓”一词是由印欧语*d^hm̥b^hos 经规则音变发展而来的：*d^hm̥b^hos>*t^hap^hos（*θάφος）>tap^hos（τάφος）。而在希腊语里还有另外一个表示“坟墓”的词 τύμβος。显而易见，它与前者很相似，而且也和该词在其他语言中的同源词很相似，但它不符合希腊语的音变法则，它被认定为来自皮拉斯基语。而原始印欧语到皮拉斯基语的音变被推测为*d^hm̥b^hos>*dumb^hos>tumbos（τύμβος）。再如，希腊语中 πύργος“塔楼”与原始印欧语*b^hr̥g^h-之间的渊源关系也似乎很容易被发现，但原始印欧语的*b^hr̥g^h-如果按照正常情况发展为希腊语的话，其演变进程应该是*b^hr̥g^h->†p^hark^hos（†φάρχος）>†park^hos（†πάρχος），显然我们预想的†πάρχος 与实际存在的 πύργος 无法吻合。然而，如果模仿上述 τύμβος 音变构拟的话，从*b^hr̥g^h-到 πύργος 的音变过程可以重构为*b^hr̥g^h->*burg^hos>purgos（πύργος；比较德语 Burg）。从上述两例中可以看到从原始印欧语到希腊语和从原始印欧语到皮拉斯基语音变的某些不同：原始印欧语共鸣音*m̥ 在希腊语中演变为元音 a，在皮拉斯基语中演变为 um；共鸣音*r̥ 在希腊语中演变为 ar，在皮拉斯基语中演变为 ur；在希腊语中（和在梵语中一样）两个连续的以送气音开头的音节中通常第一个音节的送气音异化为不送气音（*t^h—

① Leonard R. Palmer, Mycenaeans and Minoans: Aegean Prehistory in the Light of the Linear B Tablets, London: Faber and Faber, 1961, pp. 26 - 30, 232 - 254; Leonard R. Palmer, *The Greek Language*, Norman: University of Oklahoma Press, 1996, pp. 9 - 16; Margalit Finkelberg, *Greeks and Pre-Greeks: Aegean Prehistory and Greek Heroic Tradition*, Cambridge: Cambridge University Press, 2005, pp. 5, 42 - 54; Shane Hawkins, "Greek and the languages of Asia Minor to the Classical period," pp. 216 - 217.

$p^h > t—p^h$)，皮拉斯基语也经历过这样的异化($*d^h—b^h > *d—b^h$，$*b^h—g^h > *b—g^h$)；原始印欧语送气浊爆破音在希腊语中清化($*b^h > p^h$，$*d^h > t^h$，$*g^h > k^h$)，而皮拉斯基语则是送气浊爆破音失去送气($*b^h > *b$，$*g^h > *g$)，不送气浊爆破音清化($*d > *t$，$*b > *p$，与亚美尼亚语和日耳曼语族一样)。主张“皮拉斯基语理论”的学者认为皮拉斯基语从语音和词汇上来看与日耳曼语族、凯尔特语族、波罗的-斯拉夫语族等语族关系更近，但它仍是一种独立的印欧语言。他们还将-νθ-和-σσ-论证为来自皮拉斯基语的后缀，同时也承认它们与卢维语的后缀-nt/d-和-ss-有着共同的印欧来源。①

上述理论都有令人信服之处，因此也都不宜轻易否定。而且，还应该估计到希腊语中前希腊底层的构成可能是很复杂的：或许非印欧因素和印欧因素都存在，而且非印欧语言的因素有些时候可能与前希腊的印欧底层或希腊语自身在构词方面已整合在一起。而克里特和塞浦路斯存在多种前希腊语言孑遗标本这一事实本身也暗示了前希腊底层的复杂性。

三、泥板上的秘密：迈锡尼希腊语

1952年7月1日，年仅30岁的英国建筑师文麦克尔·文特里斯(Michael Ventris)在BBC第三套节目中作了题为《破译欧洲最古老的文字》(“Deciphering Europe's Earliest Scripts”)的谈话，他宣布：“很长时间我都在想埃特鲁里亚语可能会提供我们寻找的线索，但就在最近几周中，我得出了这样的结论，即克诺索斯和派罗斯的泥板文书归根结底肯定是用希腊语书写的。这是一种难懂而古老的希腊语，由于它比荷马早500年，而且是用一种相当缩略的形式书写的，但它仍然是希腊语。”②

文特里斯所说的克诺索斯的泥板文书是半个世纪之前英国考古学家亚

① A. J. Van Windekens, *Le Pélasgique. Essai sur une langue indo-européenne préhellénique*, Louvain: Pulications Universitaires, 1952, p. V - IX, 3 - 22, 152 - 159; Vladimir I. Georgiev, *Introduction to the History of the Indo-European Languages*, Sophia: Publishing House of the Bulgarian Academy of Sciences, 1981, pp. 96 - 107; D. Q. Adams & J. P. Mallory, “Greek language,” in J. P. Mallory & D. Q. Adams (eds.), *Encyclopedia of Indo-European Culture*, p. 243; Y. Duhoux, “Pre-Greek languages: Indirect evidence,” pp. 227 - 228; Shane Hawkins, “Greek and the languages of Asia Minor to the Classical period,” p. 216.

② *The Listener*, 10 July 1952; John Chadwick, *The Decipherment of Linear B*, Cambridge: Cambridge University Press, 1990, p. 68; Andrew Robinson, *The Man Who Diciphered Linear B: The Story of Michael Ventris*, London: Thames & Hudson Ltd, 2002, pp. 105 - 106.

瑟·约翰·伊文思(Arthur John Evans)爵士发现的。伊文思在克里特一共发现了三种文字。最早的一种(年代在约公元前2000—1650年)是图画式的,很像埃及的象形文字,因而被他命名为“象形文字”(Hieroglyphic)。另外两种文字大都刻在泥板之上,它们类型相同,均由线形笔画写成的简笔符号构成,但彼此又有区别。伊文思把较早的一种(使用于约公元前1750—1450年)命名为“A类线形文字”(Linear Script of Class A),将更晚的一种(今天其年代被断定为公元前1450年)称为“B类线形文字”(Linear Script of Class B)。这就是人们通常所说的线形文字A(Linear A)和线形文字B(Linear B)。从文字构成类型来看,后者显然是由前者改造而来。与另外两种文字不同的是,线形文字B在克里特只发现于克诺索斯(Knossos)。不过在伊文思之后,一直到1939年,在希腊大陆发现了少量的陶瓶上带有线形文字B铭文。这一年,美国考古学家卡尔·布里根(Carl Blegen)在派罗斯(Pylos)又发现了不少于600块的线形文字B泥板。由于第二次世界大战的干扰,被迫停止的发掘工作等到1952年才恢复,这一年以及之后的发掘使得更多的泥板重见天日。同年,迈锡尼(Mykenai)也出土了第一批泥板。后来在忒拜(Thebai)和提林斯(Tiryns)也发现了线形文字B泥板。

在文特里斯之前,已经有多人尝试破译线形文字B,包括之前曾成功释读楔形文字赫梯语的捷克语言学家贝德里克·赫罗兹尼(Bedřich Hrozný)。然而那些自信成功的破译者们所公布的破译成果却很难令公众信服。相反,只有少数人摸索到了正确的门径,不过进展有限。爱丽丝·E.柯玻尔(Alice E. Kober)发现了线形文字B记录的是一种屈折语,并归纳出了几种类型的变格“三联组”(triplets),这为后来文特里斯的破译指明了方向。埃迈特·L.本奈特(Emmett L. Bennett Jr.)认识到同一字符会有不同变体,而这有别于不同字符。不幸的是,柯玻尔女士于1950年早逝,年仅43岁,否则她很可能也会在随后线形文字B的成功破译当中扮演着领衔的角色。

文特里斯在BBC宣布的破译结果,引起了正在收听节目的约翰·柴德威克(John Chadwick)的注意。语言学家柴德威克年长文特里斯两岁,当时刚返回他的母校剑桥大学担任古典语文学青年讲师。之前他在牛津参与了编纂《牛津古典词典》。二战期间他还曾从事过破译日本海军情报的工作。到此时他已经独立从事线形文字B的研究达6年之久。文特里斯举出了4个词和翻译了8个短语作为例证。这4个词都是为人们所熟知的希腊语词语:poimēn

"羊倌",kerameus"陶工",khalkeus,"青铜匠",khrusoworgos"金匠"。柴德威克认为 khrusoworgos 一词"鼓舞人心",原因是 w 音在古典时代绝大多数希腊语方言中都不存在,但它肯定出现于一种古老的方言当中,它的丢失仅是晚近的事情,荷马的用词就表明了这一点。文特里斯所提出的破译原则也正好与柴德威克的设想相一致。柴德威克过后回忆道:"文特里斯宣布的东西太重要了,与我的课题希腊语方言密切相关,因而不容忽视。"他做的第一件事就是询问已有 82 岁老龄的考古学家约翰·迈尔斯爵士(Sir John Myres)的意见,因为他与文特里斯有联系,但迈尔斯对此持怀疑态度。之后柴德威克回到家里迫不及待地验证起了文特里斯的新理论。他从转写两套文本中的词语着手,经过 4 天的试验,最终相信了文特里斯的解读大体是正确的。他还收集了一份词汇表,列出了他从泥板中发现的 23 个似应为希腊语的词语,其中有一些是文特里斯没有注意到的。

7 月 9 日,柴德威克给迈尔斯写信率直地说道:"我想我们必须接受这一事实,那就是希腊历史、语文学和铭文的新篇章即将被书写。"稍微有些不满的迈尔斯分别给了文特里斯和柴德威克彼此的地址。随着很快开始的通信往来,两位年轻人的合作关系也迅速建立起来。① 10 月份两人合撰完成了《迈锡尼档案中的希腊方言证据》('Evidence for Greek Dialect in the Mycenaean Archives')一文,该文于次年发表于享誉国际古典学界的《希腊研究杂志》(*Journal of Hellenic Studies*),系统地公布了破译成果。②

文特里斯是循着柯玻尔的思路着手破译的。在柯玻尔列出的变格"三联组"中,标志变格的词尾音节字符本身能够提供彼此共有某个相同元音或相同辅音的线索。更多的泥板文书的出土,使得文特里斯能够更广泛地观察屈折变化形式,以及异拼和错拼等现象,并从中分析不同音节字符共有元音和辅音的情况。这一观察和分析结果可以用密码破译员常用的坐标表格(grid)的形式记录下来。被识别为共有同一元音的音节字符被填入同一纵列,而共有同一辅音的音节字符被填入同一横行,这样每个音节字符都处于坐标表格中的特定格子当中。坐标表格可以在横纵两个方向上延伸。当各音节字符在坐标

---

① John Chadwick, *The Decipherment of Linear B*, pp. 67 - 80; Andrew Robinson, *The Man Who Diciphered Linear B: The Story of Michael Ventris*, pp. 102 - 124.

② Michael Ventris & John Chadwick, "Evidence for Greek Dialect in the Mycenaean Archives," *Journal of Hellenic Studies* 73(1953), pp. 84 - 103.

表格中的位置被确定后，所差的就是确定它们的音值。这种做法实际上是纯粹从文字和语言系统内部来确定字符和音值的关系，从而排除了某种预设语言的外界干扰和赋予某个孤立词语音值的随意性。而当某个音节字符的音值被推测出来后，它就会自动导致一种破译者所谓的“链式反应”（chain-reaction），即与它处于同一横排的字符的辅音和与它处于同一纵列的字符的元音也就随之为人所知。①

不过，在确定音值的时候，文特里斯长时间内都在走弯路，那是因为他一直抱定了线形文字 B 与埃特鲁里亚语相关的信念。直到最后，他又将注意力转回到了柯玻尔“三联组”。他已经注意到柯玻尔“三联组”里包含的词语具有充当各种商品清单主题的功能，而且仅仅出现于克诺索斯泥板上，他推测到这些词语很有可能是克里特的地名和相应的形容词形式。阿姆尼索斯（Amnisos）是克诺索斯附近的海港城市，它曾被荷马提到，因此应该会被泥板所记录。这个地名成为文特里斯确定音值的新起点。考虑到音节文字的特点，文特里斯推测 Amnisos 在线形文字 B 里的形式应为 a-mi-ni-so。借助于词首字符出现频率的分析，他将在词首高频出现的 q 的音值推测为 a。通过同塞浦路斯音节文字相似字符的比较，他推断 Z 为 na，d 为 ti。这时坐标表格中的“链式反应”就发生了：C 与 Z 处于同一横行，因而辅音相同，均为 n-；C 与 d 处于同一纵列，因而元音相同，均为-i；辅音和元音相拼，得到 C 的音值是 ni。这样 a-mi-ni-so 用线形文字 B 书写就应该是 q-？ -C-？ 这种形式。而在柯玻尔“三联组”中有一个词写作 qKCv，如果它是 a-mi-ni-so，那么 K 就是 mi，v 就是 so。既然 V 在坐标表格中与 Z 和 C 处于同一横排，故拥有同一辅音 n-；与 v 处于同一纵列，故拥有同一元音-o，那么 V 的音值就是 no。这样，柯玻尔“三联组”中的. Vv 一词便可以转写为？ -no-so。如果. 是 ko，那么. Vv 便是 ko-no-so，即 Knossos，克诺索斯。他又接连读出了“三联组”中包含的其他克里特地名：g<v 为 tu-li-so（Tulissos，图利索斯），sef 为 pa-i-to（Phaistos，法伊斯托斯），?，f 为 lu-ki-to（Luktos，卢克托斯）。

接下来，文特里斯破解的一系列词语也都呈现出了希腊语特征，例如来自

① Michael Ventris & John Chadwick, *Documents in Mycenaean Greek: Three Hundred Selected Tablets from Knossos, Pylos and Mycenae with Commentary and Vocabulary*, Cambridge: Cambridge University Press, 1956, pp. 14 – 23.

地名的形容词形式 a-mi-ni-si-jo(阳性)和 a-mi-ni-si-ja(阴性)、属格形式-jo-jo(与古风时期希腊语的属格-(i)-oio 相一致)、ko-wo(korwos,“男孩”)和 ko-wa(korwā,“女孩”)、表示总数的 to-so 和 to-sa(tossos, tosson, tossa, tossai 等,“这么多”)等。① 正如柴德威克所说,文特里斯“惊讶地发现希腊语解决方案是不可避免的。这些哑巴字符缓慢而艰难地被迫说起了希腊语,它们说的是希腊语,虽然这种希腊语被记录得的确很糟糕并有节略,但它还是可以被识别为希腊语”②。

线形文字 B 对希腊语的记录,远不如后来的希腊字母精确,不过它还是有一套正字法规则的:记录元音时不区分长短音(a, e, i, o, u);对于以-i 结尾的双元音(ai, ei, oi, ui),后面不接元音时通常省略-i,接元音时-i 以 j 的形式出现,处于词首的 ai 保持不变;介于 i 和元音之间的滑音通常用 j 表示(表示上述双元音结尾的-i 即在此列),u 之后的滑音用 w 表示,滑音在希腊字母拼写系统中倒是通常被省略掉(例如 pa-ja-ni-jo=Παιάνιος, i-je-re-u=ἱερεύς, ku-wa-no=κύανος);记录塞音不区分送气和不送气,只有舌尖塞音区分清浊,即 k, k^h 和 g 均用 k 表示,p, p^h 和 b 均用 p 表示,t 和 t^h 均用 t 表示;不区分流音 l 和 r,两者均被记作 r(例如 re-u-ko=leukos);字符通常表示的是一个元音或一个元音加一个辅音;在“辅音—辅音—元音”类型的音节中,前一个辅音通常用该辅音和该音节元音所组成的音节符号来表示(例如 ku-ru-so=khrusos),但遇到咝音 s 加塞音的情况时 s 通常省略(例如 pe-ma=sperma);在“辅音—元音”或“辅音—元音—辅音”类型的音节(即闭音节)中,后一个辅音通常不被记录(例如 ko-ko=khalkos);处于词尾的辅音 n, r, s 省略(例如 pa-te=patēr, ne-wo=newos, ki-to=khitōn);对于词尾由塞音加-s 构成的辅音群,省略-s,保留其词干结尾辅音,用该辅音加词干末音节元音组成的音节符号表示(例如 wa-na-ka=wanax, wo-no-qo=$Woinoq^ws$)。

为了对线形文字 B 和它记载的迈锡尼希腊语有个直观的认识,我们不妨看一片来自派罗斯的泥板;我们依次给出其线形文字 B 的拉丁字母传统转写、

① John Chadwick, *The Decipherment of Linear B*, pp. 62–66; Andrew Robinson, *The Man Who Diciphered Linear B: The Story of Michael Ventris*, pp. 98–101.

② John Chadwick, *The Decipherment of Linear B*, p. 66.

最可能读音的国际音标、希腊字母的转写形式和汉译文，以供对比：

Ta-ra-nu a-ja-me-no e-re-pa-te-jo a-to-ro-qo i-qo-qe po-ru-po-de-qe po-ni-ke-qe. ①

[t^{h}râ: nus aiai(z)ménos elep^{h}anteíɔ:i ant^{h}rɔ́: k^{w}ɔ:i híkk^{w}ɔ:i k^{w}e polupódei k^{w}e p^{h}oiní:kei k^{w}e]

Θρᾶνυς αἰαι(σ)μένος ἐλεφαντείῳ ἀνθρώκ^{w}ῳ ἵκκ^{w}ῳ κ^{w}ε πολυπόδει κ^{w}ε φοινίκει κ^{w}ε

“一个脚凳，镶嵌有象牙雕的人、马、章鱼和格里芬（或枣椰树）。”

在有史时期，我们看不到θρᾶνυς这种形式，但是荷马史诗中有θρῆνυς[t^{h}rɛ^:nus]（稍晚作[t^{h}rɛ^:nys]，而θρᾶνος[t^{h}râ:nos]和θρανίον[t^{h}ra:níon]常见于文献，它们均与θρᾶνυς在词源上相关联，在词义上相同或相似。a-ja-me-no似乎也可以推测为αἰαμένος[aia:ménos]。无论如何，该词及其词源均无法在有史时期的记载中得到证实，但是其词义在上下文中是清楚的。

这句话后面剩下的所有词语在有史时期都能够被证实，但其形态和语音均发生了若干变化。我们不妨将这部分转写为公元前5—前4世纪阿提卡方言的形式来对比观察，既然这种方言在历史上影响巨大，并且通常被视为希腊语的代表：

ἐλεφαντείῳ ἀνθρώκ^{w}ῳ ἵκκ^{w}ῳ κ^{w}ε πολυπόδει κ^{w}ε φοινίκει κ^{w}ε.

ἐλεφαντίνῳ ἀνθρώπῳ ἵππῳ τε πολύποδι τε φοίνικι τε.

[elep^{h}antínɔ:i ant^{h}rɔ́:pɔ:i híppɔ:i te polúpodi te p^{h}oíni:ki te]

从迈锡尼时代到古典时代，希腊语历经一千年的发展，词汇、语音、形态和句法既保持着某种稳定，同时又发生了很大的变化和革新。在上述两句的对比中，不难发现这一点。最明显的是，迈锡尼希腊语还保持着原始印欧语的圆唇软腭音*k^{w}。希腊语中的圆唇软腭塞音在大约公元前11世纪消亡，转化为

① PY Ta722，转引自Geoffrey Horrocks, *Greek: A History of the Language and its Speakers* 2nd ed., London & New York: Addison Wesley Lonman Limited, 2010, p. 2。

其他塞音。这一音变过程很复杂,但一般的变化规律是:在元音 i 和 e 前,k^w 变为 t,g^w 变为 d,g^{wh}变为 t^h;在 a, o 和辅音前面,它们分别演变为 p, b, p^h;在 u 的前面和后面转变为 k, g, k^h。最大的一个例外是,在爱奥利斯方言中,这一组圆唇软腭音全部变成唇音。在上述对比中,我们能很清楚地看到圆唇软腭音音变的一般规律:后置失重音小品词 $κ^wε$ 变为 τε;ἄνθρωκ^{w}ος 变为 ἄνθρωπος;ἵκκ^{w}ος 变为 ἵππος。

在形态上,迈锡尼希腊语也表现出了若干古老的特征。词干以辅音结尾的名词的单数与格—工具格通常是以-e[ei]结尾的,这从上面的例子中也可以看到。不过在迈锡尼出土的泥板上该格一般以-i 结尾,派罗斯的泥板上也有零星以-i 结尾的情况(例如 po-se-da-o-ni=Poseidāoni)。词干式名词的复数与格—位置格为-o-i[-oihi],工具格则为-o[-ois]。-pi[p^hi]也为复数工具格词尾,来自原始印欧语复数工具格词尾 * -bhi(s)。以辅音结尾的名词复数工具格词尾为-pi,而-api 则是以-a 结尾的名词复数工具格词尾(例如 a-di-ri-ja-pi=andrian(t)phi)。与地名一起用时,该形态变化还有位置格功能。在荷马的语言中,-φι 这一格尾的用法得到了革新:它可以加在几乎所有的名词,甚至名词的单数之后;它不仅是工具格的标志,而且还可以承担位置格、与格和夺格的功能。词干式名词的单数属格词尾为-ojo,这与荷马的相应形式-οιο 一致(来自原始印欧语 * -osyo)。迈锡尼希腊语没有冠词。其实,甚至荷马的希腊语也没有发展出使用冠词的革新来。

就与有史时期的希腊语各方言的关系而言,迈锡尼希腊语与阿卡狄亚-塞浦路斯方言关系最近,它可以说已经是一种东希腊语类型的方言了。这意味着有史时期的东、西希腊语的分化在迈锡尼时代就已存在。最具有标志性的差异恐怕是,原初的 ti 在迈锡尼希腊语中已经咝音化为 si,这与属于东希腊语的阿卡狄亚-塞浦路斯方言和阿提卡-伊奥尼亚方言的情况一样;西希腊语则保持着 ti 未变。例如,动词"有"的现在时复数第三人称(即"他们有"),在迈锡尼希腊语中是 e-ko-si[ék^{h}onsi],在阿卡狄亚方言中是 ἔχονσι [ék^{h}onsi],在阿提卡-伊奥尼亚方言中是 ἔχουσι [ék^{h}u:si],在西希腊语种则是 ἔχοντι [ék^{h}onti]。中动—被动语态的第三人称词尾在其他方言中都是-ται /-νται,在阿卡狄亚-塞浦路斯方言中则为-τοι /-ντοι,与迈锡尼方言的-to=-(n) toi 相同(例如 e-u-ke-to=eukhetoi, di-do-to=didontoi)。

刻有线形文字 B 的泥板能够保存下来,是由于毁灭各王宫的大火的焙烧。

这些珍贵的泥板讲述的也正是迈锡尼文明最后的故事。作为王宫的经济和财政档案，它们见证了一种政治上采用中央集权管理并施行再分配经济的宫殿国家体制。公元前1200年前后，迈锡尼各中心城市均遭到攻击、劫掠和焚烧。致命的打击使这个璀璨的青铜文明在几十年的时间中走向覆亡。线形文字B也伴随着王宫的毁灭而为人们所遗忘，希腊人又倒退回了文盲的社会。一直要等到400年后，希腊人才又重新学会使用文字，不过这次的新文字是书写更为简便，更能精确标记语音的字母，它是腓尼基人的发明。

四、希腊语方言的发展

人们经常把迈锡尼文明的毁灭同希腊传说中的多里斯人的入侵联系起来。但很多考古学家不相信这一解释，理由是考古当中不见多里斯人的物质文化遗存。不过，方言地理的变化的确支持多里斯人及其他希腊人支系移民的理论。伯罗奔尼撒原是迈锡尼文明的核心地区，也是迈锡尼方言的世界。这种方言与有史时期的阿卡狄亚-塞浦路斯方言关系最密切。然而在有史时期，阿卡狄亚方言犹如一座西希腊方言汪洋大海中的孤岛，它仅分布于阿卡狄亚高原，伯罗奔尼撒其他地区均为多里斯方言和西北希腊方言所覆盖，这两种方言一起构成了西希腊方言。出土了线形文字B的派罗斯、迈锡尼和提林斯在有史时期听到的并非原来的迈锡尼方言，而是多里斯方言。阿卡狄亚方言的近亲塞浦路斯方言也孤悬遥远的海外一隅。迈锡尼时代中希腊的彼奥提亚也是使用迈锡尼方言的地区，但那里有史时期的方言是爱奥利斯方言。有史时期希腊方言的分布显然是黑暗时代一系列复杂的移民运动以及语言演进和接触因素共同造成的后果。

古希腊人认为他们的语言可以划分为多里斯方言、爱奥利斯方言、伊奥尼亚方言这几大方言，并且经常还把阿提卡方言也算成是一大方言。现代语言学家部分地以这种分类为基础，但主要根据语言特征，通常对希腊语方言做出如下划分：

- 阿提卡-伊奥尼亚方言

阿提卡方言

伊奥尼亚方言：东伊奥尼亚方言（小亚细亚的伊奥尼亚及附近岛屿）、中伊奥尼亚方言（基克拉迪群岛中部）、西伊奥尼亚方言（优卑亚和阿提卡

东北部的奥罗波斯）

- 阿卡狄亚-塞浦路斯方言

阿卡狄亚方言

塞浦路斯方言

- 爱奥利斯方言

忒撒利亚方言

彼奥提亚方言

莱斯波斯方言：小亚细亚的爱奥利斯和莱斯波斯岛

- 西希腊方言

多里斯方言：萨洛尼克湾地区、阿戈利斯、拉戈尼亚、美塞尼亚、基克拉迪群岛南部、克里特、小亚细亚西南海岸及附近岛屿

西北希腊方言：西北希腊、中希腊、阿凯亚、埃利斯

- 庞菲利亚方言

其中阿提卡-伊奥尼亚和阿卡狄亚-塞浦路斯方言两者有着最近的亲缘关系，通常被归并在一起合称为“东希腊方言”，正如同多里斯方言和西北希腊方言共同构成“西希腊方言”一样。爱奥利斯方言的地位则处于被争论的状态。恩斯特·里施（Ernst Risch）于1955年发布的一种理论在之后的半个世纪中主导了人们对这一问题的看法。他提出在青铜时代存在两个方言群：阿提卡-伊奥尼亚方言和阿凯亚方言（即阿卡狄亚-塞浦路斯方言和迈锡尼方言）构成一个方言群，他称之为“南希腊方言”；西希腊方言和爱奥利斯方言构成一个方言群，他称之为“北希腊方言”，并且他认为爱奥利斯方言只是在公元前1200年以后才同西希腊方言分化而发展起来的。[①] 关于爱奥利斯方言的争论还在继续，但绝大多数主张都有一个共同点，那就是进一步降低爱奥利斯方言的历史地位，强调在三种方言发展过程中，地区因素甚或社会社会因素要比传统上所主张的“发生”因素更重要。伽尔西亚-拉蒙（José Luìs García-Ramón）认为爱奥利斯方言主要是在后迈锡尼时代发展起来的，是西希腊方言覆盖东希腊

---

① Ernst Risch, „Die Gliederung der griechischen Dialekte in neuer Sicht“, *Museum Helveticum* 12 (1955), 61－76，转引自 Stephen Colvin, “Greek Dialects in the Archaic and Classical ages,” in Egbert J. Bakker (ed.), *A Companion to the Ancient Greek Language*, p. 205。

方言(即里施所谓的“南希腊方言”)的结果。[①] 还有学者完全否认存在着一种共同的或原始爱奥利斯方言。[②]

列奥纳德·R.帕尔默(Leonard R. Palmer)则反对这种日益发展起来的共识,他拒绝接受里施关于南北希腊方言的划分,而主张重新将阿卡狄亚-塞浦路斯方言和爱奥利斯方言划归入同一种青铜时代的方言,即“阿凯亚方言”或称“中希腊方言”,他强调这种方言不同于阿提卡-伊奥尼亚方言,也不同于西希腊方言。[③] 他的主张其实是回到了 19 世纪末期和 20 世纪上半期的主流理论。在当时,所有非多里斯和非伊奥尼亚的方言都被归入同一个更高的方言群,该方言群被冠以“阿凯亚方言”这一新引入的名称。奥托·霍夫曼(Otto Hoffman)将阿卡狄亚方言和塞浦路斯方言并称为“南阿凯亚方言”,将莱斯玻斯方言、忒撒利亚方言和彼奥提亚方言并称为“北阿凯亚方言”。[④] 这种划分和命名方法得到了帕尔默的重提。[⑤] 至于庞菲利亚方言,它实际上很难被进一步归类:传统上它被认为与阿卡狄亚-塞浦路斯方言有亲缘关系,但它至少也与西希腊方言拥有诸多共同特征。例如,它保留了 ti,这是西希腊方言的共性。

作者简介:徐晓旭,1971— ,中国人民大学历史学院教授,博士生导师,兼任中国世界古代中世纪史研究会古代史专业委员会副会长,主要研究方向为西方古典文明。

---

① José Luis García-Ramón, *Les origins postmycéniennes du group dialectal éolien. Étude linguistique* (suppl. Minos 6), Salamanca, 1975,转引自 Stephen Colvin, “Greek Dialects in the Archaic and Classical ages,” p. 205.

② Claude Brixhe, «Situation, spécificités et contraintes de la dialectologie grecque. À propos de quelques questions soulevées par la Grèce centrale», dans Claude Brixhe & Guy Vottéro (eds.), *Peuplements et genèses dialectales dans la Grèce antique*, Nancy: Association pour la diffusion de la recherche sur l'antiquité, 2006, p. 39 - 69,转引自 Stephen Colvin, “Greek Dialects in the Archaic and Classical ages,” p. 205.

③ Leonard R. Palmer, *The Greek Language*, pp. 67 - 74.

④ Otto Hoffmann, *Die griechischen Dialekte in ihrem historischen Zusammenhange mit den wichtigsten ihrer Quellen dargestellt* 1. Band: *Der süd-achäische Dialekt*, Göttingen: Vandenhoeck und Ruprecht, 1891; 2. Band: *Der nord-achäische Dialekt*, Göttingen: Vandenhoeck und Ruprecht, 1893.

⑤ Leonard R. Palmer, *The Greek Language*, p. 70.

希波战争中波斯胜败的反思*

祝宏俊

摘　要:希波战争是世界古代史上的著名战争。根据古典作家的记述,希波战争主要发生在公元前480—前479年,波斯发动战争的主要目的是报复雅典和厄立特里亚,其次才是侵占希腊土地。公元前480年,波斯占领了厄立特里亚和雅典,基本上实现了自己的报复目标,萨拉米海战之后波斯为了过冬有序撤退。因此,至少在公元前480年,波斯在希腊半岛并没有遭受失败。但希波战争之后,雅典与斯巴达之间开始争夺希腊霸主的斗争,发动了大规模的宣传攻势,不断美化自己在希波战争初期的表现。就这样,当年的胜利者变成了失败者。

关键词:希腊　波斯　希波战争　胜负标准

希波战争是世界史上的一次重要战争。传统观点认为,希波战争发生在公元前492年至公元前449年之间,以公元前479年为界,分为前后两段,战争的性质是波斯入侵希腊、希腊反抗侵略,战争的结果是希腊取得胜利。国内学术一般对这个叙事框架基本没有疑义,所不同者就是前后两个阶段的性质有分歧①。最近,黄洋、晏绍祥在《希腊史研究入门》一书中提出新观点,他们

* 本文得到国家社科基金重点项目《斯巴达经济社会史研究》(项目号:13ASS001)的资助。

① 有人认为后一时段的战争仍然是希腊反抗波斯侵略的战争,只不过是从原先的内线作战转变为外线作战。(徐跃勤:《雅典海上帝国研究》,中国文史出版社,2010年版,第64页。陈远峰、李惠良、李永锋:《试论希波战争第二阶段的性质》,《暨南学报》(哲学社会科学),1983年第二期。)有人认为从公元前479年—前449年之间的战争是希腊侵略波斯的战争;(《史纲》编写组:《世界上古史纲》(下册),人民出版社,1981年版,第161页。)第三种观点认为这段时期的战争对于双方来说都是非正义的争霸战争。(刘家和主编:《世界上古史》,吉林人民出版社1979年版,第233页。)笔者基本赞同第三种观点。

将希波战争的时间界定为公元前 492 年至前 479 年，并指出："在东西方对立的细微框架下，希波战争的意义被大大放大了。实际上这场战争很难说得上是整个希腊民族为了维护民族独立与自由的战争，更说不上是希腊民族保卫西方文明免受东方专制主义统治的战争。"[①]笔者赞同他们的观点。希波战争前后两个阶段战争的主要参与方、战争的地域、战争的性质都有明显的差异，不能将它们混为一谈。笔者认为，希波战争在古代希腊就被认为美化了，不仅对公元前 492—前 479 年之间的希波战争的历史意义要重新评价，其他的一些基本方面也都需要重新评价。本文将就希波战争波斯失败与否加以反思。

一、波斯发动战争的目的

战争目的的实现与否是判断战争参与者胜败的关键。波斯是希波战争的发起方，因此，波斯的战争目的事关这场战争的性质，其目的实现与否则是衡量波斯在这场战争中胜败的标准。希罗多德在《历史》一书中多次提到波斯的作战目的，主要相关内容如下：

1. 米利都起义之后，波斯国王大流士得知雅典和厄立特里亚支持和参加起义，据说他把一只弓箭射向天空，并立下誓言："宙斯啊，请允许我向雅典复仇吧！"此后，他命令一个仆人，在一日三餐进餐之时总是提醒他："主人，不要忘记雅典啊！"[②]

2. 大流士的妻子阿托莎受到萨摩斯流亡者德摩凯德斯的蛊惑，劝说大流士征服新的领土，她说："主公，你是一个强大的统治者，但是我不明白，为什么你坐在这里碌碌无为，既不去为波斯人征服新的领土，又不去扩张你的权力？如果你要向他们证明：他们的国王乃是一个正正堂堂的男子汉的话，那么像你这样年轻而有如此财富的人理所当然应该让他们看看你所取得的伟大功业。这样做你还可以获得两个特别的收益，一是波斯人知道他们的国王是真正的男子汉，二是他们也没有闲暇来密谋反对你。现在你正当年轻，成就伟业恰逢其时……"大流士回答说："夫人，你的话正符我意。我决心从这里架一座桥，率领一支军队，远征西徐亚人。不久，我们就会完成这一事业。"阿托莎又说：

---

① 黄洋、晏绍祥：《希腊史研究入门》，北京大学出版社 2009 年版，第 35、36、37 页。

② Herodotus（以下简作"Hdt."），V. 105. Translated by A. D. Godley, *The Loeb Classical Library*, Harvard University Press, London, 1981。中译本可参阅希罗多德：《历史》，徐松岩译注，中信出版社 2013 年。

“……你还是先去攻打希腊罢。我听人提过拉科尼亚、阿尔哥斯、阿提卡和科林斯的妇女,我很想要这些妇女来作我的侍女。……”①

3. 公元前492年,大流士的军队越过赫勒斯滂海峡,穿过欧罗巴开始进攻雅典和厄立特里亚。希罗多德评论说:波斯人对这些城邦的报复不过是他们此次远征的借口而已,他们的真实意图是尽可能多地征服希腊的城邦。②

4. 在另一处,希罗多德又说:波斯军队在出发时所领受的命令是:征服雅典和厄立特里亚,把所俘获的奴隶带到国王的面前。③ 这里的“征服雅典和厄立特里亚”既可能指永久占领雅典和厄立特里亚,也可能是是短时间占领厄立特里亚,已达到报复、惩罚雅典和厄立特里亚的目的。笔者认为更可能是指后者。

5. 公元前485年,薛西斯即位,当时埃及刚刚发生起义,薛西斯决心先征服埃及,再进攻希腊。当时,波斯国内力主进攻希腊的主要有重臣马尔多尼乌斯和国王薛西斯。马尔多尼乌斯在薛西斯远征埃及之前对他说:“主公,雅典人对波斯人做了这样多的坏事,他们却不因此而受到惩罚,那是不妥当的。我的主张是,现在你就做你正在着手做的事,而当你把横傲不逊的埃及征服以后,你再率领着你的军队去进攻雅典,以便使你能够在众人中间赢得令名,同时其他的人也不再敢侵犯你的领土。”

6. 希罗多德又说到马尔多尼乌斯的另一重要理由:欧洲是一块非常美丽的地方,盛产各种水果,如此高贵的领土在全人类中只配国王享有。④

7. 在征服埃及之后,马尔多尼乌斯又对国王薛西斯说:“主公,你在过去和未来的一切波斯人当中都是最杰出的人物;因为对于其他一切事情,你都是说得既精彩又真实的,此外,你还不能容许住在欧罗巴的伊奥尼亚人来嘲笑我们,因为他们这样做是非分的。我们先前征服和奴役了撒卡依人、印度人、埃塞俄比亚人、亚述人以及其他许多伟大民族,并不是因为这些民族对我们作了坏事,而只是因为我们想扩大自己的威势;可是现在希腊人无端先对我们犯下了罪行,而我们却不向他们报复,那诚然是一件奇怪的事情了。⑤

---

① Hdt. III. 134.
② Hdt. VI. 44.
③ Hdt. VI. 94.
④ Hdt. VII. 5.
⑤ Hdt. VII. 9.

8. 据希罗多德记述，马尔多尼乌斯主张进攻希腊还有一个自私的目的，那就是“他自己想担任希腊的太守”。而他最终达到了目的，说服了薛西斯。[①]

9. 薛西斯在出征前对波斯臣僚的讲话透露了他的战争目的，他说：“波斯人！并不是从我开始第一个采用和在你们中间制定新法律，我不过是把它从父祖那里继承下来并加以恪守罢了。我从我们的前辈那里听说，自从居鲁士废黜阿司提阿该斯，我们打败米底夺回领土之后，我们就从来没有过过安定的日子。但这是上天的意旨。而我们的所作所为也为我们赢得了各种好处。现在，我没有必要一一列举居鲁士和刚比西斯和父王大流士征服从而纳入我们王国的那些民族；这一切你们知道得非常清楚。但是就我个人而言，自从我登上王位以来，我就在想我怎样才能在荣誉方面不致落后先人太多，怎样才能为波斯人赢得不比他们逊色的威力；我在深思熟虑之后觉得，我们不仅可以赢得声名，而且可以得到一块土地，这块土地在质和量方面都不亚于我们现有的土地，而且它比我们现有的土地还要肥沃；不仅如此，我们还实现了报复和惩罚的目的。为此，我现在召集你们来，告诉你们我的意图。我的意图是在赫勒斯滂海峡架一座桥，率领我的军队通过欧罗巴到希腊去，这样，我就可以惩罚曾对波斯人和我的父王犯下了罪行的雅典人。你们已经看到，父王大流士已经计划讨伐这些人。但是他死了，命运注定他无法亲自完成这一事业。我却要为他本人和全体波斯人的利益，不把雅典攻克和烧毁决不罢休，以惩罚雅典人对父王和对我本人无端犯下的罪行。首先，他们和我们的奴隶米利都人阿里司塔哥拉斯来到撒迪斯，焚烧了那里的圣林和神殿；其次，当我们的达提斯和阿尔塔普列涅斯率领的军队登上他们的海岸时，他们是怎样地对待我们，我想这是你们大家全都清楚的。出于这些原因，我决心派遣一支军队征讨他们。……”[②]

10. 但是，萨拉米海战前夕，哈利卡纳苏斯的女王阿尔特米西娅对薛西斯说：“你为什么要不惜代价在海上作战而置自己于毁灭的危险境地？你不是已经实现这次出征的目的——控制了雅典和其他希腊人吗？……如果你不急于在海上作战，而将你的战船停留在这里或靠近陆地的地方，或者你直接向伯罗奔尼撒进军，那么你会轻易地实现你此次出征的目的。因为，他们无法与你长

① Hdt. VII. 6.
② Hdt. VII. 8.

期对抗,他们将四处逃散,逃回各自的城邦。”①阿尔特米西娅这里所说的征服目的——“控制雅典和其他希腊人”并不是占领雅典和希腊人的领土,而是报复教训雅典、希腊人,因为,她所说的最终结果是希腊人“逃回各自的城邦”,放弃抵抗。尽管薛西斯没有采纳阿尔特米西娅的建议,但他对这个意见大为高兴,而且对她也更加尊重了。② 其中的原因可能在于阿尔特米西娅说中了他的心意。

11. 公元前 482 年。波斯大军压境,雅典等主张抵抗的城邦筹建反波斯同盟。希腊使节在叙拉古对格隆说:“事实上,在表面上,他(指薛西斯——笔者注)说只是攻打雅典,但实际上他是想把全体希腊人都纳入他的臣民之中。因此,我恳求你们去援助那些捍卫希腊自由的人们,请求你本人去帮助她获得自由。”③

12. 萨拉米海战之后,薛西斯决定回国,阿尔特米西娅对薛西斯说:你这次回国是在达到了出征目的之后才撤退的,因为你已经把雅典城付之一炬了。④

13. 普拉提亚战役之后,波斯军队撤退到帖撒利亚。驻希腊统帅玛尔多纽斯派马其顿王子亚历山大给雅典送信,要求与雅典结盟。这时,在场的斯巴达的使者紧接着就说:“从我们的这一方面来说,拉凯戴孟人把我们派来请求你们不要在希腊引起任何的变革,也不要接受异邦人方面提出的建议。对任何一个希腊人来说,这都是一件不正当和不体面的事情,特别对于你们更是这样,理由有许多:引起这次战争的是你们,根本不是我们的意思,你们的领土又是战争最初的焦点,但这次战争却把整个希腊都卷到里面去了。⑤

上述这些材料中,前四条涉及第一次波斯远征,后面的则主要涉及薛西斯远征。薛西斯入侵希腊则是古典作家眼中的希波战争。⑥ 总体看,这两次前

① Hdt. VIII. 68.

② Hdt. VIII. 69.

③ Hdt. VII. 157.

④ Hdt. VIII. 102.

⑤ Hdt. VIII. 142.

⑥ 希罗多德关于希腊波斯之间的冲突只写到公元前 479 年米尔卡战役结束。修昔底德说:历史上最伟大的战争是希波战争,但是那场战争在两次海战和两次陆战中,即萨拉米海战和米尔卡海战、是温泉关战役和普拉提亚战役,就迅速地分出了胜负。(Thuc. I. 23.)显然,在修昔底德看来,希波战争发生在公元前 480—前 479 年之间。罗马作家狄奥多罗斯说:正如通常所说,米底战争在持续了两年之后结束了。(Diod. XI. 37. 6.)

后相隔十年的战争其目的和意图没有发生本质的变化[①]。这个目的表面看包括两个方面:征服新领土、报复雅典和厄立特里亚。

现代学者更多的是立足于前一点来评价希波战争的性质,认为希波战争是波斯对希腊的侵略战争。当然,这样结论还可以得到另一重证据,即从外在形式看,波斯的军队进入了希腊的境内。但是,判断战争性质外在形式只能起到辅助作用,更主要的还是看战争发起方的主观目的和意图。上述材料表明,波斯的战争目的有两个方面,但是,这两个方面孰轻孰重?还是同等重要?这个问题令人困惑。

分析上述材料,支持"征服新领土"(观点一)的材料有4条(材料2、3、6、8),支持"报复雅典、厄立特里亚"(观点二)的材料有8条(材料1、4、5、7、10、11、12、13),材料9则同时支持两种观点。观点一的4条佐证材料中有两条是波斯一方的领导者的话语(材料2、9),两条属于希罗多德对玛尔多尼乌斯行为的转述(材料6、8),一条属于希罗多德对波斯军队远征的评价(材料3)。观点二的佐证材料有9条,其中来自波斯领导者的话语有四条(材料1、5、7、9),来自希罗多德个人的评价有1条(材料4),来自希腊世界内部的表述2条(材料11、12),来自波斯军队内部的表述2条(材料10、12)。上述分析表明,更多的材料有利于观点二。

希波战争前夕大流士要求雅典迎回希比亚斯也在一定程度上佐证了观点二。雅典僭主希比亚斯被驱逐后拒绝了马其顿和帖萨利亚人的挽留,定居在小亚细亚的西格昂。他在阿塔佛涅斯面前大肆诽谤雅典,他使出浑身解数,力图使雅典屈从于他本人和大流士。雅典派使者到萨迪斯,劝请波斯人不要听信这些雅典流亡者的话。但是,阿塔佛涅斯则要去雅典迎回希比亚斯,被雅典拒绝。[②] 此后,希比亚斯死心塌地地投靠了波斯,公元前491年他随波斯军队来到希腊,正是他将波斯军队带到马拉松。[③] 薛西斯出征希腊之前,曾经一度犹豫,这时,庇西特拉图家族也派人来苏萨答应尽一切力量帮助波斯,[④]庇西特拉图家族成员后来又随薛西斯入侵希腊,在雅典他们向被围在雅典卫城的

---

① 这也是笔者认为这两次战争属于同一次战争的主要原因。
② Hdt. V. 94 - 96.
③ Hdt. VI. 102
④ Hdt. VII. 6.

居民提出投降条件。[①] 希比亚斯和庇希特拉图仅仅是作为“向导”随波斯军队来到雅典吗？对于一心希望恢复昔日政权的庇希特拉图家族来说恐怕不会满足于此，尤其是希比亚斯当时年事已高，亦即不适合做向导，事实上，波斯军营中还有其他人，如奥诺玛克希图斯，这个人建议薛西斯在赫勒斯滂海峡修建浮桥，这个建议被薛西斯接受。[②] 因此，我们不能排除波斯军队想扶植庇希特拉图家族复辟、组建听命于波斯政府这种可能性。而这种外交策略更多地属于“报复”，而不是统治雅典。薛西斯登位之后，以继承父祖的政策相标榜[③]，甚至薛西斯入侵希腊的行军路线都与大流士的行军路线相似，那么薛西斯也不会改变大流士的希腊政策。

综上所述，笔者认为，波斯对希腊半岛发动战争以“报复雅典”为主，“征服领土”为辅。

二、希波战争中波斯基本实现了预期目的

评判战争的胜利一个根本的方法就是看战争发动方是否达到了目的。那么，波斯在战争中达到目的了吗？

在第一次希波战争中，大流士发动了两次战争，公元前 492 年，大流士第一次远征希腊。波斯军队分为水陆两路，沿希腊半岛海边南下。波斯海军进攻塔索斯人，塔索斯人未作任何抵抗就投降了。他们的陆军则征服了马其顿，在色雷斯波斯军队征服了布里吉人，但波斯军队也遭到沉重打击，统帅马尔多尼乌斯受伤。加之，波斯海军遭到风暴袭击，于是波斯撤军。[④]

公元前 491 年，塔索斯叛变，大流士派军征伐，塔索斯按照大流士的命令拆毁了城墙，驾船迁徙到阿布德拉。[⑤] 接着大流士派人到希腊半岛诱降，希腊大陆上许多城邦都“献出了水和土”(意即“投降”)，所去过的所有岛民也是这样，其中包括著名岛国厄基纳。[⑥]

公元前 490 年，波斯军队横渡爱琴海，首先进攻纳克索斯岛，纳克索斯人

---

① Hdt. VIII. 52.
② Hdt. VII. 6.
③ Hdt. VII. 8.
④ Hdt. VI. 44 - 45.
⑤ Hdt. VI. 47.
⑥ Hdt. VI. 49.

没有迎击就逃到山里躲起来，部分被波斯所俘，然后，波斯将他们的都城和神庙大火焚毁。[①] 此后，波斯海军驶向其他海岛，波斯显然征服了这些岛屿，提洛岛的居民望风而逃，[②]波斯则从其他岛屿得到一些人质，还掠走了一些人作为士兵。只有卡里斯图进行了反抗，但波斯大军围攻，最后还是不得不接受波斯的指令。[③] 接着，波斯军队来到尤卑亚岛，围攻厄立特里亚，经过七天的围攻，波斯攻破厄立特里亚，焚毁了所有的神庙，掠走了所有的俘虏。[④]

接下来，波斯军队来到马拉松，在这里遭到雅典军队的抵抗。希罗多德宣称是役雅典牺牲 192 人，波斯损失 6400 人[⑤]。这个数字可能有夸张之嫌，按希罗多德的说法，雅典方面的军事执政官、一位将军，还有许多其他知名人士均牺牲于战场。[⑥] 如此看来，雅典方面的实际损失也不小。但是马拉松战役并没有真正击退波斯军队。波斯海军绕过苏尼昂海角，驻扎在法勒伦附近。当时的法勒伦是雅典的港口，庇里乌斯港还没有兴建。波斯军队在这里停留了一段时间，起航返回了亚洲。[⑦]

显然，在两年多的征战过程中，从整个战局来看，波斯并没有失败，波斯军队几乎所向披靡，无论是北希腊地区还是爱琴海岛屿或逃跑，或投降，或被征服。正如希罗多德所说："在薛西斯出征之前，波斯人的总督已经遍布色雷斯和赫勒斯滂地区了。"[⑧]虽然波斯在马拉松遭到失败，但是，这场胜利并没有阻止波斯军队继续南下进抵雅典边境的进程。波斯军队回到亚洲主要不是因为希腊和雅典的抵抗，第一次是因为自然因素(风暴)而被迫撤退。第二次则是在波斯陈兵雅典近海炫耀了武力之后主动撤退。从这个角度看，波斯已经达到了目的。

公元前 480 年，波斯第三次出征。据称，薛西斯从色雷斯地区的多利斯库斯出发远征希腊，一路上，他将所遇到的每一个民族都强迫加入自己的军

---

① Hdt. VI. 96.
② Hdt. VI. 97.
③ Hdt. VI. 99.
④ Hdt. VI. 101.
⑤ Hdt. VI. 117.
⑥ Hdt. VI. 115.
⑦ Hdt. VI. 116.
⑧ Hdt. VII. 106.

队[①];薛西斯大军穿过色雷斯人的领土,凡是居住在沿海地区的部落都应征加入海军,凡是居住在内地的部落除了萨特莱之外都被迫在陆军服役;[②]在阿堪苏斯,波斯水陆军队分开行进,在塞尔玛集合。海军驶过阿索斯运河,进入辛古斯湾、塞尔玛湾,然后绕过帕涅利半岛,在沿途每一个城市都征收了船员和兵员。[③] 那些被征收兵员的地区显然已经被波斯征服了。在塞尔玛,波斯派出的使节回来,表示投降的城邦有:帖撒利亚人、多罗普斯人、爱尼恩涅斯人、伯莱比人、洛克里斯人、玛格涅西亚人、玛里斯人、弗提奥提斯人、底比斯人、除普拉提亚和塞斯皮亚之外的所有波奥提亚人。[④] 为了抵抗波斯进攻,希腊曾经派军队在帖撒利亚北境防御,但当波斯大军南下时,希腊军队迅速撤回科林斯地峡,原本摇摆的帖撒利亚彻底投降波斯。[⑤] 不久,波斯和希腊军队在温泉关鏖战,波斯军队获胜。接着,波斯军队在帖撒利亚人带领下进攻佛西斯地区,他们对佛西斯的全部国土大肆蹂躏,将城镇和神庙付之一炬[⑥]。此后,波斯军队穿越已经投降的波奥提亚地区,兵分两路,一路指向德尔菲神庙,在这里波斯军队遭到失败。[⑦] 希罗多德对希腊战争的胜利大多浓墨重笔,重点渲染,但不知为何对此次胜利一笔带过。另一路攻入阿提卡,在那里"肆意劫掠,焚烧一切",包括雅典卫城。[⑧] 波斯海军再次抵达法勒伦港,[⑨]随后发生著名的萨拉米海战。

总结这段时间的希波战争,波斯无疑取得了胜利。

三、希波战争后薛西斯安然撤军

传统观点认为温泉关战役之后,希腊海军在萨拉米与波斯海军决战,最后打败波斯军队,战后薛西斯担心希腊军队乘胜追击截断赫勒斯滂海峡的浮桥,仓皇逃跑。

---

① Hdt. VII. 108.
② Hdt. VII. 110.
③ Hdt. VII. 121、122、123.
④ Hdt. VII. 132.
⑤ Hdt. VII. 174.
⑥ Hdt. VIII. 32.
⑦ Hdt. VIII. 35 - 37.
⑧ Hdt. VIII. 50,53.
⑨ Hdt. VIII. 66.

其实，萨拉米海战中波斯的海军更主要是败于自然因素，而不是希腊海军。温泉关战役之后，希腊海军撤退到萨拉米湾，这里当时还不是海港。而波斯海军则进驻雅典港口法勒伦。由于底米斯托克利的通风报信，波斯海军封锁了萨拉米港的出海处。此时，波斯陆军控制了沿海地区，海军封锁了港口，希腊海军在四面重围之下，结局可想而知。但是，当此季节，地中海上常常刮大风，这一天，地中海上刮起大风，恰在此时，史书认为这正是底米斯托克利的过人之处，海浪汹涌地通过地峡。普鲁塔克正确指出：这些风对希腊船只危害小，因为希腊的船只船体小、吃水浅（这一点与希罗多德的说法截然对立），而对波斯船只却是致命的打击，因为波斯船只体积大，有高耸的甲板和突起，启动时速度慢，海浪给了波斯船只沉重的打击，并将船只的侧舷暴露给希腊海军。[①] 正是这场大风导致了波斯海军大乱，而希腊海军在港内，躲过一劫。希罗多德也说战后有一场颇大的西风将许多破败的船只吹到阿提卡海岸。[②]

这场战役也没有给波斯海军以毁灭性的打击。据记载，"海战刚刚结束，希腊海军急忙打扫战场，以防波斯利用剩余的战舰再次发动战争。"[③]甚至直到第三天，希腊海军还担心波斯海军会从法勒伦发动进攻。[④] 这说明波斯海军的战斗力并没有彻底消失。战后，波斯海军重新撤回法勒伦港，[⑤]而希腊海军似乎也没有坚守萨拉米海港，因为薛西斯为了掩饰自己撤军曾经修建了联通萨拉米岛的防波提，并将腓尼基商船连接起来作为浮桥和城墙。[⑥]

种种迹象表明，波斯海军确实在萨拉米损失惨重，但是这种损失主要不是由于希腊海军的打击而是自然因素使然，战后波斯海军实力还在，不可小视，实际上希腊海军甚至不敢进到提洛岛以东。[⑦] 更主要的是，波斯的陆军实力依旧。薛西斯撤军的原因一方面是担心希腊人截断赫勒斯滂海峡的浮桥，[⑧]更主要的原因可能在于冬季即将来临，因为希罗多德后来说到马尔多尼乌斯

① Plut. Them. 14.
② Hdt. VIII. 96.
③ Hdt. VIII. 96.
④ Hdt. VIII. 108.
⑤ Hdt. VIII. 107.
⑥ Hdt. VIII. 97. 关于薛西斯修筑防波提，罗易卜本据斯特拉波的记述称是在萨拉米海战后，徐松岩译希罗多德《历史》第452页注一也持此说。但查罗易卜本斯特拉波的《地理志》，薛西斯在战前计划修建此浮桥，但没有来得及实行，就发生了海战。（Strabo. IX. 1. 13.）
⑦ Hdt. VIII. 132.
⑧ Hdt. VIII. 97.

决定回到帖萨利亚过冬。冬季是最不适合作战的季节。[①] 正因为如此，薛西斯回国不是仓皇逃跑，而是在精心安排之后从容回国。

据希罗多德记述，战后薛西斯一方面在萨拉米架设浮桥，摆出一副决战的架势，稳住希腊军队，一方面召集会议，安排撤军行动。他先安排赫尔摩提姆斯为儿子的监护人，带领他的儿子在哈利卡纳苏斯女王的护送下回到以弗所。[②] 他们可能是从海路直接回到以弗所，因为这样速度更快。然后，他安排海军趁夜从法勒伦悄然撤军，而他自己则率陆军继续驻扎在阿提卡牵制希腊军队，希腊海军看到波斯陆军还在原地，以为波斯海军还在法勒伦港，未敢轻举妄动，而是忙于自卫。[③] 数天之后，波斯海军显然已经安全撤退了，薛西斯才沿着进军的路线退回到波奥提亚，再退回帖萨利亚。

在帖萨利亚，薛西斯挑选出 30 万精锐部队交给马尔多尼乌斯，留守希腊，自己则从帖撒利亚继续行军。回国途中薛西斯还与阿布德拉人缔结友好条约，把黄金的波斯刀和绣以黄金的毡帽赠送给他们。[④] 据希罗多德说，薛西斯走了 45 天回到赫勒斯滂[⑤]。据估计，从帖撒利亚到赫勒斯滂海峡路程约为 550 英里，如果希罗多德的话属实，那么薛西斯的回程是比较从容的。[⑥] 从这里，薛西斯度过海峡回到阿庇多斯，再回到萨迪斯，至此薛西斯安全回国。接着，护送薛西斯的阿塔巴佐斯率六万精兵回去接应马尔多尼乌斯，这显然是精心安排。不过，此时马尔多尼乌斯也率领留守军队进入了设置在帖撒利亚和马其顿的过冬营地[⑦]。阿塔巴佐斯见状并不急于南下，而是对在薛西斯回国之后叛变波斯的奥林苏斯和波提迪亚展开围攻。最后，奥林苏斯被攻占并被移交给卡尔西迪卡人，[⑧]波提迪亚被围攻了三个月，最后因为海啸导致波斯军队失利。[⑨]

薛西斯显然对他回国之后的希腊事务做了精心安排。他留在希腊的两位

---

① Hdt. VIII. 113.
② Hdt. VIII. 103,107.
③ Hdt. VIII. 108.
④ Hdt. VIII. 120.
⑤ Hdt. VIII. 115.
⑥ 徐译希罗多德《历史》，第 458 页注 3。
⑦ Hdt. VIII. 126.
⑧ Hdt. VIII. 127.
⑨ Hdt. VIII. 128 - 129.

将领也是精心挑选的。统帅马尔多尼乌斯是大流士的女婿，自己的妹（姐）夫，曾经随大流士远征。马尔多尼乌斯野心勃勃，战前就希望将希腊征服作为自己的封地。因此，选派马尔多尼乌斯是当时波斯军营中最佳、最可行的人选。但马尔多尼乌斯好大喜功，短视少谋，刚愎自用，难堪大任。大流士为他选配了出生寒门但多智多谋的阿塔巴佐斯，阿塔巴佐斯在护送完薛西斯之后见机行事征服叛变的奥利苏斯，围攻波提迪亚三个月，普拉提亚战役中，他主张撤回底比斯城，以金钱收买分化希腊联盟；在力劝失败之后，预料普拉提亚战役败局已定的情况下，他未雨绸缪做好撤退准备，最后，他率领的 4 万军队安全回到亚洲。这些都显示出他过人的才干。这个组合既考虑了王室血缘因素，又配置了得力能干的军事人才，是当时情况下比较理想的组合。

马尔多尼乌斯在希腊先后两次派人拉拢雅典，要求与雅典建立联盟。这个策略的核心在于分化希腊同盟，与底比斯人提出“金钱收买、分化希腊，制造希腊人内部纷争，坐收渔翁之利”的策略如出一辙。[①] 从马尔多尼乌斯拒绝底比斯人的策略看，他之所以能两次拉拢雅典很可能是奉旨行事，也就是说这个策略可能是薛西斯的安排。

总体来看，薛西斯回国不是因为失败而逃跑，而是为了过冬而撤军，回国之前他对此后希腊事务从人员到政策都做了精心安排。可惜，马尔多尼乌斯终究没有很好地执行薛西斯的政策，他居高临下地要求雅典与之结盟。这个傲慢的要求遭到雅典的拒绝。此时，他拒绝了底比斯人“放低姿态，以金钱收买、分化希腊”的建议，而是诉诸武力，派军队再次占领雅典城[②]。薛西斯回国之后希腊人中间本来已经出现裂隙，以斯巴达为首的伯罗奔尼撒各国退回伯罗奔尼撒半岛，在科林斯地峡修建城墙。[③] 现在，他们再次面临共同的危险，不得不再次加强团结，共同作战。而当双方坚持不下时，马尔多尼乌斯再次拒绝了阿塔巴佐斯撤回底比斯、以金钱收买分化希腊同盟的建议，最终导致失败。

尽管如此，波斯在欧洲的领土也不是一下子全部丢失。公元前 479 年，米卡列海战之后，希腊海军赶往赫勒斯滂海峡地区，此时，海峡的西部地区仍属

---

① Hdt. IX. 2.
② Hdt. IX. 3.
③ Hdt. IX. 7.

于波斯控制。双方在塞斯托斯对峙激战，一直持续到秋季。[①] 公元前 476 年，色雷斯的爱昂城仍然控制在波斯手中。[②]

综上所述，在公元前 492—前 479 年的战争中，波斯一方基本实现了“占领领土、报复雅典”的战争目的，它占领了马其顿、色雷斯的许多领土，烧毁了雅典卫城、摧毁了厄立特里亚，在冬季来临之前从容撤军。由于战后波斯守将无能、战争无方，未能守住本已占领的波奥提亚、阿提卡等地区。但是，失去这些土地并不意味着报复雅典目的的失败。从这个角度看，波斯很难说在这场战争中失败，毋宁说它获得了胜利。

四、希波战争中波斯胜败易位的反思

无可置辩的是，在希罗多德的作品以及此后希腊罗马的作品中，波斯在希波战争中失败了，希腊在希波战争中的表现被人为美化了。为什么会发生这么大的变化？令人深思。胜败易位、美化希腊的学术发展过程来看，这种美化无疑在希罗多德的作品中就已经表现出来，并一直持续到现在。而且，对希腊、波斯在战争的不同表现同时存在与希罗多德的作品中，因此，对此问题的回答依然要回到希罗多德。

希罗多德写史的一大特点是“有闻必录”。这一写作特点是我们认识波斯胜败易位的关键。这一特色造成希罗多德《历史》的两大特点：一是缺少自己的深层次思考，由此也造成其作品的第二个特点，即公共记忆的色彩明显，透过希罗多德的作品我们可以更清楚地看到当时的希腊社会对希波战争的叙述。这种叙述来自于希腊社会的方方面面，希罗多德在广泛收集的基础上，只是简单串缀，而没有过多地添加个人的修改。因此，在希罗多德关于希波战争的叙述中，既有荡气回肠、豪气冲天的英雄主义壮举，也有平淡无奇、下里巴人式的现实主义行为。两种类型的记述中，前者显然经过了更多的人为雕饰，令人生疑；相反，后者却朴实无华，具有更高的可信度。正是前者造成了波斯胜败易位，而且制约了我们对希波战争的认识。

这一特色还引导我们透过希罗多德的文字叙述，从他所生活时代的历史现实和社会心理去认识问题。从历史现实看，导致这种易位的主要原因是希

① Hdt. IX. 118.
② Thuc. I. 98.

腊和波斯关系以及希腊世界内部国际关系的变化。希波战争之后，希腊世界和波斯帝国终成仇雠，彼此敌对成为双方关系的基本特征。在希波战争之后，雅典和斯巴达为争夺希腊的霸权竭力竞争。雅典和斯巴达争夺霸权早在希波战争之前就已开始了。希波战争期间，尽管双方还在勾心斗角，但直接的对抗没有了。希波战争之后，双方重新开始争夺，最早的事件当算对希腊联军最高指挥权的争夺，第一个高潮则是波桑尼阿斯被剥夺希腊联军最高统帅权。接着，雅典与以科林斯为代表的伯罗奔尼撒各邦之间发生第一次伯罗奔尼撒战争，持续近十年。从公元前440年开始，雅典和斯巴达直接发生冲突，双方为争夺霸权摩拳擦掌，为即将发生的战争进行各种准备。

在这种历史背景下，希腊世界，尤其是参与霸权争夺的主要城邦的社会心理发生巨大变化。首先，在希波战争的催化下，希腊世界的自我意识进一步觉醒，自我认同进一步强化。相应地，对波斯的敌意进一步强化。修昔底德曾经说到，公元前460年埃及爆发反波斯起义，雅典曾经派军队参加埃及反波斯的起义。波斯为了制止雅典，派人携现金到希腊，企图拉拢斯巴达等城邦发动反雅典的战争，但被斯巴达拒绝了。[①] 公元前460年，雅典与科林斯、斯巴达等城邦正在发生第一次伯罗奔尼撒战争，波斯的介入按照一般常理会受到斯巴达的支持。之所以被拒绝只能是斯巴达心有顾忌。在这种大的历史背景下，在希腊世界不可能如希波战争实际所发生的那样客观描述，势必要作出矮化波斯、美化希腊的叙述。

其次，为了争夺希腊世界的霸权，各个城邦竭力宣传自己、美化自己。在波斯成为希腊世界的主要敌人之后，谁成为抵抗波斯的领袖谁将赢得道义上的胜利，为自己赢得霸主地位增添筹码。因此，雅典和斯巴达都希望重新叙述当年的希波战争，屏蔽掉当年自己在战争不光彩的一面，夸大自己在反波斯战争的作用，将自己塑造成为反波斯的领袖。至希罗多德著述之时，雅典和斯巴达正在磨刀霍霍，为即将开始的伯罗奔尼撒战争做准备。兵马未动舆论先行，这是战争之常理，雅典、斯巴达都需要为即将到来的战争做舆论上的准备。如公元前5世纪中期，伯罗奔尼撒战争前夕，智者希庇亚曾经向苏格拉底介绍他对斯巴达教育的认识，间接告诉了我们斯巴达当时的教育状况。他说，斯巴达人对雅典所盛行的教学内容毫无兴趣，雅典人追求演讲、辩论才能、崇尚数学

① Thuc. I. 109.

天文等实用知识，而斯巴达人教育的内容都是古代英雄和人的谱系，城邦的历史[1]。希比亚认为当时斯巴达教育的主要目的是培养公民尚武的美德。柏拉图这里的转述其实不够全面。我们很难想象，这时候雅典的教育会完全专注于演讲和实用知识，而置即将发生的战争与不顾，不对雅典人强化战争宣传。实际上，雅典势必也会像斯巴达一样，强化战争宣传。这样，刚刚发生不久的希波战争就成双方进行宣传战、舆论战的素材，双方都把各自在战争的表现加以美化。

最典型的莫过温泉关战役。正如笔者已经指出的，温泉关战役本身是希腊人的一次惨败，斯巴达对这次战争也是三心二意，没有竭尽全力，但斯巴达人却将300名将士的牺牲渲染成一次可歌可泣的英雄主义的壮举。同样，萨拉米海战，取胜的原因主要是自然界力量，却被雅典渲染成主要是底米斯托克利的计谋，一个暗通波斯的叛徒被塑造成抵抗波斯的英雄。这种人为的渲染、夸张对雅典和斯巴达双方来说，获得了战争心理上的优势，各自都认为自己的国家、自己的军队是希腊最勇敢、最强大。真如修昔底德所说，战争是个严厉的教师，颠覆了人间的行为标准。

总体来看，在希波战争中，波斯并没有遭到失败。希波战争中波斯胜败易位完全是古典时期希腊社会心理改变的结果，是希腊世界主要城邦为了争夺霸权进行的战争宣传的结果。

作者简介：祝宏俊，1966— ，历史学博士，南京师范大学历史与社会学院教授，博士生导师，主要研究方向为西方古典文明，著作多部，论文多篇。

---

① Plato, *Greater Hippias Major*, 284a - 286b. Plato, *Plato*(Vol. 4), The Loeb Classical Library, Cambridge, Massachusetts: Harvard University Press, 1994 - 1999.

斯特拉博及其《地理学》[1]

李铁匠

一、斯特拉博的生平和著述

关于斯特拉博的生平事迹，我们知道得很少。这是因为斯特拉博的同时代人几乎没有留下任何有关他的记载，在他去世之后，离他时间最近的著名学者普林尼、托勒密没有提到他的《地理学》，而稍后的约瑟夫斯·弗拉维乌斯、普鲁塔克和和雅典尼乌斯开始使用他的著作。公元6世纪，拜占庭学者斯特芬开始把他称为地理学权威。在整个中世纪，斯特拉博一直默默无闻，很少有人提起。一直到文艺复兴时期，斯特拉博的著作《地理学》才被重新发现，他的名声也就从此开始显赫，被称为著名的地理学家。因此，有关斯特拉博的生平事迹，主要依据的是他自己在《地理学》之中的自述和后世学者考证的结果。

一般认为，斯特拉博大约生活在公元前64/63—公元23/24年之间，他的故乡是小亚细亚地区本都王国的阿马西亚城。根据斯特拉博所说，公元前64年本都国王自杀，[2]在他出生之前不久罗马人占领了比希尼亚，由此推断他出生的时间是在公元前64/63年。至于他的去世时间，是根据他在《地理学》之中提到公元23年莫卢西亚国王（即毛里塔尼亚）朱巴二世"最近"去世的事情，有人猜测"最近"意味着"在一年之内"，[3]此后他没有再写作新的东西。因此，

---

① 编者按：古罗马时代希腊历史学家、地理学家斯特拉博所著《地理学》是西方历史上第一部地理学巨著，在西方文化史、科学史上居于重要地位。该书中译本已由上海三联书店出版。这里奉献给读者的就是该书的中译本前言。以下凡引用斯特拉博《地理学》者，作者皆简作"《地理学》"。

② 《地理学》XII. iii. 41。

③ 《地理学》XVII. iii. 7。

学者们推断他去世的时间大概是在公元23/24年。

斯特拉博出生于一个深受希腊文化熏陶的上层贵族家庭。关于斯特拉博父亲一族的情况，斯特拉博本人在书中刻意回避，因此人们很难知道底细。关于其母亲一族的情况，斯特拉博倒是交代得十分清楚。根据他自己所说，其母亲的前辈是本都的显赫家族。其母的曾祖父多里劳斯曾经担任过本都驻克里特岛军事统帅，在平息当地的战乱之中获得了巨大的荣誉。后来，因为本都国内发生政变，多里劳斯滞留克里特岛克诺索斯不回，在当地娶妻生子，并且在当地去世。再后来，由于本都新王与其有远亲关系，其家族成员蒙恩被召回，其中有一位名叫拉吉塔斯的担任科马纳的祭司，地位仅次于国王。他就是斯特拉博外祖母的兄弟。在米特拉达梯战争(公元前87—前63年)之中，这个拉吉塔斯私下与克诺索斯人和罗马人达成协议，企图鼓动国内上层分子叛乱推翻国王，由他来担任新政府的首脑，结果事泄被捕，家庭成员大多受到牵连。[1]其后，拉吉塔斯之弟莫阿菲尼斯作为国王的朋友担任了科尔基斯副总督。[2]又因为国王的原因遭到不幸，有的家庭成员因此被杀。斯特拉博的外祖父为了替家族报仇，公开背叛国王，投靠罗马人，在得到罗马统帅卢库卢斯(约公元前117—前56年)的保证之后，他策动了15座要塞投向罗马人。[3] 这种做法在现代民族主义者看来，简直是卖国投敌。但是，在当时深受希腊化世界主义思想影响的上层分子看来，这乃是最正常不过的事情。因为他们认为公民是国家的主人，国家是全体公民赖以生存之地，政府或君主只是公民雇佣的公仆或者奴才。如果统治者敢于违抗人民的意志，就可以立刻驱逐他们。因此，背叛或者推翻残暴的统治，是天经地义的事情。他们认为，作为“世界公民”，为所谓的“世界城邦”服务，远胜于为某个小国之君服务。而正在出现的罗马帝国，就是这样一个“世界城邦”。因此，在斯特拉博看来，这样做不仅没有什么可耻，反而是一大功绩，所以才会在书中多次提到其家族如何背叛本都国王，在米特拉达梯战争支持罗马人的功绩。

不过，在罗马统帅卢库卢斯离任，庞培接手米特拉达梯战争，并且取得胜利之后，由于庞培与卢库卢斯之间的权力斗争，庞培把凡是帮助过卢库卢斯的

---

① 《地理学》X. iv. 10。
② 《地理学》XI. ii. 18。
③ 《地理学》XII. iii. 33。

人都当成了对手，元老院又站在庞培一边，庞培以“当一个人领导战争走向了胜利，而奖赏和奖金的分配却由另外一个人掌管，这是不公正的事情”为由，[①]拒绝履行前约，只授予了他们罗马公民权。尽管如此，由于这个家族亲罗马的政治态度，他们不但得以保住了自己的财产和地位，而且在罗马上层分子之中享有一定的影响。斯特拉博也因此得以接受在当时属于良好的教育，为今后从事历史地理研究和周游罗马帝国各地奠定了基础。

斯特拉博虽然出生在希腊化国家，但他却是罗马公民，他的名字也是罗马人的名字。但是，这个名字很难说是这位历史学家和地理学家的真名，因为这是罗马人送给任何一位眼睛有点毛病者的名字或外号，意为“斜眼”。例如，庞培的父亲庞培·斯特拉博就是“斜眼庞培”的意思。而在西西里地区，视力特别好的人也叫做“斯特拉博”。不过，由于作者在本书之中除了使用这个名字之外，并没有提到自己还有其他的名字。因此，今天学术界只能认为本书作者的名字就叫斯特拉博了。

斯特拉博从青少年时代开始，就一边游历小亚细亚各地，一边访求名师，他的第一位教师是尼萨(今土耳其苏丹希萨尔城)的阿里斯多德姆斯，此人是波塞多尼奥斯的孙子，庞培之子的老师。阿里斯多德姆斯教授修辞和语法。斯特拉博自称学完了全部课程，并且在这里变成了一个荷马史诗的爱好者。[②]据说斯特拉博可能是通过老师的关系，不但接触到了波塞多尼奥斯的著作，而且和波塞多尼奥斯建立了私交。

斯特拉博21岁的时候来到罗马，师从逍遥派哲学家色纳尔库斯，[③]此人是一位地理爱好者。曾经在塞琉西亚、亚历山大、雅典和罗马讲学。色纳尔库斯终身以教育为职业，获得了阿雷乌斯和奥古斯都·凯撒的友谊。从斯特拉博对他的介绍看来，色纳尔库斯对他的影响非常巨大。[④] 斯特拉博在罗马向一位著名的教师、帕加马学派的学者提兰尼昂学习过语法。此人是“亚里斯多德的崇拜者”，也是一位语法学家和真正的地理学家，罗马政治家西塞罗曾经想请他帮助撰写一部地理学著作。有人说他在地理学方面的成就，对斯特拉博有很大的影响。但从斯特拉博把他称为“像书贩子一样的人”，双方关系看起

---

① 《地理学》XII. iii. 33。
② 《地理学》XIV. i. 48。
③ 《地理学》XIV. v. 4。
④ 《地理学》XIV. v. 4。

来似乎比较冷淡。[①]

斯特拉博的正规教育，可以说到此结束。他从三位著名教师那里接受了当时知识精英阶层所必须接受的传统教育，即演说、语法和哲学教育。后来，斯特拉博还向亚历山大学派的学者学习过，亚历山大学派和帕加马学派一样，主要是研究荷马史诗，解释史诗之中的地名，古希腊最早的地理学就是从这种研究之中开始形成的。斯特拉博通过亚历山大学派得以了解古希腊最伟大的地理学家厄拉多塞及其对荷马史诗的观点。从斯特拉博接受的教育情况来看，可以说他不但接受了当时几个主要学派的教育，而且在接受教育的过程之中也和学术界的权威建立了良好的关系。斯特拉博虽然接受过各个学派的学术观点，但对他本人影响最大的仍然是斯多葛派。他本人也自称是斯多葛派学者。[②]

作为历史学家和地理学家，周游四海是一种重要的历练。斯特拉博从青年时代开始，就游历过小亚细亚许多地区，对各地进行过详细的考察。例如，他去过尼萨、卡陶尼亚的科马纳、陶里的皮拉姆斯河，后来还去过特拉莱斯，希拉波利斯和以弗所。

公元前 44 年，斯特拉博移居罗马的首都罗马城。他在那里一直住到公元前 31 年。这时的罗马已经成为希腊化上层知识精英分子向往的天堂。斯特拉博在那里广结上层人士。在他的朋友之中有塞尔维利乌斯·伊索里亚、埃利乌斯·加卢斯等人，还有人认为庞培的朋友、历史学家提奥法尼斯也是他的朋友。同时，他在罗马可以使用帕拉丁图书馆丰富的的藏书和资料，这对他的研究也有很大的帮助。

公元前 31 年之后，斯特拉博离开罗马城，仿效前辈著名学者波塞多尼奥斯和波利比奥斯，长期在外旅行。根据他自己所说，他活动的范围都是在罗马帝国的境内：如亚美尼亚、撒丁、黑海、埃及、上尼罗河的埃塞俄比亚山区等等。但是，斯特拉博不知道为什么既没有去过希腊文化的中心雅典，也没有去过希腊的圣地奥林匹亚。这大概是由于经历了长期战争之后，当时整个希腊地区已经破败不堪，罗马帝国的经济文化中心已经转移到了埃及的亚历山大、小亚细亚和意大利的原因。

① 《地理学》XII. iii. 16；XIII. i. 54。
② 《地理学》I. ii. 34。

斯特拉博的外出旅行，有些有详细而准确的记载。例如，公元前 29 年，他沿着公路去科林斯地区，参观了科林斯遗址，爬上了科林斯的卫城阿克罗科林斯。[①] 他从罗马沿着阿庇安大道到了布伦特西乌姆，[②]从那里经由海路到达波普洛尼乌姆城。[③] 在从意大利到非洲的航行中，他看到了昔兰尼的海船。[④] 斯特拉博在亚历山大城住了很长时间，有人认为公元前 25—前 19 年他在亚历山大，主要是为了收集与《地理学》有关的资料，为此他经常前往亚历山大图书馆，在那里认识了历史学家大马士革·尼古拉，[⑤]看到了印度送给奥古斯都的礼物大象和畸形人。[⑥] 然后，他从亚历山大城开始了漫游埃及的旅行。他在自己的朋友、埃及总督埃利乌斯·加卢斯的陪同之下，沿着尼罗河逆流而上，从三角洲地区经赫利奥波利斯、孟斐斯、金字塔地区、莫里斯湖边的阿尔西诺伊、底比斯、赛伊尼、菲莱岛、几乎走遍了整个尼罗河沿岸的城市，一直航行到埃塞俄比亚边境。这次旅行所记载下来的资料，就成了埃及地理的主要资料。[⑦]

公元前 13 年，斯特拉博第二次来到亚历山大城，他在那里住了好几年。然后，他大概又回到了罗马。斯特拉博最后在那里度过他的晚年，这个问题争论很多。有人说是在罗马，有人说是在本都，并且说他在那里成了本都女王皮托多里斯的宫廷史学家，而他写的这本《地理学》，也是献给她的礼物。不过，有许多人反对后一种说法。根据斯特拉博在书中提到公元 23 年莫卢西亚国王（即毛里塔尼亚）朱巴二世“最近”去世的事情，有人猜测他去世的时间大概是在公元 23/24 年，享年 87 岁。[⑧] 在古代，他也可以算是一位寿星了。

一般认为，斯特拉博一生有两部著作：第一部是《史记》，第二部是《地理学》。《史记》是波利比奥斯《历史》的继续，记载着从迦太基和科林斯被毁灭到亚克兴海战（公元前 31 年）时间的历史。不过，这部著作没有完整地保留下来，只有一些纸草残篇保留在意大利米兰，人们只能从他在《地理学》之中提到

---

① 《地理学》VIII. vi. 20。
② 《地理学》V. iii. 6。
③ 《地理学》V. ii. 6。
④ 《地理学》XVII. iii. 20。
⑤ 《地理学》XV. i. 73。
⑥ 《地理学》XV. iv. 45。
⑦ 《地理学》XVII. i. 54。
⑧ 《地理学》XVII. iii. 7。

的只言片语，猜测它大概有些什么内容。

斯特拉博的第二部著作《地理学》从什么时候开始写作的，没有人知道。根据作者自己所说，这部著作是在《史记》出版之后开始写作的。[①] 这部著作在什么时候完成的，也有很多争议。有人认为是公元7年，有人认为是他去世之前。因为他在书中提到公元23年朱巴二世去世的事情，因此断定他在公元23年仍然活着，并且还在写作。与《史记》不同的是，这部著作不但保留下来了，而且基本上是完整的。这是古代世界保存至今第一部以《地理学》为题的伟大著作。但是，《地理学》是什么时候出版的，目前没有人知道。至少普鲁塔克在《希腊罗马名人传》之中只提到哲学家斯特拉博的《史记》，[②]可见《地理学》这时还不一定出版了。

斯特拉博为什么要写作这样一部地理学著作？我们认为这可能与其个人所受的教育、个人的爱好、当时地理学发展的水平以及罗马现实的政治情况都有关系。

如前所述，在斯特拉博求学的过程之中，他所学的知识，所接触到的教师和学者，都与地理学有关系，这对于他今后从事地理学研究可能起了重要的影响。

其次是希腊人自古以来所具有的求知欲望、冒险精神和海外贸易的需要，为希腊地理学的产生提供了坚实的基础。

希腊地理学发源于爱奥尼亚希腊移民城邦。《荷马史诗》被认为是希腊地理学的序曲，史诗的作者荷马(约公元前8世纪)就是爱奥尼亚居民。这个时候正是希腊移民运动(又称殖民运动)的开始。这个运动大大地开阔了人们的视野，促进了希腊地理学的发展。公元前7—前6世纪，爱奥尼亚出现了三位伟大的学者：泰勒斯(约公元前7—前6世纪初)、阿那克西曼德(公元前610—前540年)和赫卡泰奥斯(约公元前540—前480年)。其中，泰勒斯号称是希腊第一位科学家，在天文学、几何学方面作出了重大贡献。他的学生阿那克西曼德是希腊地图学的鼻祖，绘制出希腊地理学上的第一张地图。而赫卡泰奥斯是描述地理学的创始人。他周游列国，依据自己的实践经验和古代地理学资料，编撰了一部地理著作《旅行记》，并且绘制了一幅地图。由他开始，描述

① 《地理学》I. i. 23。
② 普鲁塔克：《希腊罗马名人传(上)》，商务印书馆，1990年版，第439页。

地理学开始在希腊占据统治地位。萨摩斯的学者毕达哥拉斯(约公元前580—前500年)首先提出了大地是球形的理论,推翻了此前认为大地是圆盘形的观念。历史之父希罗多德(约公元前484—前425年)进一步发展了描述地理学。此后,柏拉图(约公元前427—前347年)、亚里斯多德(公元前384年—前322年),又以各自的方式论证了大地是球形的理论。亚里斯多德同时代的学者欧多克索斯(公元前400—前347年)根据这个理论,完善了地球分带的理论,并且对地球的周长作出了估算。他的著作《地球的描述》对促进描述地理学的发展具有很大的作用。希罗多德的《历史》和色诺芬的《长征记》则反映了当时希腊人对于整个世界的认识水平。

公元前4世纪后期,马其顿王国的兴起及亚历山大对东方的远征,打开了亚细亚大部分地区和欧罗巴直到伊斯特河的整个北部地区。又一次大大地扩展了西方人的视野。[①] 远征之后,希腊出现了一系列有关东方各国的著作,无疑大大地丰富了希腊人地理学的知识。

公元前3世纪,希腊著名学者、亚历山大图书馆馆长厄拉多塞(公元前276—前194年)建立了地理学中的数学—天文学流派,他把数学方法用于研究地理学,力图解决整个地球和有人居住地区的外形和面积。他测量出地球的周长是40000千米,几乎与它的实际值(40075.13千米)相差无几。他首创"地理学"这个科学术语,用以代替过去阿那克西曼德及赫卡泰奥斯等人使用的"游记"、"周航记"等术语,并且以此为题撰写了一部专著《地理学》。从厄拉多塞开始,地理学开始被理解为主要是依靠数学和天文学知识来描述地球(包括其物理构造)的一门科学。波利比奥斯(公元前200年—前118年)和后来的波塞多尼奥斯(约公元前130年生),则把地理学与历史学与民族学结合在一起,他认为地理学的作用仅限于为历史学充当助手,地理学的任务就是对个别地区进行经验主义的描述。并且提出了实用主义地理学的口号。稍晚于波利比奥斯的是喜帕恰斯(约公元前190—前125年),他发明了经纬圈,把纬线圈分为360度,以12根纬线把地球分成不同的"纬度"或"带",奠定了地图制图学的科学基础。以弗所的阿尔特米多鲁斯(公元前2世纪后期)这时遍游地中海各地,写下了大量的游记。

公元前1世纪,随着罗马共和国的对外扩张、罗马与帕提亚之间战争、米

① 《地理学》II. i. 2。

特里达梯战争,以及罗马与世界各地的经济贸易往来日益频繁,对于希腊地理学的发展,可以说起到了第三次,也是最有力的推动作用。这时的人们对于周边世界的地理知识越来越丰富。各种历史、地理学著作不断地涌现,客观上为斯特拉博的《地理学》积累了丰富的资料,奠定了坚实的理论基础,使得他有可能写出一本划时代的地理学名著。而新兴的世界帝国——罗马帝国——出于政治经济的目的,也需要这样一本囊括世界的地理学著作。时代的需要,在呼唤伟大的地理学家早日出现。

斯特拉博撰写《地理学》的第三个原因,是他和当时大多数希腊上层知识分子一样,都希望以自己的专业知识更好地来为新兴的罗马帝国服务,为罗马歌功颂德。正因为如此,他对意大利地理的描述,被人们称为是斯特拉博献给罗马的一首颂歌,它的名字就叫《意大利颂》。[①] 而他自己在书中也不止一次提到,地理学的目的就是为统治者服务。"地理学不仅可以为政府要员和军队将领的活动提供帮助……",[②]"地理学主要是服务于国家的需要","整个地理学直接关系到统治者的活动,这是再明白不过的事情;"[③]"如果说政治哲学大部分与统治者有关,而地理学是为统治者利益服务的。那么,后一种科学显然比政治哲学占有某种优势地位。不过,这种优势是与生活实践有关的。"[④]本书的读者群"主要是身居高位者"。[⑤]

二、《地理学》内容简介

按照希腊语《地理学》的原意,[⑥]斯特拉博《地理学》可以称得上是一部真正的地理学著作。这部著作全书共有 17 卷。其中,除第一、二卷是绪论之外,其余全是对当时希腊人所知的、有人居住世界的描述。

绪论的内容包括地理学的研究范围和用处,地球、纬度、大洋、阿那克西曼德和赫卡泰奥斯的理论、关于对拓问题、自然地理、政治地理、三大洲的划分原则、地理研究的数学方法和斯特拉博对有人居住世界的看法等等。斯特拉博

---

① 《地理学》VI. iv. 1。
② 《地理学》I. i. 1。
③ 《地理学》I. i. 16。
④ 《地理学》I. i. 18。
⑤ 《地理学》I. i. 23。
⑥ 希腊语《地理学》本义为"地球的描述",见阿尔夫雷德·赫特纳:《地理学》,商务印书馆,2011 年版,第 154 页。

在序言中详细地介绍了希腊地理学发展的过程、古希腊地理学家所取得的成就和不足之处、对古希腊地理学家、数学家和天文学家的评价，以及成为地理学家的条件。

在绪论之中，斯特拉博开宗明义提出，地理学家在某种程度上都是哲学家，通晓万物就是哲学，只有具备广博的知识，才能从事地理学研究工作。接着，他列举了他心目中最伟大的哲学家和地理学家的名字和功绩，他们是荷马、泰勒斯的学生和同胞阿那克西曼德、赫卡泰奥斯、厄拉多塞、波利比奥斯、波塞多尼奥斯和喜帕恰斯，以及他们对地理学的贡献。从中得出结论，地理学家必须接受渊博的教育，必须懂得天文学、几何学、气象学和地球的历史，必须把大地的自然知识、各种动植物的知识和有关海洋的一切知识都加入到这些知识之中。他强调人类是两栖动物，不仅是陆地动物，而且是海洋动物，因此必须拥有包括大地和海洋在内的一切知识。地理学研究的范围也必须包括大地和海洋。[①] 从中我们可以看出，重视海洋，是以古典学者为代表的蓝色文明一个突出的特点，它和以农耕立国的黄色文明具有很大的不同。

同时，斯特拉博还强调地理学家必须具有艺术、数学和自然科学理论，以及建立在历史传说和神话故事基础之上的理论。地理学应当重视实际利益，而不是充满迷人色彩的东西，遵循重视实用和可靠的原则。[②] 因此，他主张研究地理应当以有人居住的世界为主，注重了解各个国家的特点，如它们的大小、位置、道路等地理特点和与此有关的社会多样性等等。[③] 而研究有人居住的世界，又必须以领土囊括三大洲的罗马帝国为主。他认为把这些要素都搞清楚了，也就完成了地理学研究。

斯特拉博强调，他的《地理学》主要是为国家要员和军队将领、[④]为国家、[⑤]为统治阶级服务的。[⑥] 他公开地声明，其著作是为身居高位者、为那些学过某些系统的科学知识，生而自由或者是从事哲学研究的人而写的。对于那些连基本常识都不知道的人来说，他们不需要（或现在还不需要）这样一

① 《地理学》I. i. 11—16。
② 《地理学》I. i. 19。
③ 《地理学》I. i. 11—16。
④ 《地理学》I. i. 1。
⑤ (《地理学》I. i. 16。
⑥ 《地理学》I. i. 18。

本著作。[①]

随后，斯特拉博谈到了古希腊著名地理学家所取得的成就和不足，并且对其中的某些“错误”进行了尖锐的批评。古希腊地理学家取得的这些成就，对于现代地理学至今仍然有着重要的意义，如气候带的划分、经纬度的划分等等。至于不足之处，可以把它视为地理学形成初期不可避免的现象。古希腊人对三大洲的划分，可以使人们明白，为什么古埃及历史被划入古代东方历史的范畴之内。原来在上古时期，希腊人一直把埃及和埃塞俄比亚视为亚细亚的一部分，而非洲仅限于今天北非的利比亚，至于利比亚以南的情况，[②]那时的人们还一无所知。同样，古代的欧罗巴也不是今天的欧洲，它最初只代表希腊本土那一点儿地方，后来才逐渐扩到西部的意大利、伊比利亚，以至整个的欧洲地区。至于亚细亚，它最初只是指与希腊相邻的小亚细亚地区，后来才逐渐扩大到两河流域、波斯、中亚、印度和他们所说的神话般的塞里斯地区。但是，亚细亚主要仍然是指小亚细亚各地。在罗马帝国时期，除了原来的含义，也指罗马帝国在小亚细亚地区新设立的亚细亚行省。

《地理学》由第三卷开始，叙述有人居住世界的各个地区，包括各地的地理环境、交通状况、民族构成、矿产资源、农业和手工业特产、历史源革、名胜古迹、文化名人等等。全书的结构大体上是按照由西向东的布局，这是因为在斯特拉博的眼中，西方的欧罗巴对于整个世界的贡献要大于利比亚和亚细亚的缘故。[③] 实际上，我们从斯特拉博的叙述中可以看出，他所谓的有人居住的世界，就是以罗马帝国为中心，加上周边地区组成的世界。在叙述各地的情况时，斯特拉博大量使用了前辈学者和当代学者的研究成果。

《地理学》第三卷叙述的是罗马帝国最西部的伊比利亚(即今西班牙)和伊比利亚诸岛。斯特拉博本人没有去过伊比利亚。因此，作者使用了波塞多尼奥斯、[④]波利比奥斯、[⑤]阿尔特米多鲁斯、[⑥]提莫斯梯尼、[⑦]阿斯克勒皮阿德斯[⑧]

---

① 《地理学》I. i. 21

② 《地理学》II. v. 33。

③ 《地理学》II. v. 26。

④ 《地理学》III. ii. 9。

⑤ 《地理学》III. ii. 10。

⑥ 《地理学》III. i. 4。

⑦ 《地理学》III. i. 7。

⑧ 《地理学》III. iv. 3。

和皮西亚斯[①]等人的资料，详细地介绍了伊比利亚的自然地理、部落分布、城市、道路、港口、农业、工矿业和渔业生产、风俗习惯的情况。对于其中具有当地特色的东西，记载尤其详细。例如，伊比利亚各地繁荣的海上贸易、某个地区兔害严重威胁农业生产、各地提取黄金和白银的办法。尤其值得一提的是，伊比利亚人在开采银矿时，很早就在矿洞之中使用了埃及的螺旋抽水机排水。在提炼白银时，建立了高高的烟筒将炼矿之中产生的有毒气体排入高空，以免破坏环境。这些记载使人们对于古代的贵金属生产有一个大致的了解。[②]

《地理学》第四卷叙述的是凯尔特、不列颠、阿尔卑斯。这部分引用了凯撒《高卢战记》、[③]还有亚里士多德、[④]波利比奥斯、[⑤]提米乌斯、[⑥]阿西尼乌斯、[⑦]阿尔特米多鲁斯、[⑧]皮西亚斯、[⑨]和波塞多尼奥斯[⑩]的资料。对于罗马帝国而言，凯尔特、不列颠和阿尔卑斯都是新征服地区，因此对这些地区的记载主要是引用了《高卢战记》的资料。所记载的内容也是各部落分布情况、罗马征服当地的经过。但这些资料对于研究今英法两国古代的历史，仍然具有重要的价值。

《地理学》第五卷和第六卷叙述的是意大利，也是罗马帝国最重要的部分。这部分引用了波塞多尼奥斯、[⑪]埃福罗斯、[⑫]安提克利德斯、[⑬]波利比奥斯、[⑭]厄拉多塞、[⑮]阿尔特米多鲁斯、[⑯]阿波罗多罗斯[⑰]等人的资料，但最重要的还是斯特拉博在意大利长期旅行亲自考察所得到的资料。因此，斯特拉博对意大利各个部落的分布，意大利的城镇、道路、物产、各地特点，叙述十分详细。其中

① 《地理学》III. ii. 11。
② 《地理学》III. ii. 8—11。
③ 《地理学》IV. i. 1。
④ 《地理学》IV. i. 7。
⑤ 《地理学》IV. i. 8。
⑥ 《地理学》IV. i. 8。
⑦ 《地理学》IV. i. 3。
⑧ 《地理学》IV. i. 8。
⑨ 《地理学》IV. ii. 1。
⑩ 《地理学》IV. iv. 6。
⑪ 《地理学》V. i. 3。
⑫ 《地理学》V. ii. 4。
⑬ 《地理学》V. ii. 4。
⑭ 《地理学》V. ii. 5。
⑮ 《地理学》V. ii. 6。
⑯ 《地理学》V. ii. 6。
⑰ 《地理学》VI. i. 3。

值得注意的有两点：第一是斯特拉博重视地震和火山爆发对环境的影响，花了很多的笔墨来探讨火山灰对农作物（葡萄）生长的影响，亲自向知情者调查火山口的情况和火山爆发的情况；[①]第二是他在意大利卷最后一章对意大利和罗马扩张的总结之中，正确地概括了意大利地理环境的优势、罗马政治制度的优越性和对外扩张的成功，衷心地表达了他对罗马帝国和罗马皇帝的赞美之情。这篇文章被人称为《意大利颂》，代表了斯特拉博坚定不移地支持罗马的政治立场。由于他在文章之中提到罗马皇帝提比略在位的政绩，可以证明在公元 14 年，斯特拉博的《地理学》还没有完成。

《地理学》第七卷叙述的是伊斯特河、日耳曼尼亚、托罗斯山区和西徐亚等地区，本卷最后一章称为残篇，包括若干残缺不全，意义不完全清楚的篇章。本卷引用的资料有荷马、[②]赫西奥德、赫卡泰奥斯、埃斯库罗斯、希罗多德、[③]西尼亚斯、[④]埃福罗斯、[⑤]泰奥彭波斯、[⑥]德米特里、[⑦]波塞多尼奥斯、[⑧]波利比奥斯、[⑨]品达、[⑩]波菲里乌斯[⑪]和阿波罗多罗斯等人。由斯特拉博引用的资料可以看出，本卷的学术价值是有很大区别的。大体上来说，关于日耳曼尼亚的记载，引用的是他那个时代的第一手资料，资料的提供者就是亲自与日耳曼人打过交道的罗马人，因此其可信程度较高，为研究日耳曼和东南欧各国的历史和地理留下了珍贵的资料。而对于西徐亚地区，由于希腊人一直没有深入过内地，引用的仍然是荷马、希罗多德、埃福罗斯时期陈旧的口述资料。但是，前苏联学者对这部分资料仍然十分重视，认为它保留了前苏联南部地区上古时代的重要信息，如果没有这些资料，前苏联历史学家和考古学家的工作几乎是无法进行的。

《地理学》第八至第十卷叙述的是希腊本土，包括伯罗奔尼撒、阿提卡、迈

---

① 《地理学》VI. ii. 3，8—11。
② 《地理学》VII. v. 9。
③ 《地理学》VII. iii. 8。
④ 《地理学》VII. viii. 1。
⑤ 《地理学》VII. iii. 9。
⑥ 《地理学》VII. v. 9。
⑦ 《地理学》VII. viii. 27a。
⑧ 《地理学》VII. ii. 2。
⑨ 《地理学》VII. v. 9。
⑩ 《地理学》VII. viii. 57。
⑪ 《地理学》VII. viii. 64。

加拉、福基斯、洛克里斯、色萨利、埃维亚、埃托利亚、阿卡纳尼亚和克里特岛。有关这个地区的资料比较丰富，引用的作者也比较多，如荷马、埃福罗斯、波利比奥斯、波塞多尼奥斯、喜帕恰斯、[①]阿尔特米多鲁斯、[②]欧多克索斯、[③]索西克拉特斯、[④]斯塔菲卢斯、[⑤]柏拉图、[⑥]提奥弗拉斯图斯和卡利马科斯[⑦]等等。除此之外，斯特拉博本人也游历了希腊许多地方。对于希腊地区，斯特拉博说到古典时期津津乐道，说到罗马统治时期则一笔带过。从某种意义上来说，这也有点为今上讳的味道。因为经过多次马其顿战争，希腊许多城镇已经被罗马人彻底毁灭，到处荒无人烟，肥沃的良田变成了牧场；至于以文化昌明自诩的雅典，这时也失去了古典文化的中心地位。可以说希腊从此之后就没有什么好谈的了。

斯特拉博对希腊本土的介绍可以说非常详细。他首先介绍了希腊的整体情况，希腊各个部落和方言，然后再按照顺序介绍了希腊各邦的政治经济、历史文化，可以说整个希腊本土的情况基本上一览无遗。无论是从事政治、经济、历史、文化、艺术、体育和旅游各方面研究的读者，都可以从他的记载之中找到自己感兴趣的资料。例如，希腊最早的发明家、阿尔戈斯国王菲敦（公元前650年）发明了度量衡器和打制的货币，[⑧]这种货币比大流士（公元前521—前486年）的货币要早100多年，对研究钱币学的学者而言，可以说是非常珍贵的资料；本书对有关古希腊奥运会和各种名目繁多的地区性运动会，包括奥运会的创始人、组织者、比赛项目、奖品、第一届奥运会的冠军姓名、历届奥运冠军的日常生活、其他各邦运动会的情况、奖品等也有详细的记载，对于从事体育史研究的人来说，具有重要的参考价值。不过，雅典的圣火点燃仪式，大概是现代奥运会赋予雅典的荣誉，因为古代奥运会并不是在雅典，而是在伊利斯的奥林匹亚举行，雅典不过是一个参加者而已，斯特拉博也没有提到圣火点燃仪式。[⑨]

---

① 《地理学》VIII. i. 1。
② 《地理学》VIII. vi. 1。
③ 《地理学》X. iv. 2。
④ 《地理学》X. iv. 3。
⑤ 《地理学》X. iv. 6。
⑥ 《地理学》X. iv. 9。
⑦ 《地理学》X. iv. 2。
⑧ 《地理学》VIII. iii. 33。
⑨ 《地理学》VIII. iii. 30。

这部分值得研究世界古代史的学者注意的是，斯特拉博比较详细地介绍了拉科尼亚希洛人制度产生的经过和希洛人的地位。不过，希洛人到底是不是奴隶，恐怕连许多希腊学者、包括斯特拉博自己也搞不清楚，他先是说希洛人是有特定条件的奴隶，斯巴达人认为他们是国家的奴隶。[①] 他后来又说希洛人类似于克里特的农奴诺姆人和色萨利的佩内斯特人。而后面这两个阶层显然和奴隶是有区别的。[②] 从这里可以看出，有关希洛人的社会地位问题，即使是古代希腊人也是众说纷纭，没有一致的定论。克里特三座著名城市（克诺索斯、戈提纳和利克图斯）与拉科尼亚人在司法制度方面有着密切传承的关系。在戈提纳城遗址发现的古代石刻法典，是古代希腊保存下来的唯一成文法律。[③] 该法典已经由我国学者郝际陶译为中文，名为《格尔蒂法典》。[④] 斯特拉博对克里特岛和戈提纳城邦的详细介绍，对于研究这部古代法典无疑具有很大的帮助。

《地理学》第十一卷叙述的是高加索、希尔卡尼亚、帕提亚、巴克特里亚、米底、亚美尼亚，这个地区又称古代中亚，它已经超出了罗马帝国的范围，也是罗马帝国在向东方扩张难以克服的障碍。我们在前面说过，《地理学》大体上是按照从西向东的布局来叙述。但是，作者在这里违反了这个原则，先说中亚，再来说西亚。

在这个部分，斯特拉博引用了厄拉多塞、[⑤]希罗多德、克特西亚斯、赫兰尼科斯、[⑥]波塞多尼奥斯、帕特罗克莱斯、[⑦]阿波罗多罗斯、[⑧]波利克莱图斯、[⑨]欧多克索斯、[⑩]奥内西克里图斯、[⑪]帕特罗克莱斯、[⑫]阿里斯托布卢斯、阿波罗尼德斯、[⑬]

---

① 《地理学》VIII. v. 4。
② 《地理学》XII. iii. 4。
③ 《地理学》X. iv. 11—12。
④ 郝际陶：《格尔蒂法典》，高等教育出版社 1992 年版。
⑤ 《地理学》XI. vi. 4。
⑥ 《地理学》XI. vi. 3。
⑦ 《地理学》XI. vii. 1。
⑧ 《地理学》XI. vii. 3。
⑨ 《地理学》XI. vii. 4。
⑩ 《地理学》XI. vii. 5。
⑪ 《地理学》XI. xi. 2。
⑫ 《地理学》XI. xi. 6。
⑬ 《地理学》XI. xiii. 2。

德利乌斯、[①]奈阿尔科斯、[②]提奥法尼斯、希普西克拉特斯、梅特罗多鲁斯、德米特里、阿尔特米多鲁斯等人的资料，同时，斯特拉博指出，在有关这些地区的记载之中，不要轻易相信大多数亚历山大传记的作家，因为他们为了颂扬亚历山大而粉饰历史事实。[③] 从他所引用的作者看来，人数虽然很多，但资料比较陈旧，有些地区的记载过于简略。尽管如此，其中有关塞种部落、帕提亚、阿里亚、巴克特里亚和米底的记载，对于从事中西交通史的学者来说，在资料稀缺的情况下，仍然是不可多得的宝贵资料。

《地理学》第十二卷——第十四卷叙述的是小亚细亚地区、包括卡帕多西亚、本都、比希尼亚、卡拉提亚、利考尼亚、皮西迪亚、阿卡迪亚、密细亚、弗里吉亚、特罗阿德、莱斯沃斯、帕加马、埃奥利斯诸城、萨迪斯、卡塔塞考梅内和希拉波利斯、爱奥尼亚、卡里亚、潘菲利亚、吕西亚和西利西亚、塞浦路斯。这个地区在地理范畴上属于亚细亚，但在传统上，这里被称为大希腊地区的一部分，它是古代希腊移民在亚细亚的主要移民地区。

这部分引用的资料有：荷马、赫西奥德、希罗多德、[④]修昔底德、泰奥彭波斯、赫卡泰奥斯、梅内克拉特斯、帕莱法图斯、德米特里、埃福罗斯、[⑤]阿波罗多罗斯、卡利斯提尼斯、[⑥]柏拉图、[⑦]菲勒塞德斯、[⑧]米姆奈尔姆斯、[⑨]欧福里翁和埃托利亚的亚历山大、[⑩]欧多克索斯和阿尔特米多鲁斯。同时，斯特拉博本人出生在小亚细亚的阿马西亚，游历过小亚细亚许多地方，他对这个地区应当说是非常熟悉的。

小亚细亚由于邻近古代东方文明摇篮两河流域和尼罗河流域，深受古代东方先进文化的影响，很早就是古代希腊经济文化的中心，希腊社会科学和自然科学的发源地。特别是在罗马统治时期，这个地区有了进一步的发展。由于斯特拉博自己在青年时曾经周游过这个地区的很多地方，因此他对这个地

---

① 《地理学》XI. xiii. 3。
② 《地理学》XI. xiii. 6。
③ 《地理学》XI. vi. 4。
④ 《地理学》XII. i. 2。
⑤ 《地理学》XII. iii. 4。
⑥ 《地理学》XIII. i. 14。
⑦ 《地理学》XIII. i. 25。
⑧ 《地理学》XIV. i. 3。
⑨ 《地理学》XIV. i. 4。
⑩ 《地理学》XIV. v. 29。

区的叙述非常详细。比如，斯特拉博详细地说到了小亚细亚地区经常发生严重的地震，对城市和农村造成了巨大的破坏，使我们知道小亚细亚自古以来就是一个地震频发地区。他提到各地的特产，从名贵的安息香出产在什么地方，如何辨别它的质量高低到世界上最美味的蜗牛出产在什么地方都有介绍。斯特拉博详细地介绍了小亚细亚希腊各国在各个领域，如教育、哲学、历史、地理、文化、艺术、医学领域的著名学者，他们对于希腊本土文化的影响，体现了希腊学者重视科学文化的特色。其中对于希腊医学之神阿斯克勒皮俄斯、希腊医学两大流派的创始人、希腊名医希波克拉底药方和各地名医的介绍等，可以说简直是一部古代希腊医学简史。① 除此之外，斯特拉博还提到人类最早的飞天梦想，希腊人戴达罗斯用蜡粘成的羽毛翅膀企图飞上太空，结果因为距离太阳过近，蜡被阳光所融化掉了下来。② 这个故事证明了人类自古就有挣脱地球的束缚，飞向遥远太空的梦想。

《地理学》第十五卷叙述的是印度、阿里亚纳、波斯。从全书先西部，后东部的布局来说，本卷违背了这个原则。本卷涉及的三个地区，可以说是古代东方的重要地区。他引用了厄拉多塞、③帕特罗克卢斯、希罗多德、④克特西亚斯、⑤西奥德克底、⑥阿波罗多罗斯、阿里斯托布卢斯、⑦奥内西克里图斯、⑧奈阿尔科斯、⑨麦加斯提尼、⑩阿尔特米多鲁斯、戴马库斯⑪和波利克里图斯⑫的资料，其中很多是亚历山大远征时期留下的陈旧资料。尽管他刻薄地指责所有写作关于印度问题的作家都是骗子，但是由于他拒绝使用罗马帝国初期曾经到过印度的商人和水手的资料，不得不使用这些陈旧的、道听途说或天方夜谭的资料。不过，在他的记载之中，也保留了许多珍贵的资料。例如，他留下

① 《地理学》XIV. ii. 18。
② 《地理学》XIV. i. 19。
③ 《地理学》XV. i. 2。
④ 《地理学》XV. i. 16。
⑤ 《地理学》XV. i. 12。
⑥ 《地理学》XV. i. 24。
⑦ 《地理学》XV. i. 17，20。
⑧ 《地理学》XV. i. 12。
⑨ 《地理学》XV. i. 16。
⑩ 《地理学》XV. i. 53。
⑪ 《地理学》XV. i. 12。
⑫ 《地理学》XV. iii. 2。

了关于印度制糖技术、植棉和棉纺技术、阿里亚纳葡萄种植和制酒技术的记载。他也留下了印度两大宗教婆罗门教、佛教、古代伊朗琐罗亚斯德教教义的记载,还有印度宗教人士向西方传教的记载,这些资料都是非常珍贵的。在希腊学者之中,斯特拉博是第一位留下了有关塞里斯人和丝绸记载的作者,虽然他的记载是引自其他早期作者的说法。但是,他的记载看来还是神话因素居多,如塞里斯人可以活130岁甚至更长。而比较实际的问题,如塞里斯人是什么种族,居住在什么地方却没有说。[①] 因此,可以认为在斯特拉博时期,希腊罗马最有知识的阶层,仍然不知东方有一个汉帝国,只知道在巴克特里亚和印度之外还有一个神奇的国家塞里斯。

《地理学》第十六卷叙述的是亚述、巴比伦、美索不达米亚、叙利亚、腓尼基、犹太和阿拉伯各国。这里是世界文明的摇篮,也是古代世界三大文明交汇的地区。这个部分引用的资料有阿里斯托布卢斯、[②]厄拉多塞、[③]波利克莱图斯、[④]波塞多尼奥斯、[⑤]柏拉图、[⑥]奈阿尔科斯和奥尔塔戈拉斯、[⑦]阿尔特米多鲁斯,[⑧]还有斯特拉博的好友安提诺多鲁斯和埃利乌斯·加卢斯[⑨]提供的最新资料。

在该卷第一章,斯特拉博提到了亚述和巴比伦的历史。从斯特拉博的记载看来,希腊人对亚述、巴比伦的了解,大多属于新亚述帝国和古波斯帝国时期。并不知道在两者之间还有一个新巴比伦王朝存在。因此,他们可能把新巴比伦的事情混入了新亚述帝国一起。斯特拉博对巴比伦地区的记载,着重介绍了希腊人所说的世界七大奇迹之中的巴比伦城墙和空中花园,还有塞琉西亚和附近的帕提亚都城泰西封城。在谈到巴比伦农业生产时,他提到巴比伦大麦少见的高产,巴比伦海枣的360种用处;在谈到特产时,他提到巴比伦境内盛产石油、沥青,以及石油和沥青的用处。当然,它不像现在这样用处巨

① 《地理学》XV. i. 20,34。
② 《地理学》XVI. i. 11。
③ 《地理学》XVI. i. 12。
④ 《地理学》XVI. i. 13。
⑤ 《地理学》XVI. i. 15。
⑥ 《地理学》XVI. ii. 38。
⑦ 《地理学》XVI. iii. 5。
⑧ 《地理学》XVI. iv. 15。
⑨ 《地理学》XVI. iv. 21—22。

大，石油只能用来做燃料，沥青只能用来做建筑物的粘合剂（相当于今天的泥浆），涂抹各种接触水的容器，如用沥青涂在芦苇编成的小船上以防漏水。[①] 斯特拉博说的这种船只，直到今天仍然在伊拉克南部沼泽地区使用。在谈到巴比伦的文化时，斯特拉博提到了巴比伦著名的哲学家，其中包括占星学家、天文学家、数学家和历史学家等等。[②]

该卷的第二章谈到叙利亚、犹太和腓尼基等地。斯特拉博提到当地的许多城市。他赞扬由于罗马人的统治，大马士革与阿拉比亚人之间的商路盗匪集团绝迹，保证了商业活动的安全。他重点介绍了腓尼基的两座主要城市。他赞扬西顿对于希腊科学文化的巨大贡献，如西顿人在原子论、天文学和几何学方面的贡献，以及西顿的玻璃制造技术；他还提到当地玻璃杯的价格是一个铜板买一个高脚酒杯。[③] 他赞扬提尔[④]在遭到地震毁灭性破坏和亚历山大的破坏之后，依靠自己的航海事业，迅速地重建家园，认为他们在航海事业上超越了所有的其他民族；同时，他也提到提尔举世闻名的紫红染料制造业，虽然为提尔创造了巨大的财富，但是也影响了城市的居住环境。[⑤] 犹太民族对于世界文明做出过巨大的贡献，但由于犹太民族是一个弱小民族，为了维护自己的民族独立，曾经顽强地反抗希腊和罗马的外来统治。斯特拉博有关犹太地区的记载，引用的是波塞多尼奥斯在《庞培传》之中的说法。作为罗马统治的代言人，波塞多尼奥斯的这部传纪对犹太人没有一句好话。例如，他把犹太人的首都耶路撒冷称为强盗的巢穴，[⑥]把犹太人的祖先说成是埃及人，把犹太教创始人摩西说成是埃及祭司，[⑦]赞美庞培趁犹太人安息日停止一切工作的机会，毁灭耶路撒冷圣殿，洗劫圣殿财产的强盗行径。[⑧] 但是，他的记载从反面证明了犹太地区自古以来就是犹太人的故乡。该章对犹太和耶路撒冷的地理特点、地震、火灾和死海，留下了细致的记载。[⑨]

---

① 《地理学》XVI. i. 15。
② 《地理学》XVI. i. 6。
③ 《地理学》XVI. ii. 24。
④ 或译为推罗。——编者
⑤ 《地理学》XVI. ii. 23。
⑥ 《地理学》XVI. ii. 28。
⑦ 《地理学》XVI. ii. 34—35。
⑧ 《地理学》XVI. ii. 40。
⑨ 《地理学》XVI. ii. 42—44。

该卷第四章谈的是阿拉比亚，这是一个神奇的地方。他详细地记载了阿拉比亚各个部落的情况，阿拉比亚出产的各种香料、玉石、宝石，阿拉比亚人的对外贸易，[①]纳巴泰人及其都城佩特拉，以及罗马对阿拉比亚地区的征服过程。这一卷的内容，可以说使读者大大加深了对古代西亚各国的认识。

第十七卷讲述的是埃及、埃塞俄比亚和利比亚。这部分资料引自厄拉多塞、[②]欧多鲁斯、阿里斯通、[③]波利比奥斯、[④]阿尔特米多鲁斯、[⑤]加比尼乌斯、[⑥]波塞多尼奥斯、[⑦]还有斯特拉博自己的资料，由于斯特拉博本人曾经长期在埃及的亚历山大城居住，不但可以使用亚历山大图书馆，也经常与当地著名学者交流，又得到其朋友、埃及行政长官埃利乌斯・加卢斯的帮助，随同他沿着尼罗河航行，走遍了整个埃及。因此，他所获得的资料较之先前任何学者来说，都更加准确。

该卷第一、二章叙述的是埃及和埃塞俄比亚。他首先讲述了古代埃及和后来的埃及在地理概念上有什么区别，[⑧]然后讲述了他那个时代埃及最重要的城市亚历山大及其周边的地区，古代法罗斯灯塔、亚历山大附近类似于唐代扬州青楼笙歌达旦的"卡诺布斯"生活方式、罗马皇帝对埃及的行政管理和行政区划、尼罗河与埃及农业的关系、埃及政府对尼罗河的管理、埃及的金字塔、宗教崇拜、神庙建筑、天文观测站、祭司们在天文学方面取得的成就以及它对希腊的影响、埃及纸草在文化生活之中的重要性，以及埃及人如何"采取犹太人的狡猾手法"，哄抬纸草价格，提高自己的收入，妨碍平民使用纸草。[⑨] 看来斯特拉博在犹太人问题上，是紧跟罗马政府立场的，只要找到一点机会就要攻击犹太人一次。实际上，纸草掌握在埃及人手中，涨不涨价是埃及人自己的事情，根本和犹太人没有什么关系。同时，他对埃及的对外贸易也非常关注，他指出托勒密王朝末期埃及每年只有 20 艘海船前往印度，[⑩]而在奥古斯都时期

① 《地理学》XVI. iv. 25。
② 《地理学》XVII. i. 5。
③ 《地理学》XVII. i. 5。
④ 《地理学》XVII. i. 12。
⑤ 《地理学》XVII. i. 24。
⑥ 《地理学》XVII. iii. 8。
⑦ 《地理学》XVII. iii. 10。
⑧ 《地理学》XVII. i. 5。
⑨ 《地理学》XVII. i. 3—17。
⑩ 《地理学》XVII. i. 3。

每年最少有120艘。[①] 这说明由于经济和造船技术的发展，东西方贸易在极短的时间就有了很大的发展。

该卷第三章也是该书的最后一章，叙述的是利比亚。这部分引用了厄拉多塞、[②]波塞多尼奥斯、[③]伊菲克拉特斯、[④]阿尔特米多鲁斯[⑤]和行政长官克尼乌斯·皮索[⑥]等人的资料，主要讲述了莫鲁西亚、迦太基和昔兰尼的情况。重点讲述了罗马人与迦太基人的三次战争。[⑦] 他也谈到了利比亚经济和外贸情况。如利比亚的宝石、铜矿、罗盘草、罗盘草液、葡萄酒和海枣贸易。[⑧] 罗盘草和罗盘草液是古希腊传说之中的神奇药物，其功用大概相当于我国古代上层分子服用的仙丹灵药，它的贸易大概受到严格的控制，因此当时出售这两种药品还必须私底下交易，就好像今天的走私贸易一样。虽然利比亚行省后来改称为阿非利加行省，但罗马帝国的阿非利加和后来的非洲并不是一回事，当时的利比亚仅仅是自埃及西部边界到北非西部的一条带状地区。在这条带状地区的沙漠之后有些什么地方和部落，当时是任何人都不知道的。

三、评　　价

如何评价斯特拉博及其《地理学》，在国外一直有些争论。一般认为，斯特拉博算不上一个独立的研究者。但也不能简单地把他看成是一个文抄公或者编书手。他广泛采用古代希腊所有地理学资料，经过科学的考察，编成了一部可以称得上是古代世界空前绝后的《地理学》巨著。这部著作是古人第一次对整个有人居住世界所进行的描述。在现存的古代地理学著作之中，就规模的宏伟、资料的丰富来说，没有哪一部可以和它相媲美。

斯特拉博对资料的取舍，有非常严格的标准。他要求所引用的资料必须准确无误。为此，他立下了两条标准：一是重视实地考察，强调目击者的重要性；二是资料的统一性和一致性，如果有分歧，则以某个作家的资料是否可信

---

① 《地理学》II. v. 12。
② 《地理学》XVII. iii. 2。
③ 《地理学》XVII. iii. 4。
④ 《地理学》XVII. iii. 5。
⑤ 《地理学》XVII. iii. 8。
⑥ 《地理学》II. v. 33。
⑦ 《地理学》XVII. iii. 12—15。
⑧ 《地理学》XVII. iii. 19—23。

为准。[①] 对于实在没有资料的地方，他也引用了一些被他所认为不可靠的资料。其中最明显的是他在叙述北欧和西徐亚地区的时候，多次引用了皮西亚斯的资料。但是，他每次都要指出其资料不可靠，指责皮西亚斯是说谎高手。[②] 实际上，现代学术界对皮西亚斯的评价反而很高，认为他有很多的发现。斯特拉博自己考察过许多地方。他曾经自豪地说："我曾经由亚美尼亚向西游历到撒丁对面的第勒尼亚，从攸克辛海向南到达埃塞俄比亚边境。在地理学家之中，你可能找不到其他人走过的路程比我刚才提到的远得多。"[③]因此，他认为自己的记载是最准确的。但是，不论是斯特拉博的自我欣赏，还是其他人毫不留情地指责他的《地理学》如何错误百出，我们必须认识到在经验科学之中，知识只能是逐渐地接近真理，日臻完善。生活要求科学所能达到的精确性，只能是它当时所能提供的。[④] 斯特拉博《地理学》作为资料汇编性质的著作，反映的只是当时人们对于整个世界的认识水平。例如，斯特拉博在《地理学》之中就完全没有提到西半球的情况，即使是他提到东半球所谓有人居住的世界，也只有以罗马帝国为中心的地中海周边地区比较准确。至于其他地方，如果他既没有去过当地，又没有掌握更新的资料，便只能利用古人留下的资料编辑而成。

根据笔者的统计，《地理学》直接和间接引用了 50 多位作者的资料：他们是荷马、赫西奥德、阿那克西曼德、赫卡泰奥斯、埃斯库罗斯、希罗多德、修昔底德、色诺芬、克特西亚斯、德谟克利特、柏拉图、欧多克索斯，狄凯阿科斯、埃福罗斯、厄拉多塞、波利比奥斯、波塞多尼奥斯、阿拉托斯、克拉特斯、赫拉克利特、喜帕恰斯、阿尔特米多鲁斯、提莫斯提尼、皮西亚斯、费边、提米乌斯、安条克、泰奥彭波斯、德米特里、希普西克拉特斯、阿里斯托布卢斯、卡利斯提尼斯、帕特罗克卢斯、奥内西克里图斯、奈阿尔科斯、戴马库斯、菲勒塞德斯、米姆奈尔姆斯、欧福里翁、提马格尼斯、阿西尼乌斯、尼古拉·大马士革、德利乌斯、提奥法尼斯、阿波罗多罗斯、梅特罗多鲁斯、阿斯克勒皮阿德斯、埃利乌斯·加卢斯、欧多鲁斯、赫兰尼科斯、阿里斯塔库斯和克拉特斯等人，当然最后还少不了斯特拉博本人。

---

① 《地理学》X. iii. 5；VI. iii. 10。

② 《地理学》II. i. 3。

③ 《地理学》II. v. 11。

④ 阿尔弗雷德·赫特纳：《地理学》，第 28 页。

在这些作者之中，斯特拉博引用次数最多的是荷马，引用次数多达200余次；其下按照顺序依次是：厄拉多塞引用100余次；波塞多尼奥斯77次；埃福罗斯55次；阿尔特米多鲁斯54次；波利比奥斯50次；喜帕恰斯39次。斯特拉博引用荷马的次数之多，可以说既有他对古人尊敬的因素，“荷马是希腊地理科学的奠基者，超过古今一切名人”；[①]也因为他曾经是帕加马学派和亚历山大学派的门徒，这两个学派认为荷马史诗是古希腊地理学的基础。但是，我们本书之中可以看到，他引用荷马史诗主要是用来点缀自己的文章，具有实际意义的东西不多。

按照斯特拉博的说法，在这些学者之中，有四位值得尊敬的地理学家，他们是波塞多尼奥斯、厄拉多塞、希帕恰斯和波利比奥斯。其中厄拉多塞被认为是“各个时代最杰出的学者之一”。[②] 斯特拉博直接引用了厄拉多塞许多资料，但也追随其他学者，对其著作进行了许多批评。例如，他追随波利比奥斯等人的实用主义立场，批评厄拉多塞以数学来研究地理学的方法，讥讽厄拉多塞是“地理学家之中的数学家，数学家之中的地理学家”。[③] 斯特拉博认为仅次于厄拉多塞的是喜帕恰斯。他在批评喜帕恰斯的时候，一方面反对把地理学看成是一门精确的科学，另一方面又提出地理学家应当具备某些起码的数学和天文知识，但不一定要有非常深入细致的研究。

学术界认为，对于斯特拉博影响最大的学者是波利比奥斯。这主要反映在斯特拉博不仅接受了前者的叙述方法，而且全盘接受了波利比奥斯的实用主义理论。他在《地理学》之中使用的许多资料都是出自波利比奥斯的著作。

除了上述四位学者，斯特拉博引用较多的就是以弗所地理学家、旅行家阿尔特米多鲁斯的著作。阿尔特米多鲁斯周游过地中海周围地区、留下了11种标有航路、距离、港口和城市的地理学著作，这些著作主要是为了满足商人和水手的需要而编写的，不但引用了许多前代的著作，而且还有本人实地考察结果。

作为古代世界最宏伟的地理学著作，《地理学》在学术上具有的永恒价值是难以估量的。首先，《地理学》引用了许多古代地理资料，无意之中保存了

① 《地理学》I. i. 2。
② 《地理学》XVII. iii. 22。
③ 《地理学》II. i. 41。

许多已经失传的上古地理著作，现代学者正是借助于该书，把许多已经失传的古籍钩沉出来，它们是：Die Fragmente des Eudoxe von Knidos；Die geographischen Eragmente desEratosthenes；The Geographical Fragments of Hipparchus；Fragments der griechischen Historiker；Geographi Graeci minores。[①] 这些古籍虽然只是《地理学》所引用的部分资料，但它对于人们正确地认识古希腊地理科学发展的过程具有重要的作用。

其次，在《地理学》之中，斯特拉博留下了许多有关历史自然地理、历史经济地理和历史人文地理的珍贵资料。如各地的气候、植被、海岸、沙漠、河流的变迁等；各地的农业、作物、工矿、商业和人口的分布与变迁，交通路线的开辟和城市的兴衰等；各个民族的分布与迁移、不同语言、宗教和风俗习惯区域的形成、文化艺术、名胜古迹、知名人物、科技教育等。这些东西过去曾经被认为没有什么价值，甚至被认为冲淡了地理学的内容，实际上，这些因素构成了地理学的必要组成部分，反映出大千世界丰富多彩的地理特点和社会生活。不管你从事的是社会科学还是自然科学研究，都可以从这部宏伟的著作之中找到有趣的资料。从这一点上来说，斯特拉博的《地理学》可以说是一部研究古代世界社会、经济、文化和地理学的百科全书。[②]

第三，我国古代与西方各国（西域）一直有着密切的往来。自汉代以来，历朝历代的正史之中，都有关于西域的记载。近代以来，我国学者对西域的研究进入了一个新时期，并且形成了一个重要的历史学分支——中西交通史。《地理学》所涉及的国家，正是我国史书中所谓的西域。它对于西域的记载，正好可以和我国史书记载互相映证，互相补充。在这方面，我觉得斯特拉博《地理学》对中西交通史研究有如下几个重要的贡献：首先，斯特拉博是西方历史上第一位保留了有关中国（塞里斯）记载的古典作家。虽然他的记载是引自阿尔忒弥塔的历史学家阿波罗多罗斯（公元前2世纪）的著作，[③]但是后者原著今已不存，其记载也完全是有赖于《地理学》才得以保存至今。因此，斯特拉博的记载也就成了最早的记载。至于塞里斯人是不是中国（汉）人的问题，国外史学界过去争论激烈。匈牙利学者哈马塔认为，任何企图以普林尼对塞里斯人身

---

① 水木社区 http://newsmth.net • FROM:59. 66. 82. 207。

② H. L. Jones, *Geography of Strabo*, London, 1917, introduction, p. xxviii.

③《地理学》XI. xi. 1。

体特征的描述，来证明塞里斯人是中国西北部地区印欧语系居民的都是不可能的。因为普林尼的记载并不是第一手资料，而是经过了许多作家反复转抄的有关东方的乌托邦说法，其目的不过是为了加强其论点的权威性，必须彻底抛弃。而企图从语言学的角度来证明塞里斯是中国何地，也存在着很多争论。由于在古代世界只有中国向西方出口丝绸，因此塞里斯这个词语在阿波罗多罗斯的记载之中，只能用来指中国人，用来指巴克特里亚国王曾经与其发生过关系的中国西北部地区。因为希腊人对中国的南方还有另外一个专门的称号σιναι。简言之，他认为塞里斯、秦和秦那（现在一般译为“支那”）就是古代希腊、中亚印欧语系东伊朗语支居民和印欧语系印度语支居民对古代中国西北部地区的称呼。[①] 而根据比斯特拉博晚 500 多年的普罗科比乌斯（500—566年）记载，[②]现代史学界一般认为塞里斯指的是我国塔里木盆地。[③]

其次，斯特拉博介绍了当时东西方贸易的几条主要商路，这几条商路就是今天我们所说的丝绸之路的前身。根据我国史书的记载，由我国出发前往西域的道路，陆路基本上到巴克特里亚（甘英除外），海路基本上到印度也就结束了，再向前走就受到帕提亚和印度商人的阻挠，无法前进。[④] 而斯特拉博的记载，则将这些被他们阻断的商路连接起来了。在陆上丝绸之路的中段和西段，斯特拉博补充了从乌浒河经里海到阿尔巴尼亚到居鲁士河到黑海的道路。[⑤]这条道路比《汉书·西域传》的记载更为详细多了。至于海上丝绸之路，斯特拉博时期，我国已经知道从广州前往印度的海路，但是当时使用的船只可能是东南亚其他国家的，而且船只到了印度之后，就不能继续前进。原因是印度和安息商人企图垄断海上贸易，阻止中国人前往大秦。[⑥] 但是，无论他们如何阻挠，都挡不住罗马人前进的步伐。据斯特拉博的记载，罗马人与东方的海上贸易之路，继承了埃及托勒密时期原有的航路，从埃及的亚历山大城开始，沿着尼罗河、阿拉伯湾，从米奥斯·霍尔木兹启航前往印度，但是规模比过去大得

---

① J. Harmatta, *Sino-Indica*, AAntASH, xii(1964), p. 1 - 21.

② Procopius, *De Bello Gothico*, iv,17.

③ Ehsan Yarshater, *The Cambridge History of Iran. Vol. 3., Pts I. The Seleucid, Parthian and Sasanian Periods*, Cambridge University Press, 1983, p. 551.

④《汉书·西域传》和《汉书地理志》。

⑤《地理学》XI. vii. 3。

⑥《汉书·地理志》。

多。在托勒密王朝末期，每年只有大约20条商船前往印度，[①]而在奥古斯都时期，每年有120条商船前往印度。[②] 至于关税的收入，罗马帝国初期是托勒密王朝末期双倍。[③] 如果把斯特拉博所说的这条海上贸易的商路和我国史书所记载的由广州到印度的海上航线连接起来，也就是我们所说的海上丝绸之路主干线。从这条主干线又可以分出了许多支线。例如，在波斯湾头的梅塞纳，[④]就是一个重要的国际贸易港口。甘英曾经从陆路到过这里，但他想西渡大秦的时候，却被安息人阻止了。[⑤] 后来，这条航线又延伸到了缅甸。不过，这已经是斯特拉博身后之事，与《地理学》也没有多大的关系。

在这里，笔者想要提起读者注意的是，在古代航海史上，斯特拉博是第一位明确提到印度洋季风的地理学家。尽管西方学术界根据传统的说法，认为印度洋季风最早的发现者是一名希腊航海家或者商人希帕罗斯（约公元前1世纪），还有人推测他大概是希腊探险家欧多克索斯（公元前130年，基齐库斯人）的船长。[⑥] 但是，历史上是否有希帕罗斯此人，目前可以说还是一个疑问。因为最早提到希帕罗斯的人，是一位不知姓名，不知生卒年代的作者。他在一部名叫《红海周航记》的短篇作品之中提到希帕罗斯，说是他发现了从红海到印度的直接航路。但是，老普林尼认为希帕罗斯不是发现了这条航路，而是发现了印度洋季风。不过，根据首先讲述欧多克索斯长途航行故事的波塞多尼奥斯所说，这位欧多克索斯远航印度的故事疑点重重，难以证实。他更没有提到欧多克索斯雇用希帕罗斯担任船长的事情。[⑦] 而在斯特拉博的《地理学》之中，从亚历山大远征印度开始，就不下十几次提到过季风问题，也指出了欧多克索斯故事的虚假性。从斯特拉博《地理学》引用著作范围之广看来，这部被斯特拉博遗漏的《红海周航记》，可能是在斯特拉博去世之后到老普林尼成名之前，某个不出名的作者创作的一部类似于我国古代《穆天子传》之类的通俗读物，它托名古人的旅行传说，反映了公元之后印度洋海上贸易日益兴旺的事实，其中的人物不能视为真实的历史人物。所谓希帕罗斯在公元前后发现季

---

① 《地理学》II. v. 12。
② 《地理学》XVII. i. 45。
③ 《地理学》XVII. i. 13。
④ 《地理学》XVI. iv. 1，该港口又称喀拉塞涅。
⑤ 李铁匠：《伊朗古代历史与文化》，江西人民出版社1993年版，第281页。
⑥ 维基百科：希帕罗斯条目。
⑦ 《地理学》II. iii. 4，7。

风的传说，没有任何历史根据。倒是有一位学者的意见，笔者觉得应当引起重视。这就是安德烈·切尔尼亚的意见。他说季风在希腊化时期（公元前4—前1世纪）就已经被人们所知，那时的季风被希腊人称为“Hypalus”，到了罗马时期则被称为“Hippalus”。[①] 也就是说，希帕罗斯即季风。实际上，季风并不是在希腊化时期，而是在更早的时期就已经被称霸于南海的腓尼基商人所熟知，[②]他们把南海的商路和季风都作为商业机密严加保密，直到马其顿、罗马征服整个地中海南部地区之后，这些机密才开始为西方人所知。季风和直航印度的航线公开，大大地促进了印度洋海上贸易的繁荣。斯特拉博作为第一位明确提到印度洋季风的地理学家，这也可以视为斯特拉博对于古代世界航海史的一大贡献。

其三，斯特拉博在《地理学》之中提到了西域各国古代的宗教、文化，这些宗教后来有一些传入了我国，并且对我国的文化产生了一定的影响。他在书中还提到西域各国的许多特产，如各种宝石、玉石、珍珠、玻璃、香料、芳香盐以及阿魏、葡萄、甘蔗、棉花等栽培植物和良马等等。其中很多特产，自汉代以来先后通过丝绸之路流入了我国。根据这些商品的名称、品质特征，我们或许可以推测出它的产地。例如，我国古代曾经输入过火浣布，据斯特拉博所说，这种物品的唯一产地是希腊的卡律斯托斯。[③] 因此，我们可以推测输入我国的火浣布就是来自卡律斯托斯。再如，我国古代也曾经输入过玻璃，根据斯特拉博所说，西域的玻璃产自三地，腓尼基、埃及和意大利，各地制造技术不同，色彩有别。[④] 如果我们有足够多的实物样品加以对比，也许可以推断出其产地，这对于我们研究当时丝绸之路的贸易，具有一定的意义。总之，利用斯特拉博《地理学》丰富的资料，对于我们深入研究中西文化/中西交通历史，具有相当重要的意义。

作者简介：李铁匠，1944— ，江苏常熟理工学院教授，曾任教于江西大学、南昌大学，兼任中国世界古代中世纪史研究会古代史专业委员会副会长，主要研究方向为近东古代文明和伊朗史，有著作多部，文章多篇。

---

① 维基百科：希帕罗斯条目。

② 希提（著）、马坚（译）：《阿拉伯通史》（上），商务印书馆1995年版，第55页。

③ 《地理学》X. i. 6。

④ 《地理学》XVI. ii. 24—25。

运气、希望、恐惧与爱欲：修昔底德历史叙事中的人性思考*

白春晓

摘　要：修昔底德的写作并非仅仅为了保存有关伯罗奔尼撒战争的历史事实。在他的历史叙事中蕴藏着对人性和人类言行模式的思考。为了引导读者领会他的旨趣，修昔底德运用了高明的修辞技巧，最主要有两类：一是采用尽可能紧凑而细致的方式叙述他精心选取的历史事件中的行为，二是通过特定场合中的历史人物之口来阐述他想引起读者思考的内容。在精心写作的“密提林反叛”、“密提林辩论”、“米洛斯对话”和“西西里远征前的辩论”等文本片段中，可以发现修昔底德始终关注着“运气”、“希望”、“恐惧”与“爱欲”等人类处境中的基本问题，历史叙事中人物的行为和话语巧妙地传递着他对这些问题的探索。

关键词：修昔底德　历史叙事　行为　话语　人性

一、“密提林反叛”：战争叙事中的运气、希望与恐惧

公元前428年夏季，伯罗奔尼撒战争进入了第四个年头，雅典人已饱受战争和瘟疫之苦。而此时列斯堡岛上的城邦，除了美图姆那外，都在密提林的带

* 本文是浙江省教育厅科研项目(项目号 Y201330044)成果之一。初稿曾于2012年12月在广州中山大学召开的第五届全国青年史学工作者会议上宣读，得到了不少同行的指正，在此谨谢。

动下准备叛离雅典。[①] 在雅典控制下的提洛同盟内，当时只有列斯堡岛和希俄斯岛上的城邦不向雅典缴纳贡赋，且拥有自己的舰队，具备比别的城邦更多的自治权。所以，当雅典人得知他们的叛意并劝说无效后，就更加惊恐和愤怒。他们立即派出 40 艘战船前往密提林。有人告诉雅典人，在密提林城外将有一个庆贺马洛埃斯的阿波罗神的节日，届时所有的密提林人都会参加。如果他们行动迅速的话，会有突袭战胜密提林人的希望。为了防止走漏消息，雅典人扣留了当时正协助他们的 10 条密提林战船，还把船上人员监管起来。但不料仍有一个知情者迅速地把雅典人海上出征的安排泄露给了密提林人。因此，密提林人没有庆祝节日，而是加固尚未完工的城墙和港口，并采取了防卫措施。不久后，雅典舰队抵达了密提林附近的海域，发现了这种情况。雅典的将军们只能放弃突袭，转而要求密提林人遵守他们的命令。密提林人不肯听从，将军们便开启了战事。密提林舰队仓促应战，被雅典人追击折返。他们不得不向雅典人提议停战。雅典的将军们也害怕没有足够的力量与整个列斯堡岛作战，就接受了密提林人的请求。之后，密提林人派出代表团去雅典，希望或许能劝说雅典人撤走舰队，并相信他们没有叛乱的意图。但他们对此缺乏信心，又暗中派出使者前往拉凯戴孟寻求援助。去拉凯戴孟的使者们与斯巴达人达成了约定，获得了一些帮助。而去雅典的代表团却无功而返。于是，除了美图姆那人外，密提林人与其余列斯堡岛人便一起向雅典人宣战了。[②]

这大致是修昔底德笔下“密提林反叛”的爆发过程，可以看作是他叙述战争的一个典型范例。我们发现，在这场雅典人与密提林人的博弈中，超出原先预计和判断的因素层出不穷，双方都一再被新发生的情况推入新的希望（ἐλπίς）与恐惧（φόβος）之中。而且，正如拉根比尔（Robert D. Luginbill）所指出的，“希望与恐惧，作为两种影响历史活动的基本心理状态，在修昔底德的

① 列斯堡岛上共有 5 个城邦，密提林是其中最大的一个。见修昔底德，3. 18. 1. 他们和雅典的关系在一定程度上受政体影响，美图姆那采用的是与雅典一样的民主政体，而密提林是寡头制。参见 A. W. Gomme, A. Andrewes, and K. J. Dover, A Historical Commentary on Thucydides（以下简称 HCT）, 5 vols, Oxford: Oxford University Press, 1945－1981, vol. 2, p. 252. 本文所使用的修昔底德著作希腊原文依据的是“牛津古典文本”（Oxford Classical Texts）, Henry Stuart Jones, ed., Thucydidis Historiae, revised by John Enoch Powell, 2 vols, Oxford: Oxford University Press, 1942. 文中所引用希腊原文均为笔者自译。

② 详见修昔底德，3. 2—5.

著作中无处不在,并且对他所记述的几乎每一个决策都起到了重要影响"。[①]事实上,希望和恐惧虽然相对,但是同源,它们都来自对未来的某种不可知感。修昔底德曾担任过将军,很可能因此而深刻体会到一点:人不仅具有对其所处环境的认知能力(γνώμη),而且还需持续调整自己的判断以适应变化的形势。但是,人仍然面临着他所无能为力的"运气"(τύχη),尤其在极度变化的环境中(如战争、内战、灾难等),即使具有高度判断能力和丰富经验的智慧之士也无法完全逆料形势。例如,据修昔底德观察,在科西拉内战中,判断力弱的人更多地存活下来,而那些深思熟虑却不及时采取行动的人更容易毁灭。足见在需要依靠武力时光有认知能力并不能改善情况。而被公认为具有杰出智慧的伯里克利也无法预计到"突如其来、出乎意料和最在算计之外"的瘟疫。[②] 康福德(Francis M. Cornford)不仅较早地观察到修昔底德在其历史叙事中时常将当事者们的认知判断能力与其无法知晓的运气联系在一起,而且他还将修昔底德的写作解读和还原为一系列的基本观念,诸如"运气"(τύχη),"暴戾"(ὕβρις),"希望"(ἐλπίς)和"爱欲"(ἔρως)等。他认为,修昔底德是对历史有了这些基本观念后才去收集相关事实的。[③] 看来,长期思索人性的修昔底德试图通过他的历史叙事来解析人类的行为动机,并将其传授给他心目中的读者。

同时,修昔底德很明确地将其历史叙事分为两大部分:历史事件中人们的行为(ἔργον)和话语(λόγος)。[④] 相应地,他主要运用的修辞技艺也有两类。一类是以尽可能紧凑而细致的笔法直接叙述他精心选取的历史事件中的行为,并且他自称这些行为都是他"尽力审核清楚的"。霍恩伯劳尔(Simon Hornblower)指出,修昔底德对事件的叙述含有两种目的,一是尽量全面地记录有关战争的各个具体事件,二是要揭示这些事件中带有普遍性的内涵。修

① Robert D. Luginbill, Thucydides on War and National Character, Boulder: Westview Press, 1999, p. 65.

② 修昔底德,3. 83. 3—4; 2. 34. 6,61. 3. 关于修昔底德如何看待运气和人的认知,参见 Lowell Edmunds, Chance and Intelligence in Thucydides, Cambridge, Mass.: Harvard University Press, 1975,尤见 pp. 174 - 204。

③ 详见 Francis MacDonald Cornford, Thucydides Mythistoricus, London: Edward Arnold, 1907, chapter 6,7,8,11,13,尤见 pp. 104 - 108,123 - 124,221 - 222。

④ 修昔底德,1. 22. 1—2. 参见 Adam M. Parry, Logos and Ergon in Thucydides, PhD dissertation (Harvard), 1957; published in 1981, New York: Arno Press。

昔底德的写作力图平衡这两种看似对立的倾向。[①] 如我们所见，在“密提林反叛”中修昔底德所采用的正是这种叙事手法：他成功地通过具体的叛乱事件反映出人类在不可知的运气下所普遍存在的希望与恐惧。我们从中能领略到一种类似于现代小说的写作技巧：表面上客观而逼真的记述暗含着修昔底德对人性的洞察，而且他善于不动声色地引导读者思考人类历史处境的深层次原因。[②] 修昔底德的另一技艺是通过某些特定场合中的历史人物之口（演说、辩论和对话等）来阐述他想引起读者思考的内容。关于这些话语，修昔底德说，它们是“尤其符合每个讲话者在当时场合的需求下应说的内容”，同时又“最为接近实际所说内容的大致思想”。[③] 这两者显然存在着矛盾。而且，在修昔底德的文本中众多演说辞的文风极为相似。今天大多数的学者相信，在通常情况下，修昔底德应保留了讲话者的大意，但其中只有一些语句取自他所记忆的原先内容，而大部分都出自他本人的手笔。[④] 值得关注的是，修昔底德不仅在书写“行为”时提示出“运气”和“希望”等要素对人类处境的影响，而且他还将这种观察更直接地表达在他文本的“话语”之中。

二、“密提林辩论”、“米洛斯对话”和“西西里远征前的辩论”：演说辞和对话录中的运气、希望和爱欲

（一）“密提林辩论”

在密提林人最终投降之后，雅典将军帕克斯向城邦请求处置他们的决定。起初，雅典人出于愤怒想处死所有密提林的成年男性，将妇女和儿童变为奴隶，并派出了传达命令的船只。但在第二天，他们中的许多人又感到这个决定过于严酷了，于是再次召开公民大会以重新商讨决策。[⑤] 据修昔底德记述，克里昂和狄奥多托斯是其中两个发言者，分别代表了两种不同的处理密提林人

① 详见 Simon Hornblower, Thucydides, London: Duckworth, 1987, pp. 34 – 44，尤见 p. 43。

② 对于修昔底德这种修辞技巧的分析，详见 W. Robert Connor, Thucydides, Princeton: Princeton University Press, 1984, pp. 16 – 18。

③ 修昔底德，1. 22. 1.

④ 关于修昔底德写作演说辞的技艺，参见 Simon Hornblower, Thucydides, pp. 45 – 72; Christopher Pelling, "Thucydides' Speeches," in Literary Texts and the Greek Historian, London and New York: Routledge, 2000, pp. 112 – 122; John Marincola, Greek Historians (Greece & Rome: New Surveys in the Classics, no. 31), Oxford: Oxford University Press, 2001, pp. 77 – 85。

⑤ 详见修昔底德，3. 36. 1—5。

的意见，他们在前一天的大会上都已发过言，各自观点也没有改变。[①] 克里昂与狄奥多托斯两篇演说辞的结构是基本一样的，都有一段关于演讲和领导权的开场白(3. 37—38，42—43)，均包括对雅典人性格的一些严厉批评，之后是对具体处理密提林人以及将来对待所有叛乱的政策建议(3. 39—40，44—48)，可以认为它们主要出自修昔底德本人的手笔，但应包含着当时演说内容的要点。[②] 他们辩论的核心问题是惩罚密提林人的方式将如何影响未来的雅典霸权和同盟者，而两者强调的都是对“希望”的理解和运用。

克里昂认为，密提林人发动反叛是由于他们自认为有好运和希望。[③] 所以，他强调必须使意欲反叛者失去成功的希望，否则将对雅典的霸权带来危害：

> 他们(指密提林人)怀着对未来过度的信心，并具有一种超出自己实力却还未能满足其欲求的希望，挑起了战争，认为将强力置于正义之上是合适的。……在巨大而突发的好事不期而至之时，城邦通常会变得傲慢。在大多数情况下，计算之内的好运要比超出预想的对人更安全。……你们想一想：如果你们施予同盟城邦中被敌人胁迫者和本身想要反叛者以同样的惩罚，那么当成功了就能获得自由而失败了也不会遭受致命的损害时，还会没有人不以最小的借口反叛吗？……
>
> 因此，无论谁想凭借话语来取得信任，还是利用金钱来作为补偿，我们都必须让他们不再对犯了人性的过错还能得到宽恕这一点抱有希望。[④]

---

① 修昔底德，3. 36. 6，41. 修昔底德没有记述前一天的演说内容和其余人的发言，可见他叙事的选择性和典型性之强。

② 详见 Simon Hornblower，A Commentary on Thucydides(以下简称 CT)，3 vols，New York：Oxford University Press，1991 - 2008，vol. 1，pp. 420 - 421。

③ 克里昂是伯里克利逝世后雅典主要的领导人之一，他属于第一批雅典的“新政治家”(即并非出身于旧贵族阶级的政治人物)，父亲可能是一位富裕的制革匠。修昔底德出身于雅典有重要影响的贵族家庭，他对雅典民主政治中如克里昂这样的民众领袖(demagogue)感到反感。“密提林辩论”是修昔底德在其叙事中第一次记述克里昂出场的片段，而他在这里径直评价克里昂为“最暴戾的公民”。而且，修昔底德在公元前 424 年安菲波利斯战役后遭到流放也很可能与克里昂有关。现代学者们已基本倾向于否认修昔底德对克里昂描述的客观性，而怀疑他的叙事中带有较多个人的憎恶。参见 W. Robert Connor，The New Politicians of Fifth-Century Athens，Princeton：Princeton University Press，1971，pp. 91 - 98。

④ 修昔底德，3. 39. 3—4，39. 7，40. 1。

狄奥多托斯提出处置密提林人的意见与克里昂针锋相对，但他宣称这绝非出自“怜悯”和“宽容”。[①] 他向雅典人指出不必讨论如何惩罚密提林人是“正义”的，而是要考虑怎样才能确保雅典城邦的“利益”。[②] 因为在此次叛乱中，密提林的平民们后来是站在雅典人一边的，而同盟各邦内的平民派也大多支持雅典人。如果将有惠于雅典的密提林平民们同寡头派一起处死，那么以后再发生叛乱的话，平民们也将被迫和寡头派一同反对雅典人。这必然会对雅典的霸权构成威胁。可以说，狄奥多托斯是站在完全相同的“强权政治”的立场上来反驳克里昂的。[③] 而他反对的理由也是基于对人性的观察：

> 在一些城邦里，死刑被施予在许多并不能与此（密提林人的反叛）相较而是程度较轻的过错上。尽管如此，人们被希望引诱着仍然会去冒险，至今没有人在涉险时会认定他的计划将失败。……在私人和公共生活中，所有人本性上都是要犯错的，没有法律可以禁止这一点。……在古时候，处置最大的恶行好像都使用较温和的惩罚方式。但随着时间流逝，恶行还在继续，许多惩罚方式都逐渐发展到了死刑。尽管如此，恶行却仍在继续。因此，要么就需要发现一种比死刑更可怕的恐怖手段，要么就承认死刑不能禁止这些恶行。贫穷使人被迫具有勇气，而富足使人在放纵和骄傲中变得贪婪。由于有激情，人们在其余每一类环境中也会让某种无法抗拒的力量战胜自己，而被引入危险之中。希望（ἐλπίς）与爱欲（ἔρως）到处都在；爱欲引导，希望跟随；爱欲想出计划，希望则提议会有容易得到的好运——这会造成最大的危害，而且它们是看不见的，比看得见的危险更具威力。此外，运气（τύχη）也没有少增添刺激。……简而言之，当人性被激发想热切地去做某些事的时候，不可能（过于天真的人才

① 修昔底德，3. 48. 1. 关于狄奥多托斯，除了修昔底德在“密提林辩论”中提到他外，其余我们就一无所知了。他很可能在雅典的政治生活中并不活跃，但由于对密提林人的处置关系到雅典霸权的命运，他才直接对雅典人进行劝导。参见 CT, vol. 1, p. 432。

② 修昔底德，3. 44. 1—4. 关于狄奥多托斯反驳克里昂的策略，参见 W. Robert Connor, Thucydides, pp. 84, 88 - 91。

③ 修昔底德，3. 47. 1—5. 之后米洛斯人中就没有平民派支持雅典人，雅典人便全部处死了他们的成年男人，并将妇女和儿童变为奴隶。参见 Lawrence A. Tritle, “Thucydides and Power Politics,” in Brill's Companion to Thucydides, pp. 482 - 485。

会认为能够)用法律的力量或任何其他的恐怖手段将其阻止。[①]

经过再次表决,雅典人最终采纳了狄奥多托斯的意见,派出了第二艘船向帕克斯传达新的指示。他们成功阻止了之前发出的更严酷的命令,仅处死了直接与叛乱有关的密提林人。[②]

从两篇演说辞中可以发现,克里昂和狄奥多托斯都认为人性充满了欲望而极易犯错。而密提林人是在运气和希望的诱使下反叛雅典的,他们不顾危险和惩罚只是源于对摆脱控制、获得自由的欲求。在某种意义上,处理密提林人的方式将成为雅典对同盟城邦的立法,两人争论的焦点在于哪一种处置密提林人的方式更符合雅典人的利益。狄奥多托斯不同意克里昂政策的关键一点在于如何对待人性的错误:所有人本性上都是要犯错的,任何法律和措施(包括死刑)都无法将其彻底禁止。要防止叛乱,处死所有的密提林男人不仅徒劳,而且还会削弱雅典自身对同盟城邦的控制力。为了巩固雅典的霸权,需要给同盟城邦中的平民派以希望。即使他们曾犯过错,也要努力将他们的欲求重新引导到与雅典人利益一致的方向上去,而非像克里昂所说的"使他们对得到宽恕不抱有希望"(这将意味着他们也不再具有对惩罚的恐惧感)。[③] 通过"密提林辩论",修昔底德引发读者反思人性和人的处境:激情和爱欲属于人的本性,而希望本质上是由爱欲引起的("爱欲引导,希望跟随")。人在其所处的各种环境中都会被希望和爱欲影响("它们无处不在"),若再有运气引诱,刺激起人们去追求更大的目标,往往会使人和城邦走向痛苦和失败的命运。

(二)"米洛斯对话"

米洛斯人是从拉凯戴孟殖民而来的。伯罗奔尼撒战争爆发后,他们与提洛同盟内的其余岛屿居民不同,只是想保持中立而不愿参战。由于不肯屈从,他们与雅典人的关系日益紧张,最终变为了敌对状态。公元前416年,雅典调遣舰队进攻米洛斯。在尚未开战前,雅典的将军们派出使者与米洛斯人谈判。使者们没有被安排见米洛斯民众,而只是与城邦中的执政者和少数人对话。[④]

---

① 详见修昔底德,3.45.1—7。

② 详见修昔底德,3.49—50。

③ 关于克里昂和狄奥多托斯政策分歧的根本点,参见 Clifford Orwin, The Humanity of Thucydides, Princeton: Princeton University Press, 1994, pp. 149 - 150。

④ 修昔底德,5.84.2—3。

这意味着对话的环境是封闭的，过程也是不公开的。我们无法了解修昔底德是如何获悉对话内容的。[①] 以往，安德鲁斯(A. Andrewes)等学者都倾向于认为，修昔底德很可能是挑选了这一历史场景而精心编撰了这篇对话，集中反映了他对雅典霸权的思考和批评。[②] 而波茨沃斯(Brian Bosworth)则指出，修昔底德写作对话的真实意图是以米洛斯人作为警示：他们没有认清强弱悬殊的现实形势，而是被不切实际的希望所迷惑，以致遭受被屠杀的惨祸。[③] 我们发现，在"米洛斯对话"中，希望和运气确实再次成为修昔底德关注的焦点，而且，他通过雅典人之口似乎强调了希望对于强者和弱者的区别：

> 米洛斯人："但是我们知道，相比双方人数的多寡，战争有时更取决于不偏不倚的运气。而且对我们而言，屈服意味着立即陷入绝望，而若行动则仍有希望昂然地站着。"
>
> 雅典人："希望确实是人们身处险境时的慰藉。对那些拥有充足资源的人而言，它或许会造成损害，但不至于将其毁灭；而对那些将其全部用来孤注一掷的人(希望本性上就是挥霍的)，只有当他失败之际，他才知道希望为何物，但当他仍有保护自身的能力时，希望却不让他认清形势。"
>
> ……
>
> 雅典人："我们觉得，虽然你们说过会考虑生存问题，但在你们所讲的那么多话中，没有一句令人相信那是想要活命的人该说的。你们最大的力量只不过来自对未来的希望，而你们现在所拥有的资源不足以抗衡当下所面临的压力。"
>
> ……
>
> 雅典人："你们的决定使我们感到，你们是唯一把未来考虑得比眼前所见更清楚的人，还愿视尚不确定之事像已经发生了一样。你们越是冒

① 在古代，哈里卡纳索斯的狄奥尼修斯就怀疑，"米洛斯对话"(尤其是其中雅典使者所说的关于暴力和正义的话)不可能是实际发生的对话内容。见 Dionysius of Halicarnassus, On Thucydides, chapter 41。

② 详见 HCT, vol. 4, pp. 182 - 188. 参见 CT, vol. 3, pp. 216 - 225，尤见 pp. 223 - 224。

③ Brian Bosworth, "The Humanitarian Aspect of the Melian Dialogue," in Jeffrey S. Rusten, ed., Oxford Readings in Classical Studies: Thucydides, New York: Oxford University Press, 2009 (originally published in 1993), pp. 312 - 336.

险相信拉凯戴孟人、运气和希望，你们就越会失败。”[①]

在“伯里克利的国葬演说”中，希望对于为国捐躯的雅典将士曾是一种巨大的激励。[②] 但对于不愿屈服的米洛斯人，希望被认为是逃避严峻现实的幻想。波茨沃斯认为，修昔底德意在表明希望带来的效果与其持有者的资源和力量有关。希望只对拥有优势的雅典人有利，而对于米洛斯人这样的弱者则是危险的。赫西俄德就警告过，“希望对于一个有所需求却闲散地坐着、没有获取自足生活手段的人是不会提供好处的。”[③]品达也批评过，有些人不顾及眼前的事却去追求不可能实现的希望。[④] 此处，修昔底德很可能接受了希腊诗歌中的传统观念。[⑤] 不过，修昔底德在这里让“拥有充足资源”的雅典人讥讽“只依赖希望和运气”的米洛斯人，其用意不是简单地重复这种劝诫。只有将“米洛斯对话”和紧接其后的“西西里远征”对读，才能进一步理解修昔底德对于希望的态度。波茨沃斯的解读并不够全面。

(三) “西西里远征前的辩论”

公元前 415 年初，雅典人决定大举进攻西西里。当时许多雅典人对西西里的情况是无知的，他们对远征的欲望是被少数政客煽动起来的，带有盲目性。[⑥] 起初，雅典人召开了公民大会，准备由尼西阿斯、亚西比德和拉克斯三人带领 60 艘战船去西西里。5 天之后，又召开了第二次公民大会，讨论如何尽快准备船只和军需物资。尼西阿斯想要劝阻雅典人进行这一大规模的行动。[⑦] 他认为，西西里过于遥远，叙拉古不会威胁到雅典，而雅典周边还有许多敌人，主要的对手仍是斯巴达。总之，雅典不应在此时扩大战争的规模。尼西阿斯还指出，有一人非常希望发动远征，但他太年轻，且放荡奢侈，雅典人不宜听信此人的话：

---

① 修昔底德，5. 102，103. 1，111. 2，113。
② 修昔底德，2. 42. 4。
③ 赫西俄德：《工作与时日》，第 500—501 行。
④ 品达：《皮西亚颂歌》，第 3 首，第 21—23 行。参见 Simon Hornblower, Thucydides and Pindar: Historical Narrative and the World of Epinikian Poetry, New York: Oxford University Press, 2004, pp. 72 - 73。
⑤ 参见 Brian Bosworth, “The Humanitarian Aspect of the Melian Dialogue,” pp. 332 - 333。
⑥ 修昔底德，6. 1. 1。
⑦ 修昔底德，6. 8. 2—4，9. 1。

> 现在我看到这群被鼓动起来的年轻人围坐在这个人身边,我感到恐惧。我转而吁请那些年长者们的支持……不要像那些年轻人一样深陷到对遥远目标的痴迷(δυσέρωτας)之中,而是要知道成功最少来自热望,最多来自先见之明。为了正遭受空前危险的祖国,请举手反对(远征)……①

“δύσερως”直译为“疾病般的爱欲”。尼西阿斯借此想说明许多雅典人的欲望此时已使城邦陷入危险,像患病一样,所以他请求会议主席担任“城邦的医生”,再次组织投票,决定是否出征。② 而他批评的这位给雅典带来“疾病般爱欲”的年轻人就是亚西比德。③

在雅典,亚西比德的俊美体貌人所共知,且欲望过于强烈。④ 在公共事务上,亚西比德极善于军事,也精于演说术。⑤ 但在私生活方面,许多雅典人恐惧他放纵的生活方式,敌视他就像敌视一个具有野心的僭主。⑥ 修昔底德说,正是这一点在很大程度上毁灭了雅典城邦。⑦ 但当时,亚西比德确实激起了雅典人征服西西里的欲望。他说,西西里人在政治上是软弱而不团结的,只是一群容易瓦解的乌合之众,而且当地还将有许多因憎恨叙拉古而愿加入雅典远征军的蛮族人。至于伯罗奔尼撒人,雅典人留守在国内的海军就足以对付他们的舰队。此次远征至少能挫败叙拉古的势力,或者还可能在征服西西里后,进而

---

① 修昔底德,6. 13. 1。

② 修昔底德,6. 14。

③ 亚西比德大约出生于公元前 450 年,他刚过 30 岁便被选为将军(公元前 420/19 年),而尼西阿斯出生不晚于公元前 469 年。尼西阿斯比亚西比德年长一代。参见 Martin Hammond, trans., Thucydides: The Peloponnesian War, with an introduction and notes by P. J. Rhodes, New York: Oxford University Press, 2009, pp. 572,587。

④ 柏拉图暗示,亚西比德欲求成为像居鲁士和薛西斯一样的人物。见柏拉图:《大亚西比德篇》, 105b - c。

⑤ 见 Demosthenes, Against Meidias, 145; Plutarch, The Life of Alcibiades, 10. 2。

⑥ 修昔底德,6. 15. 3—4. 亚西比德也自知因赛马等奢侈之事而易受别人的嫉妒,并为自己的行为辩护。见修昔底德,6. 16. 2—3. 康福德认为,柏拉图在描述由民主政治转向僭主政治的典型人物时,就是以亚西比德为原型的。见柏拉图:《国家篇》,572—573; F. M. Cornford, Thucydides Mythistoricus, pp. 207 - 208。

⑦ 修昔底德,6. 15. 3. 雅典人对亚西比德的疑惧造成他先后两次流亡,这对雅典的战败有相当大的影响。参见 HCT, vol. 4, pp. 242 - 245。

统治所有的希腊人。[①] 亚西比德反驳尼西阿斯，认为年轻人未必与年长者对立。现在的父辈们当年也曾年轻，并与当时的年长者共同奋斗，才使雅典有了今日的力量。[②] 雅典人此时不能采取无为政策，为了不让霸权覆灭，必须采取行动：

> 我们无法限定自己想要统治的疆域。但当我们已经达到了现在这种地位，必然（ἀνάκη）要谋取更多的臣服者，并使已听命的同盟者不反叛。因为如果我们不统治别人，就有被别人统治的危险。你们不能指望像别人那样过宁静的生活，除非你们改换习惯，变得和他们一样。[③]

亚西比德使雅典人比之前更热切地渴望远征。但尼西阿斯仍想改变雅典人的想法，他转而用困难的远征准备来吓阻他们。他再次发表演讲称，既然雅典人已下定决心想远征，就应充分考虑到西西里岛上几个城邦的实力，尤其是塞利努斯和叙拉古，它们并非亚西比德所描述的那样易于攻取。鉴于西西里的力量之强和距离之远，雅典人必须同时派遣强大的海军和陆军，从国内和同盟城邦中征调大量的重装步兵、弓箭手和投石手，还要有运载大批粮食的商船。而且，令他恐惧的是，雅典人将进攻的是一个陌生而怀有敌意的地区，若不能在登陆后迅速控制那里，便会发现到处都是敌对的势力。对于远征，他宣称要“尽量少地依靠运气，做好各种可能的准备后再安全出征”。[④] 不料，雅典人非但没有知难而退，反而对远征的热情有增无减：“对远征的爱欲（ἔρως）相同程度地降临到了（ἐνέπεσε）每一个人身上。年长者期待能使航行所到之处臣服，或者凭借如此强大的军力至少不会失败；而年轻人则盼望着去海外亲眼见识一下，并且对幸存下来满怀信心。许多普通士兵不仅希望现在就获得饷银，而且想在扩大统治范围后拥有无尽的财源。因此，由于大多数人过度的热

---

① 详见修昔底德，6.17.2—8，18.4.当亚西比德被放逐后，他向斯巴达人透露了雅典的战略构想：征服西西里并非雅典人的最终目标，而只是第一步。之后他们将占领意大利，而后是迦太基。如果这一切都成功了，他们准备征召控制下的全部希腊人，并雇佣许多蛮族人，一起再进攻并打败伯罗奔尼撒人，最终成为全希腊的统治者。见修昔底德，6.90.2—3。

② 修昔底德，6.18.6。

③ 修昔底德，6.18.3。

④ 修昔底德，6.23.3，详见6.20—23。

情，即使有人不赞同，也只能保持沉默，害怕若投票反对会显得不爱城邦。”①有人直接上前询问尼西阿斯远征军的规模。尼西阿斯不情愿地回答说，至少需要5000名重装步兵和100艘三列桨战船，还要有弓箭手和投石手等。②雅典人随即投票表示支持，并派遣出规模比第一次会议所决定的更庞大的远征军。尼西阿斯这位想规训雅典人的爱欲而又无能为力的将军得到的是与他愿望完全相反的结果。最终，他在西西里获取的确实不是“好运”，而是一场彻底的灾难。

在修昔底德看来，亚西比德固然是西西里远征的诱因，但当时许多雅典人染上了强烈的希望和爱欲才是灾难降临的根源，而以尼西阿斯的能力无法有效地节制这种爱欲。归根到底，对统治权力不可遏止的追求使雅典人的悲剧命运具有一种必然性（ἀνάκη）。③同时，雅典人对西西里的远征恰好证明了米洛斯人并非“唯一”轻信希望和运气的人。“希望本性上是挥霍的”，极易使人不自量力而被改变的运气所击倒，它将雅典人引向了惨痛的失败。修昔底德将“米洛斯对话”和“西西里远征”前后编排在一起具有明显的戏剧性效果。如果读者在读到雅典远征军在叙拉古的覆灭，尤其是发现尼西阿斯在面向溃退的雅典远征军作最后的演讲时竟然同样无可奈何地诉诸希望、运气和神意，他若回想起“米洛斯对话”，就应该会明白修昔底德所要揭示的内涵：当厄运降临之际，并非只有弱者才遭遇失败。即使原本拥有充足资源的强者，有时也无法抵御某些灾难。④

三、修昔底德的人性思考

通过之前的举例和分析，我们看到，在修昔底德的文本中“话语”和“行为”是如何有机地成为其历史叙事的组成部分，并且，历史人物“话语”的一个重要

① 修昔底德，6.24.3—4.与尼西阿斯演说中使用“δύσερως”类似，“ἐνέπεσον”（ἐμπίπτω的过去式）也带有病理上的隐喻，修昔底德再次暗示雅典人对远征西西里的爱欲类似于一种疾病。参见Simon Hornblower, Thucydides, p.178。

② 修昔底德，6.25.1—2。

③ 关于雅典霸权的扩张和随之而来的战争的必然性，参见Martin Ostwald, *ANAΓKH* in Thucydides, Atlanta: Scholars Press, 1988, pp.33-52，尤见pp.38-39。

④ 关于雅典远征军在叙拉古撤退前的痛苦惨状，见修昔底德，7.75.1—7.尼西阿斯在撤退中的演讲，见修昔底德，7.77.1—7.关于“米洛斯对话”和“西西里远征”的对读，参见W. Robert Connor, Thucydides, pp.154-155; Colin Macleod, “Form and Meaning in the Melian Dialogue,” in Collected Essays, New York: Oxford University Press, 1983 (originally published in 1974), pp.58-62。

功能在于进一步阐明各种处境下人们“行为”背后的心理(如克里昂的讲话中对密提林人反叛动机的揭露,尼西阿斯和亚西比德的辩论逐层剖析了雅典人当时对霸权的渴求心态等)。[①] 而修昔底德让相反立场的讲话者来辩论同一主题的方式无疑带有公元前 5 世纪智术师运动的烙印。

格斯里(W. K. C. Guthrie)在他的《希腊哲学史》中认为,要理解智术师们所处时代的精神风貌,最好从阅读修昔底德开始。[②] 据德·霍米怡(Jacqueline de Romilly)的研究,修昔底德写作“相反论证”(antilogy)的演说辞显然受到了普罗泰戈拉的影响,他很可能是从安提丰那里学会了这种技艺。修昔底德运用这种方法写作的许多组演说辞使主题在双方“话语”的竞争对抗中得到了更全面的阐发。[③] 例如,“密提林辩论”就是非常典型的“相反论证”,而“西西里远征前的辩论”则罕见地编排了三篇演说辞来全方位地交代雅典人远征西西里前的政治态势,“米洛斯对话”更是使用了对话体来展现双方逐句的论辩。他驾驭“话语”写作的娴熟技艺于此可见一斑。同时,相对于“行为”叙事的紧凑内敛,他对人性的思考也往往更直接地借由不同历史场合中的讲话者之口来表达。然而,他仿佛一位隐蔽自身观点的悲剧作家,令读者无法确认哪一位讲话者真正代表了他本人的态度。[④] 不过,文本中反复争论的概念正能反映出他的思考过程,足以引起注意。

“运气、希望、恐惧和爱欲”作为修昔底德历史叙事中一再出现的核心词

---

① 关于修昔底德文本中“话语”阐明“行为”的功能,参见 John H. Finley, Jr., Thucydides, Cambridge, Mass.: Harvard University Press, 1942, pp. 293 - 299。

② W. K. C. Guthrie, A History of Greek Philosophy, vol. 3, Cambridge: Cambridge University Press, 1969, p. 84.

③ 详见 Jacqueline de Romilly, The Mind of Thucydides, trans. Elizabeth Trapnell Rawlings, Ithaca and London: Cornell University Press, 2012 (French original edition published in 1956), pp. 106 - 143; The Great Sophists in Periclean Athens, trans. Janet Lloyd, New York: Oxford University Press, 1992 (French original edition published in 1988), pp. 198 - 199. 关于安提丰,尤其是三组《四论集》(The Tetralogies)对修昔底德的影响,参见 Michael Gagarin (ed.), Antiphon: The Speeches, Cambridge: Cambridge University Press, 1997, pp. 9,16,25 - 26,32 - 33. 高尔吉亚和普罗狄科也影响到修昔底德的文风,见 Marcellinus, The Life of Thucydides, chapter 36。

④ 关于修昔底德这种“话语”写作的技艺与公元前 5 世纪雅典悲剧(尤其是欧里庇得斯)的关系,参见 John H. Finley, Jr., "Euripides and Thucydides", in Three Essays on Thucydides, Cambridge, Mass.: Harvard University Press, 1967 (originally published in 1938), pp. 1 - 54, 尤见 pp. 4 - 7,52 - 53。

汇，凸显出他对人性思考的主要路径。据统计，"ἔρως"及其派生词在修昔底德的文本中至少出现了 8 次，而且它们都与雅典人的霸权政策和政治心理有着重要的关联。[①] 雅典的崛起和扩张过程给修昔底德观察爱欲在历史中所起的作用提供了绝佳的机会。在他笔下，不同的演说者（克里昂、狄奥多托斯、尼西阿斯和亚西比德等）争相设法劝诱雅典人支持他们的政策，他们陈说利害都基于顺应雅典人的统治欲望，因为他们深知这种强烈的爱欲源自人的本性（φύσις），只能引导，而难以遏止。在私密空间中，雅典使者对米洛斯人更不讳言这一点：他们实际期待的就是自身变为更强者，并使像米洛斯人这样的弱者臣服于他们。[②] 但是，正如米洛斯人所言，随着雅典的扩张和对利益的不断追求，它的敌人势必将增多。而运气未必总偏向雅典人。当雅典人失去力量的时候，他们很可能遭到巨大的报复。[③] 虽然雅典使者宣称，他们并不担心自己霸权的终结，可事实上，当西西里远征惨败的消息传到雅典时，人们还是变得惊恐万状。[④] 所以，修昔底德笔下的雅典如同一位怀着巨大爱欲和希望的英雄，在一连串的胜利与荣耀之后，突然遭受到强烈的打击而陷入痛苦绝望的境地。这一叙事手法和其背后的思维浸透着希腊悲剧的精神。[⑤] 并且，在修昔底德的观察中，这种悲剧性的命运不止属于雅典人。战争会改变城邦与人在和平繁荣时期的观念，使他们不得不与世沉浮，变得残酷起来。[⑥] 而爱欲与希望的逐步增强终究会使战争和随之而来的苦难成为不可避免的局面。这在人类历史中并非个别现象，而是一再发生的场景（当然绝非简单的循环重复）。修昔底德的历史叙事具有公元前 5 世纪后期希腊理性思想的鲜明特征，乃是

---

① 修昔底德，2. 43. 1；3. 45. 5；6. 24. 3，54. 1，54. 2，54. 3，57. 3，59. 1，这还不包括尼西阿斯演说中所提到的"δύσερως"（6. 13. 1）。参见 Steven Forde, The Ambition to Rule: Alcibiades and the Politics of Imperialism in Thucydides, Ithaca and London: Cornell University Press, 1989, p. 31 and note 24。

② 修昔底德，5. 89，91. 2. 智术师运动所产生的思潮对修昔底德产生了深刻的影响，为他解析人的本性和欲望提供了理论基础。参见 P. J. Rhodes, introduction to Thucydides: The Peloponnesian War, pp. xlii - xlvi。

③ 修昔底德，5. 90，98。

④ 修昔底德，5. 91. 1；8. 1. 2. 公元前 405 年，当羊河战役惨败的消息传到雅典时，雅典人悲痛而恐惧，并想到他们对米洛斯人的暴行将可能发生在他们自己身上。见色诺芬：《希腊志》，2. 2. 3。

⑤ 参见 F. M. Cornford, Thucydides Mythistoricus, pp. 124 - 125; Colin Macleod, "Thucydides and Tragedy," in Collected Essays (originally published in 1982), p. 141。

⑥ 见修昔底德，3. 82. 2。

尝试认识人类处境中这种规律性情况的里程碑著作。

作者简介：白春晓，1983— ，历史学博士，浙江大学历史学系讲师，主要研究方向为西方古典文明。

哲学与文学

怀疑即探究：论希腊怀疑主义的意义

崔延强

摘　要：希腊怀疑主义是哲学史上第一次在元哲学意义上对独断论或形而上学的批判。持怀疑主义的"怀疑者"或"探究者"永远在探究，但从未声称自己发现任何结论。怀疑论者反对独断论借一套普遍原理、终极原则来结束对话的做派，他们把不断的对话作为哲学的充足目标，把智慧视为维系对话的能力，通过收集各派哲学的主张，然后进行比较、分析和批判。希腊怀疑主义这种元哲学意义上的探究活动决定了它具有科学精神和实证精神，预示了20世纪形而上学的科学实证主义思潮。

关键词：怀疑主义　元哲学　独断论

从词源上讲，"怀疑"（skepsis）一词来自动词 skeptesthai，指"考察"、"检验"、"调查"、"寻求"、"思考"等等。"怀疑者"（skeptikos）原指"探究者"或"研究者"，是和"哲学家"在同等意义上被使用的。该词专门用来指某种哲学运动，在希腊哲学史上还是比较晚的事情。生卒于公元前后的斐洛仍然把该词作为"哲学家"的同义词，并没特指某种哲学思潮。直到公元2世纪中后叶，《阿提卡之夜》的作者奥留斯·盖里乌斯才第一次把"怀疑主义"或"探究者"当作专有名称，指皮浪主义者和阿尔克西劳、卡尔内亚德为领袖的第二期、第三期柏拉图学园派。塞克斯都仅用这个术语指皮浪主义者，把学园派排除在外，理由是"皮浪比其他先哲都更为突出、更为彻底地置身于怀疑主义"，而学园派属于柏拉图传统，他们挂着皮浪主义的头，贩卖的却是柏拉图学说的肉，是独断哲学的一种表现形式。[①] 但人们还是习惯上把两者通称为“怀疑者”或“探究者”，因为虽然他们有所分歧，但只是怀疑主义内部的具体细节上的分歧，其核心实质并无二致。[②]

另外，“怀疑者”还有其他几种名称。据塞克斯都的分析，由于怀疑者的追寻和探究活动，它也被称作“寻求者”(Zetetikos)，根据寻求者在探究活动之后所产生的心灵感受，即悬疑状态，又被叫做“存疑者”(Ephektikos)；因为寻求者对所探究的问题感到茫然迷惑，或在肯定与否定之间难以决断，也被称为“疑惑者”(Aporetikos)。第欧根尼·拉尔修对这些名称的含义给予了更加细致的补充与解决。他认为，“怀疑者”或“探究者”指总是在永远地探究，但从未发现任何结论的人。之所以又被称为“寻求者”，是因为他们在不断地追求真理。同塞克斯都不一致的看法是“疑惑者”似乎不专指“怀疑者”，因为其他独断的哲学家也常常被问题所困惑，陷入两难境地。[③] 第欧根尼的阐释具有画龙点睛之笔，给我们勾勒出怀疑一词的基本轮廓。结合塞克斯都的分析，我们发现“怀疑”不是一般意义上的疑虑困惑，而是一种坚持不懈地寻求真理的探究活动。在这种探究过程中，心灵每每处于存疑状态，在肯定与否定之间悬疑判断，不做任何结论。然而，其他哲学也认为自己是在为寻求真理而进行探究活动，那么怀疑主义所理解的探究同其他哲学有什么本质性的差异呢？

首先，探究的问题和性质不同。其他哲学探究的是外部实在，试图解答世界的本源是什么，这就决定了它们的探究属于建构性的，即建立关于外部世界的知识体系。而怀疑主义探究的是哲学作为一门学科和知识是否可能，有无根据，是对哲学本身的考察和反思。因此它的探究乃是纯粹批判性的，拆解性的，是作为一种元哲学意义上的心智活动。怀疑主义区分了两种东西：一种是“显明的”(dela)或“自明的”(prodela)，即通过自身直接呈现给感官或理智的东西，也就是现象。另一种是“非显明的”(adela)，即不能通过自身显示出来，不被感觉和理智所直接认识的东西。如“在宇宙之外存在着无限的虚空”、“可理解的毛孔”、“存在着运动于虚空中的不可分割的元素”、“利比亚的沙粒是一

① 关于 skepsis 和 skeptikos 的演化发展，参见 G. 斯特里克：《怀疑主义的计策》脚注 1，载 M. 斯科费尔德、M. 博内特和 J. 巴恩斯主编：《怀疑与独断论》，牛津克拉伦敦出版社 1989 年版，第 54 页。

② 关于学园派和皮浪怀疑主义的比较见塞克斯都：《皮浪主义概略》第 1 卷，第 226—235 行。

③ 对怀疑派的几个名称的分析见塞克斯都：《皮浪主义概略》第 1 卷，第 7 行。又见第欧根尼：《名哲言行录》第 9 卷，第 69—70 行。

个有限的数目”、“星星在数目上为偶或为奇”。哲学家们普遍认为，有些非显明的东西是人心所无法企及的，对于理解力来说其本性乃是永远隐藏起来的，永远不被知晓。但他们相信，还有一些非显明的东西是人心所无法企及的，对于理解力来说其本性乃是永远隐藏起来的，永远不被知晓。但他们相信，还有一些非显明的东西，如元素、本原、虚空、因果性等，可以借助显明的东西推证出来，他们的整个哲学大厦建立在对这些非显明之物的探究和推证之上。怀疑主义认为，他们的探究和推证是独断的，哲学家即是独断论者。所谓“独断”(dogma)一词，原指一般的概念、观念、看法、相信等等。怀疑主义者所说的独断论是指“对有关非显明之物的知识的赞同”，独断论者(dogmatike)不仅拥有一般的观点和观念，而且拥有原理、体系和信条。独断论在怀疑主义看来即是哲学或形而上学的代名词。怀疑主义并不怀疑或探究那些显明的东西，绝不抛弃现象，不与人类的共同生活相背离。怀疑论者跟着现象走，相信自己的感觉印象，对于不可避免的感觉自觉不自觉地给予“赞同”(sunkatathesin)，当他感到热或冷时，他不会说：“我不相信我不热或不冷”。有一种误解，认为怀疑主义怀疑自己的感觉，声称“怀疑抛弃现象”，塞克斯都反驳说，“似乎他们并不了解我们学派的主张”，“怀疑派只承认事物显现这件现实”，不怀疑现象本身，它怀疑的是独断论对这些现象如何显现所给出的解释或判断。① 独断论在没有经过批判考察人心的理解力之前，便独断地宣称事物的本性或载体就像它所显现的那样，或不像它所显现的那样。如伊壁鸠鲁声称，表象或感觉是最清楚明白的、是永真的，因为它来自事物的载体，同它相一致。产生表象的东西总是完全显现出来，它自身不能不像它所显现的那样，即表象和载体是同构的、同质的。而德谟克利特则声称，表象与感觉与载体不同质、不同构，它们只是原子和虚空所产生的假象，是不可靠的。无论肯定或否定现象与载体具有相似性和同构性，独断论都一致同意，哲学应当而且必须通过显明的东西来推知非显明的东西，透过现象世界的面纱去揭示彼岸世界的本质。只有这样的知识才具有必然性。因为在独断论看来，“现象是非显明之物的表征”，②即显明的东西可以作为记号和证据来推证非显明之物的实在性。如为了证明“灵

---

① 塞克斯都：《皮浪主义概略》第1卷，第19行。原文：Zetoumen d ou peri tou phainomenou alla peri ekeinon ho tegetai peri tou phainomenou。

② 参见塞克斯都：《反逻辑学家》第1卷，第140行。第奥堤莫(Dio timus)认为这句话出自德谟克利特，是他提出的判断真假的标准之一。原文：opsis agr ton ade lon tapphainomena。

魂存在”这个命题，独断论找到了一个证据：“运动存在”。因为有人在运动着是显明的事实，由之可以推知必然有一种驱使肉体进行运动的精神实体，那就是灵魂。[①] 怀疑主义对独断论的这些独断的命题和推证进行考察和批判，它并不解答现象是否和载体相似，是否有一个非显明的实体存在着，而是探究独断论所建立的有关显明之物的命题和推证根据何在，凭什么可靠的手段来确保这些知识的必然性。怀疑主义反复追问，独断论通过何种方法来确定现象背后的实体必然与之相似，或必然与之不相似，怎么知道非显明之物一定具有那样一种特殊的记号或表征，由之被人们所认识。根据感觉经验吗？怀疑主义认为感觉经验只告诉我们物体的声、味、硬度、大小、数目、运动等属性，这些属性无论怎样组合也不等于它们所属的物体本身。实体或载体不被经验所知晓。根据理性推论吗？怀疑主义指出：“每一种思想的发生或来自感觉，不能离开感觉，或来自经验，不能没有经验。”“在一般意义上，要在概念或思想中发现存在着不被经验所明晓的任何东西乃是不可能的。”[②]

任凭思想可以自由驰骋，但它的材料永远离不开感觉经验。它可以构造独目巨人、马人、六头妖女的概念，因为这些概念取自经验，是经验的夸大和组合，然而它却不能形成实体或载体的概念，因为在感觉经验中没有这些东西的素材。理性推论对之束手无策。感觉经验和理性推论都不能保证独断论对显明之物探究的有效性和绝对必然性。另外，独断论的所有命题在逻辑上是不能证实的、无效的，因为这些命题违背了逻辑原则。怀疑主义所说的逻辑原则不是亚里士多德和斯多亚派建立的三段论原则，三段论也属于被批判和怀疑的范围之内。怀疑主义提出的原则是为人人所同意的、显明的东西，这种东西或许是基于人之为人的本能，怀疑主义对之从不怀疑。正像从不怀疑现象和感觉印象那样。这种东西我们可以称为“元逻辑规则”。怀疑主义正是在元逻辑规则的基础上批判独断论的。怀疑主义提出了三条基本的元逻辑规则。[③]

1. 证明、判断或把握一个无穷系列是不可能的；
2. 通过成问题的东西来证明成问题的东西是荒谬的；
3. 相互矛盾的东西不能同时为真。

---

① 参见塞克斯都：《皮浪主义概略》第 2 卷，第 101 行。又见《反逻辑学家》第 2 卷第 155 行。

② 参见塞克斯都：《反逻辑学家》第 2 卷，第 56—58 行。

③ 这三条元逻辑规则充斥于塞克斯都的著作中，既是导致存疑的途径，又是建立反题的基本方法。

第一规则说明，任何一个哲学命题要想得以证明，必须寻到证据，这个证据又首先必须被证实，这样就需要另一个证据来证明前一个证据，必然导致无穷后退(eisapeiron)。第二规则表明，哲学概念的界定和命题的推论由于涉及了非显明之物，必定陷入循环定义和循环推理(eis diallelon)，即借助于有待于研究的问题来界定和证明有待于研究的问题。第三规则实际上就是不矛盾律，相矛盾的命题必然非真即假，但所有哲学命题都不能满足这条规则的条件，对于任何一个命题都可以找到一个均等的命题与之相对立，即两个对立的命题既非真又非假，因此哲学命题在逻辑上是无效的。由以上分析我们可以说，怀疑主义的探究乃是一种具有实证精神的、经验和逻辑意义上的批判活动，是在元哲学层次上对哲学问题的反思和考察。

其次，探究的方式和结果不同。其他各派哲学或独断论探究的是非显明之物，企图解答外部世界是什么，不是什么，这种探究的结果要么宣称真理已被发现，要么宣称真理是不可知的，无论肯定还是否定的答案都将关闭探究的大门，终结对真理的继续追求。怀疑主义的探究不去涉足非显明之域，不去回答外部实在是否存在，是否为真，在他看来存在与非存在、真与假同样都是不可证实的，对外部实在的任何肯定和否定的断言都是独断的。只有跳出是否这个圈外，才能使元哲学意义上的探究活动持续不断地进行下去。在这一点上，怀疑主义非常接近当代分析哲学。石里克指出："不管是肯定还是否定超越的外部世界的存在同样是形而上学的陈述。因此，彻底的经验主义者并不否定超越世界的存在，而只是表明，无论是肯定还是否定其存在，都是没有意义的。"①

怀疑主义已经清楚地认识到了这个问题，它把自己的探究活动同独断论作了鲜明的对比："任何探究的结果或是探究者发现了所探究的东西，或是否认所探究的东西是可发现的，即承认它是不可把握的，或是坚持他们的探究。因此就哲学探究的对象而言，这就是为什么有些人声称业已发现了真理，有些人断言真理不可把握，而另外一些人则坚持探究的缘故。那些相信已经找到了真理的人就是独断论者，尤是指亚里士多德、伊壁鸠鲁和斯多亚派等等。克雷托马库和卡尔内亚德及其学园派把真理视为不可把握的事情，而怀疑主义

① 石里克:《实证主义和实在论》，原载艾耶尔编《逻辑实证主义》，纽约麦克米兰出版公司 1959 年版，第 106 页。

则坚持继续探究。”[1]显然，怀疑主义所理解的探究乃是一种开放的发散的思维活动，而不是一种封闭的理论体系的营建。不管肯定真理已经发现，还是否认真理的可发现性，都是对世界的本质这种非显明之物做了独断的陈述，因而同怀疑主义的探究判若泾渭。对于独断论来说，它们已经获得了事物的“知识”，其探究已经达到目的，而对于怀疑主义，探究所赖以进行的基础，即真理还未被发现这种动力依然存在。[2] 值得注意的是，怀疑主义在这里十分明确地划分了自己的学说同否定的独断论，即后来人们所说的不可知论之间的界线。怀疑主义把克雷托马库和卡尔内亚德为代表的学园派视为否定的独断论，大概因为学园派没有理解怀疑的意义，没有掌握怀疑主义方法的精神实质，或者说误用了这种方法，对外部实在作了判断，尽管是否定的判断。但怀疑主义还是承认了学园派在“存疑”方面很接近自己的学说。前面提及，这是怀疑主义内部之间的细节上的分歧，我们不必细究。但有一点十分明确，在以塞克斯都为首的正统怀疑论者的心目中，怀疑主义绝不是所谓的“不可知论”。“不可知论”指世界的本质不被理解，人心不能认识事物的本性这样一种知识论领域的思想，这个术语乃是近代哲学的产物，英文是 agnosticism，据说最早由赫胥黎提出。[3] 该术语的词干来自希腊文 agnoeo，而 agnoeo 一词在希腊哲学中并不是一个专门术语，而是一般意义上的“无所知”，“不知道”，“不明白”。该词在塞克斯都的作品中很少发现，他在列举分析怀疑主义的常用术语时根本没有使用这个词。[4] 只有第欧根尼在描述怀疑主义关于“相对”或“相关”的东西时使用过两次，说相对存在的东西离开一方另一方就不能被认识，如上与下，左右相等，即相对的东西凭自身是不可知晓的(agnosta)。[5] 这里所说的“不可知晓”或“不被认识”指不可界定，不明白什么意思，并不存在现近代知识论意义上的“不可知”那种含义。近似于近代“不可知论”的学说，在塞克斯都看来就是否定的独断论，就是他眼里的学园派。否定的独断论者宣称任何事

---

① 塞克斯都:《皮浪主义概略》第 1 卷，第 1—3 行；第 2 卷，第 11 行。

② 塞克斯都:《皮浪主义概略》第 1 卷，第 1—3 行；第 2 卷，第 11 行。

③ 参见 P. 博克:《蒙台涅》，牛津大学出版社 1981 年版，第 4 章“蒙台涅的宗教态度”。中译本见工人出版社 1985 年版第 51 页。博克说，赫胥黎于 1965 年提出“不可知论”这个术语，说明人们对超自然的上帝和任何假定的实体都无法知道这样一种信念。

④ 塞克斯都列举了“不可说”、“不可理解”、“我存疑”等 9 种表述式，其中没有“不可知”这个术语，说明人们对超自然的上帝和任何假定的实体都无法知道这样一种信念。

⑤ 第欧根尼:《名哲言行录》第 9 卷，第 88、89 行，原文：agnosta oun tapros ti。

物都是不可理解的或不可把握的。“不可理解”或“不可把握”一词 akatalepsis 乃是针对斯多亚派的“理解”或“把握”katalepsis 这个术语提出来的。斯多亚派认为，人心具有一种自然的理解力，能够把握住来自事物本身，并同事物的本性相契合的表象，形成确凿可靠的知识，否定的独断论断言，人心根本不具备这样一种分辨真伪的理解力，事物的本性不可把握。塞克斯都指出，怀疑主义虽然也使用“我不理解”(akatalepsis)，“一切都是不可把握的”(pantaestin akatalepta)这样的术语和表述形式，但同否定的独断论的用法不是一回事。在怀疑主义那里，这些术语的表现形式仅仅描述了某种心灵感受(pathos)，即无法选择、悬置判断的状态，并不是对事物的本性所做出的一种实质性的断定。由于相互对立的命题之间达到均等，一方不比另一方更加可信或不可信，因而使人难以决断，“不可理解”或“不可把握”意味着无可选择，中止判断。[①] 因此可以这样说，否定的独断论或“不可知论”是怀疑主义的对手，而不是同盟。

怀疑主义之所以能够维系探究活动持续不断，其关键因素就在于避免回答任何涉及非显明之无的实质性问题，不参与独断论之间的争执，不做任何结论，无论是肯定的还是否定的，只进行纯粹的批驳，使心灵时时处于悬置判断状态。这种探究的主要方式就是提出种种“反论”或“反题”(antiresia)，其真正用意在于给独断论的命题开出一剂解毒剂，使正题与反题在可信性与不可信性之间达到均等，从而进入悬置判断状态。反论或反题不是怀疑主义所主张和信奉的教条，怀疑主义不想建立任何自己的结论。例如，针对独断论宣称真理的标准是存在的这个正题，怀疑主义提出了反题，真理的标准是不存在的。塞克斯都反复强调了提出反题的动机：“应当注意，我们并非意欲宣称真理的标准是不存在的，因为这是独断论的观点；既然独断论者似乎确立了真理的标准是存在的这种可信性，那我们就提出似乎也是可信的反题；我们并未切确地肯定反题是真的，或比对手的论证更加可信，因为在反题与独断论者提出的论证之间存在着显然均等的可信性，为此我们悬置判断。”[②]

也就是说，怀疑主义并非真正地赞成反题，并非相信或认为反题是真的，如果这样的话，它就陷入独断论之间的是是非非，介入了它们有关非显明之物

---

① 塞克斯都:《皮浪主义概略》第 1 卷，第 280—310 行；第 2 卷，第 79 行。
② 塞克斯都:《皮浪主义概略》第 1 卷，第 280—310 行；第 2 卷，第 79 行。

的争论，也就无法跳出圈外，达到存疑的目的。塞克斯都让我们牢牢记住怀疑主义者提出反题的真实意图，即他们的“习惯做法”(ethos)。在反驳独断论关于指示性信号存在这种学说时，他指出：“在这一问题上应当记住怀疑派的习惯做法。这种习惯做法乃是在提出反对记号存在的论证时，并不伴以确信或赞同，因为伴以赞同将会像主张记号存在的独断论者一样，处于同等境地。这种习惯做法乃是把探究带进均衡状态，证明记号之不存在同记号存在是同样的可信，反过来说，证明记号之存在同记号之不存在是同样的不可信。因此，产生心灵上的中和与存疑状态。”[①]

我们发现，怀疑主义通过提出反题来批驳独断论的探究方式类似于苏格拉底的问答法或辩证法。苏格拉底自认无知，在对话的始末没有对所讨论的问题进行任何结论性的界定，他承认自己不知道问题的最终答案是什么，只是不断地利用对手所赞同的观点建立反题，迫使对方认识到自己业已确认的那些命题乃是自相矛盾的，因而推翻先前的结论，提出新的命题，苏格拉底再一一反驳。正想罗素所说的那样，苏格拉底的许多对话并没有达到任何结论，其目的在于使读者处于一种迟疑状态。例如《巴门尼德篇》的后半部分除了指明任何命题的正反两方面都可以提出同等可信的理由而外，并没有别的什么意图。[②] 苏格拉底同对手进行调侃式的谈话，从中表现出某种“迟疑”的特点来。[③] 怀疑主义那种发现矛盾，利用矛盾，最后导致矛盾均衡的论证模式或多或少地带有苏格拉底辩证法的色彩。受苏格拉底影响最大的莫过于学园派怀疑主义领袖阿尔克西劳和卡尔内亚德。阿尔克西劳自称是苏格拉底的继承者，把“自认无知”推向极端，即对“自认无知”也不作判断。他让学生模拟独断论者，主要是斯多亚派的各种命题，自己建立反题进行反驳。他还经常鼓励学生去聆听其他学派的讲演，以便能使反驳保持常新，充满活力，使心灵总是处于存疑状态。[④] 被誉为“存疑”学说斗士的卡尔内亚德，据克雷托玛库声称，在他的作品中找不到任何属于他自己的正面观点。公元前 155 年，卡尔内亚德出使罗马，以苏格拉底式的雄辩令罗马人震惊叹服。第一天他提出正题：正义乃是建立在自然、宇宙规律之上的必然法则；第二天又建立了反题：正义根本

① 塞克斯都：《反逻辑学家》第 2 卷，第 159—160 行。
② 罗素：《西方哲学史》上卷，商务印书馆 1982 年版，第 299 页。
③ 塞克斯都：《皮浪主义概略》第 1 卷，第 221 行。
④ 参见西塞罗：《学园派》第 1 卷，第 45 行。

没有什么必然性,只是人为的权宜之计。[①] 我们发现,尽管怀疑主义打上了苏格拉底式的烙印,或者说两者是"近亲",但苏格拉底的辩证法或问答法同怀疑主义的探究批判活动毕竟存在着实质性的差别。因为苏格拉底的方法乃是追求什么是正义,什么是勇敢,什么是虔敬这种绝对知识的手段,他的辩证法是理智助产术,知识接生婆。在苏格拉底的心目中有一个终极真理,那就是善本身、美本身这样的绝对理念。他的问答法通过揭示命题的矛盾,使心灵由具体向抽象,由个别向一般攀缘提升,向终极真理和绝对理念逼近,这个过程借用一句数学术语来表达,就是"有界的无限"。怀疑主义通过建立反题而进行的探究活动并非意在把握一种绝对知识,并非渴求达到终极真理,恰恰相反,它批判的正是这样一种企图和奢望。它纯粹为批判而批判,为反驳而反驳,为探究而探究。它不是获取知识的手段,它以自身为目的。如果退一步说,怀疑主义有什么目的,那么由这种批判与探究活动所带来的存疑和宁静就是唯一的目的。怀疑主义理解的真理不是一个终极目标,不是永恒不变的绝对真理。真理就是批判和探究活动本身,或就在这种活动之中。独断论一日存在,一天不亡,怀疑主义就批判不止,探究不息。如果有一天独断论不存在了,对手斯多亚派消失了,阿尔克西劳说,也要造出一个斯多亚派来。[②] 可见,怀疑主义的批判活动是一种永远开放和发散的过程,而不是一种封闭的螺旋式的圆圈运动。这个过程是"无界的无限"。

另外,怀疑主义建立反题的论证方式与相对主义截然不同。在塞克斯都看来,赫拉克利特、普罗泰戈拉和德谟克利特对现象做出了实质性的判断,尽管这种判断是相对主义的,但毕竟涉及了非显明之物,因而是独断的。有人声称,怀疑主义是通向赫拉克利特学说的途径,塞克斯都进行了澄清和反驳,他认为,任何一个命题都有一个均等的命题与之相对立,或同一事物在不同条件下呈现出相对的现象,这是为整个人类所共同经验到的事实,是一种共同观念或"预见"(prolepsis)。与其说怀疑主义是通向德谟克利特学说之路,倒不如说人类的共同观念或预见是通向赫拉克利特学说之路,因为由这些共同观念或预见,可以得出不同的解释和结论。[③] 怀疑主义承认并止于事务具有相对

---

① 原出自西塞罗:《国家篇》第 3 卷,第 8 行,转引自 D. 赛德列《希腊怀疑主义的动机》一文,载于M. 伯内特等人主编《怀疑的传统》,巴克莱加州大学出版社 1984 年版,第 17 页。

② 西塞罗:《学园派》第 2 卷,第 88 行。

③ 塞克斯都:《皮浪主义概略》第 1 卷,第 210—211 行。

性这一经验事实，相对主义却要进一步解释这种经验事实。比如，事物的相对性可以表述为：

X 事物在 S 条件下显现出 F 现象

X 事物在 S＊条件下显现出 F＊现象

同一事物 X 在不同的条件 S 和 S＊下呈现出不同的对立的现象 F 和 F＊，究竟 X 是 F 还是 F＊，存在着几种不同的理解。赫拉克利特与普罗泰戈拉认为，X 既是 F 又是 F＊，即 F 与 F＊同时为真，都是 X 的本质。塞克斯都指出：他们实际上承认了同一事物在本性上具有相互对立的两种存在，即把相对性过节为事物的本质，因而是相对主义的独断论。这种理解用逻辑符号表示为 F∧F＊，常见的例子：蜂蜜对某些人似乎是甜的，对某些人似乎是苦的，因此蜂蜜的本性既是甜的又是苦的。德谟克利特的理解是 X 既非 F 又非 F＊，F 和 F＊都不是事物的本性，二者同时为假，用逻辑符号表示为—F∧—F＊。德谟克利特认为，两种对立的现象都是非实在的，蜂蜜在本性上既非甜又非苦，甜与苦只是相对于人的习惯而言的，真实存在的只有原子和虚空。怀疑主义的理解是 X 可能是 F，也可能是 F＊，两者即不能同时为真，也不能同时为假，在 F 与 F＊之间必有一个为真，但究竟是哪一个，无法选择，因为两者的根据是均等的。用逻辑符号便是为 F∨F＊。例如，蜂蜜在本性上或者是甜的，或者是苦的，到底是甜的还是苦的，我们没有任何理由作出选择，只能悬置判断。我们的判断止于甜或苦这种现象本身，止于甜或苦是不是事物的本性，不置可否。可见，从相同的经验事实出发，会产生不同甚至相反的结果。怀疑主义和相对主义都立足于正反两个命题的对立和均等，都是用同样的表达式 ou mallon，但动机不同，用法不同。赫拉克利特和普罗泰戈拉试图运用这种论证方法来表明正反两个命题同时为真，都是关于事物本性的真实描述，事务在本性上没有假。他们对 ou mallon 做了肯定的理解，指既是正题又是反题。德谟克利特利用正反两个命题的对立来解释两者的虚假性，以达到否定现象的真实性之目的。他对 ou mallon 的理解是否定意义上的，指既非正题，又非反题，两者同时为假。怀疑主义的真正用意在于表明正反两个命题不可能都是真实的或都是虚假的，因为承认正反命题同时为真或同时为假也是独断论的表现形式，这是为怀疑主义所拒斥的。它仅仅说明正题与反题之间一方不比另一方更加实在或更加非实在。因此，怀疑主义对 ou mallon 的使用既不是肯定意义上的，也不是否定意义上的，而是一种或然意义上的，指或者是正题，或者是反题，两者必有一真，但无法确定谁为真，谁为假。这实际上等于说，任何独断命题的正反两个方面都是不可证实的，因为既不能证明它们同时为真，也不能证实他们同时为假，而它们之中谁为真谁为假无法确证，所以他们是非真非假的伪命题，无意义命题。由以上分析我们可以看出，怀疑主义通过建立反题的探究活动同相对主义有着原则的区别。怀疑主义是元哲学意义上的批判活动，相对主义是独断论的变种。正如 J. 安那斯斯和 J. 巴恩斯指出的那样，“我们必须承认，相对主义是怀疑主义的敌人，而不是盟友，相对主义的胜利就是怀疑主义的败北”。[①] 以上我们剖析了怀疑主义作为一种探究批判活动的特点。从探究的问题与性质，探究的方式与结果两个方面进行了论述，并经将这种探究活动与独断论、不可知论、苏格拉底辩证法和相对主义作了比较分析。接下来我们进一步阐明怀疑主义这种元哲学意义的探究活动在哲人的基础上建立自己的哲学，宣称一个新的思想时代已经到来。笛卡尔觉得自己的哲学完全是从头开始，康德认为自己完成了“哥白尼式的革命”，胡塞尔则认为自己首次使哲学成为一种“严格的科学”。他们全都坚信，他们有能力结束哲学上的混乱，用知识代替意见，开辟某种全新的东西。然而，这些哲学的批判和革命都预设了某些实在性的或争论性的哲学论题为真，即做出了关于外部世界或内部世界的预设，用一种独断论去代替另一种独断论。而怀疑主义在哲学史上第一次在元哲学意义上批判独断论或形而上学，它不去预设任何关于外部世界或内部世界的东西为真，它不是用自己的某种结论性的独断体系去取代其他的独断体系。怀疑主义者作为一名冷静的观察者、批判者、探究者，对形而上学可能性与否，可靠性与否等问题进行考察和批判。他追求的是一种维持与一切形而上学进行对话的实践能力的智慧，用 R. 罗蒂的话来说，是一种对传统形而上学的“反动”，反对形而上学借一套普遍原理、终极原则来结束对话，是一种“把不断的对话作为哲学的充足目标，把智慧视为维系对话的能力”。[②] 怀疑主义这种元哲学意义上的探究活动决定了它具有科学精神和实证精神。马克思以其敏锐的洞察力和雄厚的希腊哲学功底抓住了怀疑主义的

---

① J. 安那斯斯和 J. 巴恩斯:《怀疑主义的论式》，剑桥大学出版社 1985 年版，第 98 页。

② R. 罗蒂《哲学和自然之镜》，三联书店 1987 年版，第 329 页。

这一特征，给予了高度评价。在《关于伊壁鸠鲁哲学的笔记》中，马克思指出："怀疑论者是哲学家中的科学家；他们的工作是进行比较，因而也就是收集各种不同的、先前阐述过的主张。他们以平均调和的学术观点看待以前的体系，这样来揭露出矛盾和对立，他们方法的一般原型包含在爱利亚派、诡辩派和学园派之前的辩证法中。然而这些体系不失为独创的并构成一个整体。"[①]这里，马克思之所以称怀疑主义者是"哲学家中的科学家"，乃是因为科学家必须具备理论的思维能力和辩证的研究能力，而怀疑主义正是富有这种思辨精神的探究活动。马克思清楚地表明，怀疑主义的探究方法属于元哲学层次上的，它的工作指示收集各派哲学的主张，然后进行比较、分析和判断，而自己并不建立任何结论。它抱着"平均调和"的观点来批判探究各种哲学，这里的"平均调和"不是折衷主义的中间路线，而是一种纯粹的客观态度和科学实证精神，即通过建立反题，使正反题之间达到均等，揭露出矛盾和对立。在马克思看来，怀疑主义仅仅是一种方法论，它的原型存在于爱利亚派（主要指克赛诺芬尼、芝诺和麦里梭）、智者和柏拉图学园派的辩证法之中，但又高于辩证法，"这些体系不失为独创的并构成一个整体"。马克思使用的"体系"一词，不是指怀疑主义是一种形而上学的体系，而是说怀疑主义是一种来自辩证法，但又在辩证法之上的完整的原则，也就是等于说怀疑主义是批判形而上学的元哲学意义上的方法原则。

我们发现，在人类的思想史上往往有着惊人的相似一幕。在当代逻辑实证主义那里，在"后现代主义"的德里达、福柯和罗蒂那里，古希腊怀疑主义反形而上学的精神依然存在，依然发挥着作用。[②] 罗蒂把哲学的作用分为两种。一种是建设性的，以知识论为中心，是"系统"的哲学，即传统形而上学，另一种是反驳性的，以怀疑知识论为出发点，是"教化的"（edifying）哲学，即批判形而上学的元哲学。杜威、后期维特根斯坦和后期海德格尔就是当代伟大的教化哲学家。他们只做批判，不作建构。他们取笑形而上学所描绘的关于人的古典图画，这幅图画里包含着系统的哲学，即用最终的词汇追求普遍公度性的那种奢望。他们不断地同形而上学进行对话，拒绝把自己装扮成客观真理的发

---

① 《马克思恩格斯全集》第 40 卷，第 167—168 页。

② 参见 D. R. 希利：《皮浪主义的强烈挑战》一文，载《哲学史月刊》1987 年第 4 期第 185—213 页。作者论述了皮浪主义与蒙台涅、休谟的怀疑主义之间的联系，尤其强调了古代怀疑论对"后现代主义"的影响。

现者。“教化哲学的目的是维持谈话继续进行，而不是发现客观真理。”教化哲学家同意拉辛的选择，无限地追求真理，而非“全部真理”。在他们看来，具有“全部真理”这个概念本身就是荒谬的。文化思想的最终冻结实质上就是人类的非人化，就是把人看作客体而非主体。[①] 可见，教化哲学的基本精神正是希腊怀疑主义精神的继续和拓展。我们不无理由地说希腊怀疑主义预示了20世纪反形而上学的科学实证主义思潮。怀疑主义的元哲学意义上的探究活动是教化哲学的先驱。

作者简介：崔延强，1963—　，西南大学教授、副校长、博士生导师，从事古希腊哲学、高等教育管理研究，已出版专著、译著多部。

① 罗蒂：《哲学与自然之镜》，第320—330页。

论经院哲学对近代科学思维的贡献*

张绪山

摘　要:经院哲学是神学和逻辑的结合物,其特点是利用逻辑手段论证神学教条和教义,以增强其说服力。它恢复和发展了古希腊逻辑分析传统,在服务神学目的的前提下,将逻辑的思辨功能发展到前所未有的高度;它使已经确定的信仰对象变成了思辨的对象,促成了怀疑精神的产生。经院哲学对近代科学的贡献在于:一、确立了对上帝理性的坚定信仰,即相信上帝为自然和宇宙设定秩序,每一事物都受到上帝的监督并被置于上帝的秩序之中。近代科学产生的前提,即对自然界和谐秩序的信仰由此产生。二、经院哲学培育的严格的逻辑论证传统,在经院哲学所服务的信仰目标被否定以后流传了下来;这种逻辑传统进一步发展,上升到数理逻辑阶段,演变成近代科学思维。三、经院哲学孕育了近代科学思维的实验观念。古代希腊的重要逻辑遗产走向近代的科学思维,经受了经院哲学的改造和加工这个中间环节;无视经院哲学在古代文化遗产和近代科学思维之间的中介和桥梁作用,不符合历史事实。

关键词:经院哲学　近代科学思维

近代科学在西方的勃兴,历来被视为欧洲的“奇迹”之一。对于这一“奇迹”产生的原因,研究者或以欧洲社会的巨变来说明,或以欧洲的智力优越性来解释,皆难得正鹄。就文化发展的继承性而言,经院哲学与近代科学在思维方式上存在不可脱离之内在联系;欧洲近代科学思维方式和内在精神的形成,

* 本研究完成于十多年前,曾得到清华大学“骨干人才支持计划”项目资助。其中部分内容以概要形式发表于《经济社会史评论》第1期,三联书店2004年。现在将全文发表,以呈现该成果的全貌。

实得益于经院哲学的积极贡献。经院哲学直接影响了欧洲近代科学思维方式的形成，不应被完全视为历史长河中的负面遗产。

一、近代科学思维由经院哲学脱胎而来

近代科学的根本要素有两个：一是科学各学科取得的具体成果，一是统御各学科的思维方式，即理解和认识自然世界的法则。真正意义上的欧洲近代自然科学形成于15世纪后半叶到17世纪中叶。在这两个多世纪中，欧洲近代科学取得了巨大成就，形成了完整的体系，确立了与之互为里表的近代科学思维方式。与近代自然科学的形成对应的事件是文艺复兴运动，因此可以说，近代科学思维方式是文艺复兴运动中后期的产物。

自文艺复兴以来，自然科学取得了空前未有的巨大成就，成为改造自然和社会的强大力量，这是人人皆知的事实。但对于促成这种大变化的原因，却历来人言言殊，难得要领。有人坦然承认，"把促成这种变化的一切因素与见解聚拢在一起，观察者仍然觉得在这一切背后还有一种生气活泼的精神，这种精神我们只能很不完全地捕捉到。它有力量把其余的因素掺和在一起，使其突然成为一个整体。这种现代精神以可惊的速度形成，我们还不能充分解释其过程。"①

马克思主义创始人从社会发展尤其是生产力的变化上解释科学的巨大发展。恩格斯认为，"如果说，在中世纪的黑夜之后，科学以意想不到的力量一下子重新兴起，并且以神奇的速度发展起来，那么，我们要再次把这个奇迹归功于生产。"②从物质决定意识这一角度，这样的解释自然是正确的。这是就人类精神活动的根本物质基础而言。不过，人类每一种精神活动，都是以它从以往历史中继承的人类文化精神遗产为前提。科学思维作为精神活动的一种形式，是以它所继承的前一个时期的精神遗产作为出发点。那么，近代科学思维方式的精神文化前提是什么？

科学史家丹皮尔(1868—1952)说："人类历史上有三个学术发展最惊人的时期：即希腊的极盛期、文艺复兴时期和我们这个世纪。"③就科学发展进程而

---

① Creighton, *Cambridge Modern History*, vol. 1, Cambridge 1902, p. 2；转自丹皮尔：《科学史》，商务印书馆1987年，第161页。

② 恩格斯：《自然辩证法》，人民出版社1972年版，第163页。

③ 丹皮尔：《科学史》，第160页。

论,文艺复兴时期与丹皮尔所说的“我们这个世纪”即20世纪具有明显的连续性,尽管这两个时期的各自特点不尽相同。希腊的极盛期与文艺复兴时期之间则不然。如果罗马帝国可勉强视作希腊文化的继承者,那么,从罗马帝国衰亡到欧洲文艺复兴之间的“中世纪”,在文化形态与希腊罗马文化迥然不同。基督教在中世纪的精神统治,在文艺复兴时期和古代希腊极盛时期之间划出了一条鸿沟,特别是公元500年到1000年之间的五个世纪,更是西欧文化发展的低谷,故又被称作“黑暗时代”。这种状况是罗马帝国自3世纪危机以后古典文化衰落之势的延伸,同时也是蛮族(日耳曼人、维金人、匈牙利人等)入侵造成的必然结果。

罗马帝国承载的古典文化的式微,蛮族入侵对罗马帝国文化断壁残垣的扫荡,造成欧洲尤其是西欧文化的空白状态,为混乱状态中稍有能力维持社会秩序的基督教组织确立其精神独尊地位提供了条件。恩格斯说:“中世纪是从粗野的原始状态中发展而来的。它把古代文明、古代哲学、政治和法律一扫而光,以便一切从头做起。它从没落的古代世界承受下来的唯一事物就是基督教和一些残缺不全而且失掉文明的城市。其结果正如一切原始发展阶段中的情形一样,僧侣们(教士们——引者注)获得了知识教育的垄断地位,因而教育本身也渗透了神学的性质。”①作为中世纪居于统治地位的神学,经院哲学是近代科学兴起前的主导意识形态。近代科学的兴起和经院哲学日渐衰落是前后相继的两个文化运动,二者之间存在着一种彼消此长、新陈代谢的关系。近代以来科学和科学思维方式的形成,显然并非直接继承古希腊的文化遗产,而是脱胎于经院哲学这一精神遗产。因此,近代科学思维方式的形成离开它的经院哲学遗产,是不可思议的,在逻辑关系上是难以理解的。

因此,我们不得不面对的问题是,近代科学思维方式与经院哲学之间的内在的联系是什么?这种联系如何建立起来的呢?

二、经院哲学的本质特点:神学与逻辑的结合

经院哲学(Scholasticism)一词来自拉丁文Scholasticus,意为“经院里的学问”。一般认为,8—10世纪是经院哲学的酝酿期,11—13世纪是其兴盛期,14世纪以后它在欧洲思想舞台上已逐渐衰微。经院哲学有狭义和广义两种

---

① 恩格斯:《德国农民战争》,《马克思恩格斯全集》,第7卷,第400页。

含义,狭义的经院哲学指修道院中的职业神职人员从事的神学研究;不过,12世纪以后大学日渐成为欧洲大陆文化活动的中心,经院学术的中心也大部转移到大学,所以,广义的经院哲学是指11—13世纪的学术活动,既包括基督教神学院中的神学研究,也包括中世纪大学内部的学术研究,也就是说,它指的是这一时期占统治地位的思维习惯方式。

经院哲学是此一阶段神学发展的一种特定形式,其本质仍然是神学,但它依赖的工具是"辩证法"和三段论的推理,表现在形式上,就是将亚里士多德哲学(主要是逻辑学)引进神学体系,将神学和哲学加以调和,形成一种思辨体系;它以一个既定的神学命题为前提展开思辨论证。由于经院哲学家在思辨论证时抛开一切现实性的经验,在神学的抽象概念中绕圈子,所以在气质上表现为"繁琐的与好辩的"特征。[①] 在经院哲学的论辩中,理性的逻辑被限定在神学世界中,与客观的、活生生的现实世界的人类实践活动没有关联。因此,恩格斯称它是"一种象肥皂泡那样吹起来的唯理论体系"[②]。

经院哲学内部有三种思想倾向;一是将理性当作神学信条的裁判者;二是在神学研究领域根本拒斥理性;三是使神学和理性调和,但使理性服从神学。在经院哲学发展里程中,第三种倾向占据了主导地位,表现出两个显著特点:第一,把基督教会的教义建筑在形而上学的基础上;其次,对教会的全部教义加以系统的研究。[③] 经院哲学的一切矛盾由此而生发出来:神学教义是前提,它不允许理性思维超出神学既定教义的大范围;但它又借助理性思辨来论证其教条和教义,驱使哲学为神学服务,其结果是理性的逻辑论辩在神学这个崇高的对象面前充当了"奴婢"的角色。但是,神学要利用哲学这个奴婢,在客观上不能摆脱哲学的理性思辨功能,于是,不仅不能扼杀,而且还要充分利用它;在经院哲学的神学范畴中,哲学固有的理性思辨功能不仅得到保留,而且在一定程度上得到培育与发展。经院哲学家追求神学的说服力量,追求逻辑论证的完美,在客观上推动了理性与逻辑的发展。这一特点几乎见于所有的经院哲学家的智力活动。

安瑟伦(1033—1109)是11世纪经院哲学实在论的最大代表。他是将逻

---

① 罗素:《西方哲学史》上卷,商务印书馆1986年版,第530页。

② 《马克思恩格斯全集》第30卷,第335页。

③ 黑格尔:《哲学史讲演录》第3卷,商务印书馆1983年版,第289页。

辑三段论娴熟地运用于上帝存在论证明的代表人物。在信仰和理性的关系上，虽然他强调"基督教应该由信仰进展到理性"，但他同时又指出，"我们必须用理性去维护信仰"，"当我们有了坚定的信仰时，对于我们所信仰的东西，不力求加以理解，乃是一种很大的懒惰。""我们必须用理性去维护我们的信仰，以反对不信上帝的人。"①托马斯·阿奎那(1225—1274)是基督教教义的权威解说者，虽然他坚持"神学高于哲学，哲学乃神学奴仆"的原则，认为"神学可能凭借哲学来发挥，但不是非要它不可。"但他又坚持认为，基督教的某些基本真理可以不用启示的帮助，而单靠独立无助的理性得到证明。② 因此，他承认在人的一切欲望中，智慧的欲望是最令人欣慰的；③在阿奎那的神学著作中，有一种对哲学事业的尊敬和一种希望在任何可能的地方运用它的决心。在阿奎那无所不包的哲学体系中，唯理主义和基督教化的神秘主义，希腊人的知识和教会的说教，天启和理性结合起来了。哲学的思辨论证提高了神学的灵活性，其自身也获得生存和发展的机会；经院哲学把哲学作为捍卫神学信仰的工具，维持了理性的地位和权能。

神学将理性与思辨作为一种工具加以利用，使已经确定了的信仰内容变成了思辨的对象。这在经院哲学内部唯名论和唯实论的论争中尤为明显。唯名论者贝伦伽里(约 1000—1088)反对共相(即抽象概念)是真正的本质，认为"实体以外没有任何真实的东西"，他讨论重要宗教信条圣餐化体(Eucharist)说，认为圣餐仪式中人们所"吃"的是普通的面包，"喝"的是普通的酒，而不是教会所称的"主的肉和血"；圣餐礼只具有精神的象征意义，因为基督的身躯已"升至天国"，怎么能在圣餐礼中"临在"呢？人们怎能吃、喝天国里的东西呢？即使主的身躯大得如耸立的巨塔，被如此多的信徒吃喝，岂不早被吃得一干二净？经院哲学内部唯名论和唯实论的争论中，诸如此类的辩驳比比皆是，不胜枚举。尤其是，神学教条并没有也不可能回答理性思维提出的所有问题，为理性思辨留下极大的空间。如基督教教义中末日审判时死者复活受审的问题，经院哲学家往往进一步讨论：人的肉体是否复活？死后的人在什么年龄复活？复活时是作为儿童还是青年？外貌如何？是瘦子还是胖子？等等。经院哲学

① 黑格尔：《哲学史讲演录》第 3 卷，第 290 页。

② 罗素：《宗教与科学》，商务印书馆 1982 年版，第 3 页。

③ 戴维·林德伯格：《西方科学的起源》，王珺等译，中国对外翻译出版公司 2001 年版，第 239 页。

将这些问题纳入逻辑论辩的范围并展开激烈论证，其方式是繁琐的，但作为一种思维训练，对于思维方式的形成无疑大有助益；从长远的观点看，这种刻意的挑剔性的诘问和辩难，是逻辑思维发展的一个非常重要的环节。科学思维方式中的逻辑严格性在这里得到孕育。

理性思维的存在促成了怀疑精神的产生，尽管在中世纪的精神氛围中，这种怀疑不可能达到否定教会信条的地步。12 世纪法国著名的经院哲学家彼埃尔·阿伯拉尔(1079—1142)针对“信仰而后理解”，大胆提出“理解才能信仰”。虽然他并不怀疑《圣经》的权威，并公开声明“我不想成为一个与保罗发生冲突的哲学家，也不想成为与基督脱离关系的亚里士多德”，[①]但他对教会所依赖的教父们的著作却表示出强烈的怀疑态度，认为这些人的著作中有不少矛盾或难解之处，对“所有这一类著作都要有充分的自由进行批判，而没有不加怀疑地接受的义务，否则一切研究的道路都要被阻塞”。他坚持“怀疑是研究的道路”,“研究才能达到真理”。他在《是与否》中写下的一段文字，集中体现了经院哲学家所具有的一种充满活力的信念：

> 在学问上最好的解决问题的方法，就是坚持的和经常的怀疑。在所有哲学家最有眼光的亚里士多德，首先希望这种怀疑精神，因为在他的《论范畴》中对研究学问的人作过如下的劝勉：‘除非经常探讨这些事物，否则很难获致一个正确的结论。怀疑每一点都不是无益的。’由于怀疑，我们就验证，由于验证，我们就获得真理。[②]

阿伯拉尔是他那个时代最杰出的经院教师之一，有众多学生追随他求学问道。他在教学活动中所依靠的是他的雄辩而犀利的思想力量，而不是依靠传统。[③] 在西方神学家中，他首先建设性地运用怀疑精神和批判方法，研究神学体系中各方面的问题。他的体系中的独到见解，对当时或后来，都没有引起多大反应，但是他的方法却为他的后继者所普遍采用。[④] 阿伯拉尔的思维方

① 蒙克利夫编《圣殿下的私语：阿伯拉尔与爱洛依丝书信集》，岳丽娟译，广西师范大学出版社 2001 年，第 164 页。

② 郭守田主编《世界通史资料选辑》(中古部分)，商务印书馆 1985 年版，第 232 页。

③ 雅克·勒戈夫：《中世纪的知识分子》，商务印书馆 1996 年版，第 33 页。

④ 穆尔：《基督教简史》，商务印书馆 1989 年版，第 183 页。

式的特点,“是对教会权威的抵抗……对盲目的信仰进行永不松懈的斗争”[①]。

阿伯拉尔在他所处的时代并不孤单,当时新兴起的大学所代表的智力复兴势力有一种共识性的要求,即在神学范围内“说明人类和哲学的证据,希望更多地理解而不是简单宣布福音。他们曾这样说:无法理解的言辞有什么用处?人们不可能信仰他们无法理解的东西”[②]。在当时的传统中,这种见解是一股具有强大潜力的新兴思想潮流。随着翻译运动的深入,亚里士多德逻辑的运用在13世纪以后则呈现出系统化的趋势。大阿尔伯特(1206—1280)明确提出“逻辑是科学方法”,在《论逻辑的性质》一文中写道:“这门科学(逻辑)是一切哲学的方法,它不是哲学的一部分。”

经院哲学充分运用哲学的思辨功能,在表面上达到了维护信仰的目的,但造成的后果是,它在不间断地运用亚里士多德逻辑学的过程中,发展了以亚里士多德哲学为代表的古希腊逻辑分析传统,对思维的发展“不失为某种精确性的一个训练”[③]。而且,经院哲学企图使自己成为一个固定不变的单一的逻辑体系,不可避免地对几乎所有事物提出明确的见解,这使它很容易卷入对所有问题的论战。在论战中又不得不再次求助于理性与逻辑。在这种相互作用中,经院哲学确立了信仰对于理性思辨的依赖关系,思维方式中的理性逻辑原则也由此得以确立。费尔巴哈说:“经院哲学是为教会服务的。因为它承认、论证与捍卫教会的原则。尽管如此,它却从科学的兴趣出发,鼓励和赞许自由的研究精神。它把信仰的对象变为思维的对象,把人从绝对信仰的领域引到怀疑、研究和认识的领域。它力图证明和论证仅仅立足权威之上的信仰的对象,从而证明了——虽然大部分违背它自己的理解和意志——理性的权威,给世界引入一种与旧教会的原则不同的原则——独立思考的精神的原则,理性的自我意识的原则,或者至少是为这一原则作了准备。”[④]这个分析是准确的。

思维的逻辑原则是经院哲学对于欧洲文化最有价值的贡献,它提高了人类理性和理性之人在宇宙中的地位。12世纪欧坦的贺诺琉斯(Honorius von Autun)说:“除了理性证明的真理,不存在别的权威;权威教导我们信仰的东西,理性以它的证据替我们证实。逻辑推理的理性,证明圣经有目共睹的权威

① 《马克恩格斯论艺术》,人民出版社1963年版,第96页。

② 勒戈夫:《中世纪的知识分子》,第43页。

③ 罗素:《西方哲学史》下卷,商务印书馆1986年版,第5页。

④ 费尔巴哈:《费尔巴哈哲学史著作选》第1卷,商务印书馆1978年版,第12页。

所宣布的东西：即便是全体天使都留在天堂，人连同他的所有后裔也会被创造出来。因为这个世界是为人类而创造的，而我所理解的世界是天、地和宇宙包含的一切。要是相信如果众天使继续留在天空，人类就不会被创造出来，那是荒唐愚蠢的，正像我们读到的，正是为了人宇宙才被创造出来。"①人和人的理性在上帝这个前提下得到应有的尊重。但是，经院哲学在借用希腊知识遗产的过程中，采用了亚里士多德学说中的古典宇宙观念，将他视为最高权威，将有关宇宙即上帝、人和自然界的全部知识，包括可以从观察和理性获得的，以及来自启示、希腊哲学和基督教神学的知识组织起来，建立了一个完整、连贯的理性体系，并认为它们是基督教神学的定论，因此，教会在维护它的权威性时，便不得不与文艺复兴以来反抗亚里士多德宇宙观念的近代科学发生冲突，并利用它的巨大力量迫害近代科学家。这是经院哲学留给近代科学思维的双重遗产。

三、近代科学思维对经院哲学的继承与发展

"欧洲近代科学思维方式"，指的是在欧洲近代社会中从事科学研究的人们形成的思维习惯，依怀特海的说法，是指这一时期"有素养的思想家中一种盛极一时的传统习惯"②。爱因斯坦(1879—1955)认为，近代科学的发展是以两个伟大成就为基础的：一是以欧几里得几何学为代表的希腊哲学家发明的形式逻辑体系，二是文艺复兴时期证实的通过系统的实验有可能找出因果关系的重要结论。③ 因此，形式逻辑体系和实验思想可以视为近代科学思维的主要特征。

近代科学思维的这两大特征，已成为当今世界各国科学家的共识。如有的科学史家说："实验法可以认为是科学的一条腿，而另一条腿是希腊—巴比伦的逻辑的数学遗产。"④又有科学史学者指出："(1)刻卜勒、伽利略、牛顿和他们的追随者的方法意味着把知识限制于现象世界以及这世界的量的方面。(2)它以细致的观察补充理论分析，并通过精密测量来检验论证。"⑤我国著名

---

① 勒戈夫：:《中世纪的知识分子》，第 48 页。
② 怀特海：《科学与近代世界》，商务印书馆 1989 年版，第 3 页。
③ 爱因斯坦：《爱因斯坦文集》，第 1 卷，商务印书馆 1977 年版，第 514 页。
④ 普赖斯：《巴比伦以来的科学》，中共中央党校出版社 1992 年版，第 39 页。
⑤ 沃克迈斯特：《科学的哲学》，商务印书馆 1996 年版，第 38 页。

科学家吴大猷说："科学的具体形式及实质部分，是各部门的知识，但科学包括获得这些知识的全部程序，如现象的观察和度量，由此形成或建立若干概念（基本的，及由此界定的观念），观察及度量结果的归纳和伸引，建立观念的函数关系（成为定律）；新观念的创立，实验的构想和计划，数学方法的采用和创造；以想象力创造理论（假设物理观念间的新函数关系），根据逻辑方法作演绎，推出新的函数关系，以实验测证这些关系以及其所由出之理论。"①对于现代科学家而言，逻辑（归纳、演绎）原则和实验原则已经是科学思维的不证自明的两个基本要素，犹如飞鸟必有两翼一样自然而然。

近代科学思维产生的一个前提因素，是相信自然界存在理性可以认识的秩序。正如怀特海所指出，"如果没有一种本能的信念，相信事物之中存在一定的秩序，尤其是相信自然界中存在着秩序，那么现（近）代科学就不可能存在。"②这种信念是近代科学思维方式中逻辑原则和实验原则之上的统御原则。在欧洲科学思想史上，自然秩序观念最初表现在古希腊悲剧思想中的不可改变的命运必然性和维护城邦生活的城邦法中，罗马时代表现在罗马法的秩序观念上，而在经院哲学中则是对上帝理性的坚定信仰，即相信上帝为自然和宇宙设定秩序、每一事物都受到上帝的监督并被置于上帝的秩序之中。以12世纪法国的沙特尔修道院中发展起来的沙特尔学派为例。这个学派并不否认上帝创造世界的创世说，但它认为上帝创造的这个世界是一个有机的合理的整体。康歇的威廉（William von Couches）和阿尔诺·德彭涅瓦尔（Arnaurd de Bonneval）认为："上帝把属下各物按地点和名称作了区分，给众事物就像给一个巨大身躯的四肢，分配了相应的尺寸和功能。在上帝那里，甚至在始初的创造时刻，不存在任何混乱，任何混沌，因为在创造中事物就已经在它们的实体中形成了适当的类别。"③由于上帝赋予自然世界以秩序，自然世界成了理性可以认识的对象；认识自然要服从于认识上帝这个最终目标，认识自然变成了认识上帝的手段。

进入近代以后，"上帝为自然或宇宙设定秩序"的观念保留下来，成为自然科学研究的牢不可破的信念。牛顿说："真理是在简单性中发现的，而不是在

① 吴大猷：《科学技术与人类文明》，《吴大猷文集》，浙江文艺出版社 1999 年版，第 117—118 页。
② 怀特海：《科学与近代世界》，第 4 页。
③ 勒戈夫：《中世纪的知识分子》，第 46—47 页。

事物的多样性和纷乱中发现的。至于世界,它向肉眼展示出客观事物极其多种多样,在用哲学的理解去概括时,会显示出其内部组成是很简单的,以致理解得如此之好,从这些眼光来看它就是这样。正是上帝工作的完好,以最大的简单性将它们全都创造出来。"[①]1727 年英国诗人亚历山大·珀薄为牛顿逝世撰写的墓志铭:"自然和自然的规律在黑暗中隐藏;上帝说,让牛顿诞生吧!于是一切都已照亮。"显然,在牛顿和他那个时代的人们看来,科学家的使命,是寻找和发现上帝创造但被隐藏在黑暗中的自然秩序(或称规律)。爱因斯坦说:"没有可能用我们的理论结构掌握实在的信仰,没有我们世界内在和谐的信仰,就不可能有科学。这种信仰是并将永远是一切科学创造的根本动力。"[②]在爱因斯坦的观念中,对"世界内在和谐"即秩序的信仰一如既往。因此,我们探讨欧洲近代科学思维中的这一因素的发展历程,不能忽视经院哲学所确立的上帝的理性观念、上帝理性下的自然秩序观念这个至关重要、不可或缺的环节。

在上帝的秩序观念之下,经院哲学涉及人类如何认识人和自然或宇宙的问题。经院哲学既以理性逻辑来认识上帝,则必然同样会以它来认识上帝的创造物,即包括人类自身在内的自然世界。13 世纪阿奎那完成了理性和信仰的综合,确立了理性服从信仰的原则,但他同时也肯定了理性的作用,对二者的关系做了说明,认为神学源自信仰,而哲学源于自然理性,二者对象不同,但服务于共同的目的,即认识上帝。邓司·斯各特(1263—1308)以上帝万能为由,认为理性不能认识上帝,使理性具有摆脱信仰的倾向,为 14 世纪信仰和理性的分离铺平了道路。[③] 他的学生威廉·奥卡姆(1300—1350)把理性和信仰分离的观点向前推进。他认为信仰和理性是两个互不联系的领域,信仰只能以"天启"为基础,要合理地证明信仰是不可能的,上帝的真理只有通过信仰来领悟,而上帝真理之外的真理要由理性来认识,人类理性的运用范围限于所能看到或直接感受到的事物。这就是著名的"双重真理论"。

将理性与信仰分离开来,目的是为了防止理性损害信仰,但它有助于确立理性在认识自然和俗世事物中的作用,是理性向自由思维跨出的极为重要的

---

① 阎康年:《牛顿的科学发现和科学思想》,湖南教育出版社 1989 年版,第 467 页。
② 阎康年,《牛顿的科学发现和科学思想》,第 467 页。
③ A. R. Mayers: *English Historical Documents*, vol. IV, London 1969, p. 627.

一步。假若理性一直为神学信仰这一主体所束缚，那么理性就永远不会投向自然研究，更不会考虑去揭示自然内部的规律。近代科学研究走上自然研究的道路，与经院哲学家所提供的上帝理性观和“双重真理论”密不可分。

理性思维脱离神学目标后首先将世俗事物作为审视的对象，这就是14世纪以后出现的世俗理性的复兴。在欧洲，尤其是西欧，希腊拉丁古典文化和文物的研究，是世俗理性复兴的直接原因和动力。15世纪中叶更受到拜占庭学者的有力推动：拜占庭帝国首都君士坦丁堡于1453年被奥斯曼土耳其攻陷，许多拜占庭学者携带古希腊抄本逃往意大利，向西欧人打开了古希腊灿烂的文化宝库，展现了一个与神学迥然殊异的崭新的世俗世界，在这种世界中，没有教士阶级的统治，也没有武断的信条，人们可以自由地思考人间或天上的一切事物，如世界的构成、事物的普遍结构、物质的实体、人的本性和命运等主题。在希腊古代手抄本和雕像艺术展示的新世界的“光辉形象面前，中世纪的幽灵消逝了。”[①]经院哲学中发展起来的理性找到了新的结合点，形成世俗理性思潮，即人文主义；这种世俗理性思潮鼓励人们把知识活动看成是乐趣洋溢的社会性活动，而不是为保存某个前定的正统学说而遁世冥想。[②] 它明确肯定人和人的理性的重要性，告诉人们人世生活不是无足轻重的为来世的准备；人是万物之灵，人类拥有崇高的权威和尊严，人性和人生具有其他动物没有的无与伦比的价值；人之不同于禽兽的根本原因就在于人的理性，理性使人掌握知识，具有智慧，创造财富；理性使人高尚和完善，使人创造幸福生活，改变人生的价值。它甚至认为，理性使人具有神性，上帝的高贵只不过是具有更高超的理性。拉伯雷在《巨人传》中高呼：“请你们畅饮，请你们到知识的源泉那里去。……研究人类和宇宙，理解物质世界和精神世界的规律！”莎士比士在《哈姆雷特》中慨叹：“人是一个什么样的杰作啊！人的理性多么高贵！人的能力无穷无尽……，人的洞察力多么宛如神明！”理性从神学设定的羁绊中解脱出来，实现了思维对象上的新飞跃：人类的理性思维转向了人本身。

15世纪后半叶世俗理性转向自然现象的观察和研究。对于近代时期进行自然研究的人来说，经院哲学中严格的逻辑造成了一个不容忽视的后果，它使“严格肯定的思想习惯深深地扎根在欧洲人的心中了，这种习惯在经院哲学

① 《马克思恩格斯选集》第3卷，第445页。
② 罗素：《西方哲学史》下卷，第14页。

被否定以后仍然一直流传下来。这就是寻求严格的论点，并且在找到之后坚持这种观点的可贵习惯”。即使那些对经院哲学极端厌恶的人，对于经院哲学造就的理性逻辑严格性，也在潜移默化中加以接受。伽利略“那条理清晰和分析入微的头脑便是从亚里士多德那里学来的”[①]。笛卡尔以反对经院哲学著称，但他得益于经院哲学的地方也很多。“如果不坚持把笛卡尔主义同经院哲学对照起来看，就无法理解笛卡尔主义。笛卡尔主义鄙视经院哲学，但本身又植根在经院哲学之中；因为笛卡尔主义采纳了经院哲学，由此人们可以认为，笛卡尔主义从经院哲学中汲取了养料。”[②]

近代自然科学研究将世俗理性向前更进一步，达到了逻辑的数学表达阶段。这是文艺复兴时期科学思维的重要成就之一。[③] 这种思维习惯是这一时期思想人物的重要特征。达·芬奇强调：“那些真正的科学满怀希望，通过五官深入钻研，使争论者哑口无言；它们并不拿梦想来哺育研究者，始终根据那些真实不虚的、人所共知的根本原理一步一步前进，循着正确的次序，最后达到目的。这一点在普通数学里是很明显的，研究数的代数和研究量的几何就把不连续量和连续量讲得十分正确。”他又说：“人类的任何探讨，如果不是通过数学的证明进行的，就不能说是真正的科学。”[④]伽利略说：“哲学是写在那本一向展现在我们眼前的巨大的书即宇宙之中的；但是，如果我们不首先学会用来写它的语言，弄懂其符号，那我们是无法理解它的。这本书是用数学语言写的，符号是三角形、圆和其他几何图形，而没有这些符号的帮助，那是连一个字也不可能理解的。没有它们，我们只能在黑暗的曲径中彷徨而一无所得。”刻卜勒则更进一步，在他看来，数学不单纯是一个可以有益地用于研究过程的工具，而且是唯一使科学分析成为可能的前提，事物的量的特征是唯一能理解的方面。除了量或借助量，任何事物都不可能被完全认识到。[⑤] 在牛顿那里，数学表达成为科学思维的重要原则。他认为科学是自然界过程的精密的数学表达。他说：“我希望指出（像应有的那样有例子予以说明），数学在自然哲学

---

① 怀特海：《科学与近代世界》，第 12 页。

② 艾金纳·吉尔森：中世纪哲学精神》，巴黎，弗林出版社 1978 年，转自勒戈夫：《中世纪的知识分子》，第 85 页；L. Thorndike, The Survival of Mediaeval Intellectual Interests into Early Modern Times, *Speculum*, vol. II (1927), pp. 150 - 152。

③ 索柯洛夫：《文艺复兴时期哲学概论》，唐侠生译，北京大学出版社 1983 年版，第 13 页。

④《西方哲学原著选读》上卷，第 309—311 页。

⑤ 沃克迈斯特：《科学的哲学》，第 15 页；丹皮尔：《科学史》，第 199 页。

中是多么宝贵，因此献身于自然哲学的人就要首先学习数学……依靠哲学方面的几何学家们和几何方面的哲学家们的帮助，真正地取代了到处宣扬的猜测和可能性，我们就将最终地建立有最主要的证据所支持的自然科学。”①

近代科学思维的数学逻辑特点，在形式上表现为直接回到古希腊逻辑体系，但它的实际起点却是经院哲学的理性与逻辑思维。所以有学者指出，“在被人们错误地称为‘蒙昧主义的’中世纪里(我要重复这一点)，神学，一种典型的理性化之举诞生了。什么是神学？当然，它承认启示的真理，但它随即转向那些不太理解启示的人，异端分子、无神论者，以便向他们证明这一神圣真理的真理性。其实，神学在于凭借自然认识的方法(根据神学家们的用语)，即我们所有人都拥有的这种理性的方法，去证明超自然的认识。这种理性恰恰与当时的理性相同。新颖之处(是)……哥白尼—伽利略之举，特别是伽利略之举，不再使用日常语言去构思这种理性，而是选取数学语言作为范例。”②可以说，从经院哲学理性到近代科学数理逻辑，二者之间存在着一种内在的必然的联系，近代科学家反对乃至激烈抨击经院哲学把理性与逻辑严格限制在神学范畴的做法，造成了近代科学与经院哲学在形式上的对立，这种对立的形象在很大程度上往往使后人忽视了其内在联系性的存在。

实验观念作为近代科学思维的另一特点，也经历了经院哲学的培育。理性和信仰严格分离的思想，在中世纪晚期思想领域表现为两个重要特征，即理性思维的独立和不涉及逻辑推理的虔诚神秘主义的发展。理性脱离神学后获得一定程度的自由，可以自由地与实验研究结合。虔诚神秘主义则使许多思想家以极端的形式重新复活奥古斯丁的先定论，以上帝的权威否定教会的权威；同时，对直接感官知觉对象的重视，打破了人们对抽象观念的信仰，促进了直接的观察与实验，促进了归纳研究，包括炼金术的发展。③ 实验观念进入经院哲学家的意识中。早在 13 世纪，英国林肯郡主教罗伯特·格罗塞特(1175—1253)就已“感到需要从实验得出一般原则，需要利用数学的演绎推理然后根据事实来检验这种推理”④。经院哲学内部激进的唯名论思想家罗吉

① 阎康年：《牛顿的科学发现和科学思想》，第 483 页。

② 弗朗索瓦·夏特莱：《理性史》，冀可平、钱翰译，北京大学出版社 2000 年版，第 84 页。

③ 丹皮尔：《科学史》，第 150—151 页。

④ 克莱因：《古今数学思想》，第 1 册，北京大学数学系数学史翻译组译，上海科技出版社 1979 年版，第 238 页。

尔·培根(1214—1294)受格罗塞特的影响,认为认识有三种方法,即权威、实验和判断;如果不以理智为前提,那么权威不能给我们以确定的知识;如果不以实验来检验,那么判断从自身中不能在证明中区别诡辩论,因此只有实验科学才是认识的真正道路。[①] 他指出:"没有经验,任何东西都不可能充分被认识。因为获得认识有两种方法,即通过推理和通过实验。推理做出一个结论,并使我们承认这个结论,但并没有使这个结论确实可靠。它也没有消除怀疑,使心灵可以安于对真理的直观,除非心灵通过经验的方法发现了它;……所以只有推理是不够的,还要有经验才充分。"[②]他主张,真正的学者应靠"实验来弄懂自然科学、医药、炼金术和天上地下的一切事物"。他曾研究过平凸镜的放大效果,并建议制造望远镜。[③] 罗吉尔·培根思想中的"实验"是指以特定目的为指向、以特定手段进行的科学实验。他一生在物理、化学和光学等方面做过许多实验,是公认的近代实验科学的先驱。

实验主义认识论在14世纪时形成一股思潮。14世纪的炼金术士费拉拉的布努斯说:"如果你希望知道胡椒是热性的,醋是冷性的,药西瓜和苦艾呈苦性,蜂蜜是甜的,草乌含有毒素,磁能吸铁,砷能使黄铜变白,而锌土(氧化锌)则能使它变成橘色,对这些事例中的任何一个,你必须通过经验来确证其可信性。在具有某种实用目的的实用性范围的地理学、天文学、音乐、透镜以及其他一些科学学科领域里,情况也是这样。……和其他所有类型的现实的自然观一样,这种对真理和公正的探索必须用实在的实验来加以验证。除此而外,无论如何是实现不了这种探求的。"[④]达·芬奇更明确地指出:"在我看来,经验是一切可靠知识的母亲,那些不是从经验里产生、也不受经验检定的学问,那些无论在开头、中间或末尾都不通过任何感官的学问,是虚妄无实的、充满错误的。"[⑤]他告诉人们自己的研究方法:"在研究一个科学问题时,我首先安排几种实验,因为我的目的是根据经验来解决问题,然后指出为什么物体在什么原因下会有这样的效应。这是一切从事研究自然界现象所必须遵循的方法……我们必须在各种情况和环境下向经验请教,直到我们能从这许多事例

---

① 奥·符·特拉赫坦贝尔:《西欧中世纪哲学史纲》,中国对外翻译出版公司1985年版,第147页。
② 《西方哲学原著选读》上卷,第287页。
③ 梅森:《自然科学史》,上海人民出版社1977年版,第105页。
④ 杜布斯:《文艺复兴时期的人和自然》,陆建华、刘源译,浙江人民出版社1988年版,第26页。
⑤ 《西方哲学原著选读》上卷,第309页。

中引申出它们所包含的普遍规律。”[①]伽利略也有同样的说法：“我认为在讨论自然问题时，我们不应当从《圣经》段落的权威出发，而应当从感觉的经验和必然的证明出发。”[②]在近代科学思维方式中，实验观念被提高到了与数理逻辑同等甚至更为重要的地位。

近代科学思维异乎以往思维方式的显著特色，是重视和坚持实验原则与逻辑原则的密切结合，认为真理必须经历这两种手段的检验。达·芬奇说，“人类的任何探索，如果不是通过数学的证明进行，就不能说是真正的科学。如果你说那些从头到尾都在理性中的科学才有真理性，那是我们不能同意的，我们有很多理由否定这个说法，最重要的一条理由就是这种理性探讨里毫无经验，离开了经验是谈不到什么可靠性的。”[③]伽利略是公认的近代科学实验之父，但他并非只是以实验进行研究。爱因斯坦指出：“任何一种实验方法都有其思辨概念和思辨体系；而且任何一种思辨思维，它的概念经过比较仔细的考察之后，都会显露出它们所由产生的经验材料。把经验的态度同演绎的态度截然对立起来，那是错误的，而且也不代表伽利略思想。……伽利略只是在他认为亚里士多德及其门徒的前提是任意的，或者是站不住脚的时候，才反对他们的演绎法；他强调说，……即使是最讲得通的演绎，如果同经验的判断不符，也应当被抛弃。另一方面，伽利略自己也使用了不少的逻辑演绎。”[④]弗兰西斯·培根(1561—1626)认为，科学研究上的经验主义者好像蚂蚁，只知道收集，而理性主义者则好像蜘蛛，只知道织网。真正的科学研究应采取蜜蜂的方法，从花园和田野里采集材料，然后用自己的力量来改变和消化这种材料。[⑤]培根将他的实验方法确定为“学术经验的设计”，总结了八种实验方法。“实验和理性”的密切结合，尤其是实验原则被置于突出位置，是近代科学思维方式的根本特征；逻辑原则和实验原则二者的密切结合已经达到自觉阶段，这是近代科学思维方式已经成熟的重要标志。

---

① 梅森，上揭书，第 102 页。
② 沃克迈斯特：《科学的哲学》，第 15 页。
③《西方哲学原著选读》上卷，第 311 页。
④《爱因斯坦文集》第 1 卷，第 584—585 页。
⑤《西方哲学原著选读》上卷，第 358—359 页。

四、经院哲学在欧洲科学思维发展史中的地位

对经院哲学的批评始自文艺复兴时代。当时的人们认为自己所处时代是古代希腊罗马文化重新复兴的时代，是与基督教会一统天下的中世纪对立的。在他们强烈否定中世纪文化的激情中，自然不会对经院哲学给予客观的认识和评价，经院哲学的神学形象也不可能在他们的心目中留下好印象，所以在这个时期的作品中，对它表现出本能的厌恶和情感上的对立，认为由经院哲学而来的教育方式无益且愚蠢。在这种情感倾向中，经院哲学作为一个过时的事物，变成了一个可笑且可恶的对象。

彼得·拉谟斯(Peter Ramus, 1515－157)对经院哲学教育方式的态度具有代表性。他说"我们花了3年6个月的时间研读经院哲学。之后，根据大学规定，研读了《工具论》里的各篇论文，进行讨论，再做一番苦思冥索(在亚里士多德的所有著作中，那些论述论辩的著作在3年课程里，尤其要一读再读)。按部就班地做完那一切以后，我合计了一下埋头于经院学问的日子。很自然地，我开始寻找运用那些废寝忘食而习得的知识的目的。我很快就意识到，所有那些篇章既没有给我以更多的历史和古代知识，没有使我的辩才有所长进，也不能使我成为一位杰出的诗人，不能使我更机敏更圆滑一些。呵，多么地无知，多么地让人忧伤！在经历过潜心万苦之后，我却采集不到、哪怕是看一眼那些被认为在亚里士多德的论辩里能找到的异常丰富的智慧之果！我该怎样悲叹我不幸的命运、贫乏的思想！"[①]文艺复兴时代的人们直接承受了经院哲学的传统遗产，最能体会到将思维对象局限于狭隘的神学内容对活跃的思维造成的严重束缚。

近代以来哲学家评论经院哲学时，基本上沿着同样的思路，抨击其思维内容的脱离实际和狭隘空洞。黑格尔认为，经院哲学整个讲来"完全是野蛮的抽象理智的哲学，没有真实的材料和内容。……它只是形式、空疏的理智，老是在理智的规定、范畴的无有根据的联系中转来转去"；"完全是抽象理智的紊乱，象北日耳曼自然景象中多枝的枯树一样。"[②]列宁指出："经院哲学和僧侣主义抓住亚里士多德学说中僵死的东西，而不是活生生的东西……亚里士多

---

① 埃伦·杜布斯：《文艺复兴时期的人与自然》，第5页。

② 黑格尔：《哲学史讲演录》第3卷，第323页。

德的逻辑是寻求、探索，它接近黑格尔的逻辑学，但是，亚里士多德(他到处，在每一步上所提出的问题正是关于辩证法的问题)的逻辑学却被变成僵死的经院哲学……"①很显然，逻辑思辨活动在思维材料上的有限性和不自由，造成了思维成果的贫乏，这是近代以来经院哲学遭受诟病和攻击的最大弊端。

斯大林主义影响下的前苏联学者强调经院哲学的阶级属性，认为："经院哲学最初的'繁荣'一方面与亚里士多德的学说在哲学界得到极其广泛的运用有关。经院哲学体系具有妥协性，为了正统思想的需要，力图利用新思想的萌芽和新的材料。另一方面，所谓'庞大的经院哲学体系'是极反动的正统天主教思想体系的表现和巩固。中世纪的黑暗势力终于在这个体系中形成。在这个体系中，'亚里士多德的'逻辑学被巧妙地与论鬼神的学说相结合，与对女巫和异教徒的辨识和扑灭之指导结合，并用于论证罗马教会的世界统治。维护劳苦群众所遭受的那种残酷的剥削，为封建的等级制度辩护，窒杀进步的思想，——这就是经院哲学体系的真实意义和目的。"②这种具有代表性的观点，明显地折射出阶级斗争理论的影子。

但是，从科学思想史演变的角度，此类认识都没有从人类思维的继承性和连续性角度考虑两种思想形态的关系，同时还忽略了一点：经院哲学是中世纪的黑暗状态的"后果"，而非原因；作为一种文化形态，它是社会现实的反映。因此，对经院哲学的地位的认识和评价，必须将它置于整个欧洲科学思想的演变过程中。

我们知道，对人与自然关系的探索在古希腊文化中占有极其重要的地位，古希腊人依靠"天才的直觉"(恩格斯：《自然辩证法》中的说法)创造了至今仍令人赞叹的科学成就。但古希腊的衰落和罗马帝国的征服，结束了希腊文化的繁荣局面。罗马人的兴趣和贡献在军事活动和国家管理方面。4世纪基督教被确定为罗马帝国的国教，标志着古希腊文化精神已在制度上退出历史舞台。390年，罗马皇帝下令禁止异教活动，415年亚历山大城著名的女数学家希帕提亚被基督教徒杀害，529年查士丁尼皇帝封闭柏拉图创建的活动近千年的雅典学院，这一切说明欧洲进入信仰占据统治地位的时代。日耳曼各族的入侵在欧洲尤其是西欧造成的动荡，在几个世纪中维持了欧洲文化的荒芜

① 《列宁全集》第38卷，人民出版社1959年版，第416—417页。
② 特拉赫坦贝尔：《西欧中世纪哲学史纲》，第88页。

状态。8世纪末9世纪初，加洛林帝国形成，查里曼利用当时的文化条件，举办教会学校和宫廷学校，鼓励和推动教士们学习，以上帝最喜欢的"最谦虚的态度，热烈钻研，以求更容易地、更正确地探索《圣经》的奥秘"，一时间出现了"加洛林文艺复兴"。这一运动的贡献，主要在于发现和保存了一些古典文本。但9—10世纪维金人、马扎尔人的入侵使西欧的动荡局面延续到10世纪末11世纪初。在这一个半世纪里，拉丁世界所遭受的蛮族入侵风暴与5世纪的蛮族入侵一样，对文化的培植和发展是极为不利的。

欧洲社会发展的新阶段是从11世纪开始，入侵活动的停止，农业的进步，尤其是城市的复兴和人口的增长，使欧洲社会进入快速增长时期和理智复兴时期。11世纪以后经院哲学的兴盛，是理性活动逐渐复苏的标志，是整个西欧社会物质和精神变化的具体体现。在这种理智复兴中，有两大文化运动与经院哲学联系在一起，其一是是翻译运动的发展；其二是大学的兴起。在一定程度上，翻译运动的发展和大学的兴起是互相关联的事物，但对经院哲学的发展而言，二者的作用有所区别：翻译运动为经院哲学提供了新的思维资料并影响到它的思维方式；而大学的兴起则为经院哲学提供了一个舞台，对其存在和连续性提供了一种制度保证。

拉丁世界对古典文化的吸收在12世纪进入一个新阶段，这个阶段被人称为"12世纪文艺复兴"。这种说法是否合适，曾有过讨论，[①]此处不加涉及。但古典文化重新抬头是不可否认的事实。这一时期为人熟悉的古代人物有维吉尔、奥维德、卢坎、贺拉斯、西塞罗和塞内加；同时亚里士多德的逻辑学通过评注者的著作得到研究和重视；法学领域则是《查士丁尼法典》的重新发现。法国沙特尔地方的伯纳德说过一句名言："我们是站在巨人肩膀上的侏儒"，说明当时的人们认识到古典文化遗产的巨大恩泽。[②]

12世纪末到13世纪初叶，拉丁世界通过大规模的翻译运动吸收古典文化的养料。这一运动的材料来源有两个：一是阿拉伯典籍，二是拜占庭帝国的典籍。这两方面提供的古希腊典籍通过西班牙和意大利南部及西西里岛注入拉丁世界。7世纪中叶崛起的阿拉伯人在不到一个世纪的时间里基本上控制

---

① 有关此一问题的讨论，可参见 E. M. Sanford, The Twelfth Century — Renaissance or Proto-Renaissance? *Speculum, a Journal of Mediaeval Studies*, vol. XXVI (1951) pp. 635 - 642；以及 U. T. Holmes, The Idea of a Twelfth-century Renaissance, *ibid.*, pp. 643 - 651。

② Marc Bloch, *Feudal Society*, vol. 1, Routledge & Kegan Paul Ltd, repr. 1989, pp. 103 - 104.

了地中海水域，全面接触到希腊罗马世界的文明成果，在惊讶之余开始了积极吸收过程，在1000年之前的三个多世纪中几乎将全部希腊医学、自然哲学以及数学著作译成了阿拉伯文。11世纪，随着拉丁世界从穆斯林手中重新夺回西班牙（特别是1085年夺回西班牙重镇托莱多）和西西里岛，阿拉伯古籍保存的古希腊文化科技成果通过翻译运动又回流到拉丁世界。12—13世纪从事翻译的众多名家中，以意大利克里莫纳的杰拉德（约1114—1187）最为杰出，他一人翻译的著作达70—80部，其中包括亚里士多德、欧几里得、盖伦、托勒密、花拉子模、阿维森纳等人的论著。拉丁世界与拜占庭帝国的关系从未完全中断，12世纪从希腊文翻译希腊典籍的事业重新开始，威尼斯翻译家因与拜占庭学者保持联系，翻译了一批亚里士多德著作，12世纪中叶托勒密和欧几里得的著作被译成拉丁文；13世纪穆尔贝克的威廉（活跃于1260—1286）译出了亚里士多德的文集和集注，与许多新柏拉图主义作家的著作及阿基米德的数学著作。对古希腊典籍的翻译和注释，促进了西欧对古希腊文化的吸收；正是这些古希腊著作对经院哲学产生了深远的影响。①

这种影响通过中世纪的大学这种教育机制发挥出来。中世纪大学的前身是城市学校。城市学校随城市兴起而产生，其中最出色的是那些教堂学校和教区教士经营的各种公立学校。这些学校并不直接服务于培养教士这一目标，而是面向任何可以负担费用的人。这一时期法国各城市如巴黎、奥尔良和沙特尔各学校以严肃的数学研究著名；意大利波洛尼亚等城的学校以法学教育名闻遐迩；英国的牛津各学校在法律、神学和人文艺术方面享有盛誉。城市学校在复兴世俗理性方面的努力为12世纪末和13世纪初兴起的大学所继承，其哲学方法越来越多地被应用于课程体系中，包括《圣经》和神学研究上。大学兴起产生的影响，首先是受教育者人数的增加。以最早的几所大学论，14世纪波洛尼亚大学的学生数量可能在1000—1500人，牛津大学的规模大致相同，巴黎大学的学生数量最多时达2500—2700人。但是，如果不是伴随着教育内容的改变，则大学的文化传播功能必然大打折扣。翻译运动提供的大量新的思想资料迅速进入大学教育内容。传统"七艺"各科的比重已发生变化，

① 戴维·林德伯格：《西方科学的起源》，第211—212页；G. Makdisi, The Scholastic Method in Medieval Education: An Inquiry into its Orgins in Law and Theology, *Speculum, a Journal of Mediaeval Studies*, vol. XLIX (1974), pp. 658-659。

其中文法的重要性下降，逻辑学的作用上升；伦理哲学、自然哲学和形而上学进入大学课程；医学、法学和神学是最高级的课程。亚里士多德的影响越来越大，在自然哲学教育中，亚里士多德自然哲学成为核心内容，13世纪下半叶，他的形而上学、宇宙论、物理、天象学、心理学和自然史著作成为大学的必修课程。新的思想材料注入大学，犹如清澈的溪流注入干涸的土地，使拉丁欧洲几近枯萎的思想田园迅速恢复生机。新思想材料成为新理智运动的刺激源，欧洲各地的学子聚拢到牛津、巴黎或波洛尼亚等等的学术中心以后，参与热烈的辩论活动。重新活跃的学术活动使学生们的心智处于一种昂扬激荡的气氛中。①

大学教育内容的变化影响到经院哲学，主要是因为在大学任教的学者差不多同时都是经院神学家。以亚里士多德为代表的古希腊哲学进入大学，必然影响到经院哲学，其后果是，亚里士多德的宇宙论和自然哲学被教会纳入神学体系，取得了神学教条的地位。从本质上，亚里士多德哲学是开放性的，它允许质疑和讨论，于是，作为教条的亚里士多德宇宙论和自然哲学和作为研究对象的亚里士多德哲学体系，成为大学内部的学者——同时也是神学家——争议的对象，集教授和神学家于一身的学者们由此而分化开来。这一特点可以解释亚里士多德哲学，尤其是他的宇宙论和自然哲学何以在教会的权威下，成为以天文学革命为代表的近代科学的严重障碍，造成不利影响；也可以说明，对科学思维方式做出贡献的中世纪学者，为何几乎都是大学中任教的神学家，如格罗塞斯特是牛津大学的学者和该大学第一任校长；罗杰尔·培根曾在牛津大学和巴黎大学学习并在巴黎大学任教；大阿尔伯特曾在帕多瓦大学学习，在巴黎大学任教，并在1248年受命创立科隆大学；托马斯·阿奎那曾在那不勒斯大学学习，在巴黎大学任教，邓斯·司各特曾在牛津学习，在巴黎大学任教，威廉·奥卡姆是牛津大学的教授。

有学者对大学制度进行细致的考察后承认："描述中世纪的陈词滥调把教授刻划得毫无骨气、充满奴性，把他们描绘成亚里士多德和神父们的卑屈追随者……丝毫不敢偏离权威的指挥。当然，的确是有很多神学上的限制，但是在这些限制的范围内，中世纪学者有相当大的思想自由和言论自由。几乎没有一项教条，不论是哲学的还是神学的，不曾受到中世纪大学学者们细致的审查

① 威尔·杜兰：《世界文明史·信仰的时代》，下册，东方出版社1999年版，第1290页。

和批判。可以肯定地说，中世纪的学者，特别是那些专门研究自然科学的学者，并不认为自己受到了古代或宗教权威的限制和压迫。”①的确，只要学者们研究成果不对神学信条造成致命威胁，教会就不会走向极端。

考察经院哲学与近代科学的关系，不能忽视一个明显的事实：对科学事业做出重大贡献的近代科学家本身，差不多都具有大学教授和神学家双重身份，无人不具有神学信仰。如哥白尼(1473—1543)曾在克拉科夫大学和意大利的波洛尼亚和帕多瓦等大学学习，但他又担任教士职务；布鲁诺(1548—1600)则始终是教士身份；伽利略曾任教比萨大学和帕多瓦大学的教授，但他并不否认上帝的存在。牛顿是近代科学史上里程碑式的人物，他的思想活动具有典型意义。他说：“上帝是一个代名词……一个人要证明有一个完美的存在(being)，却未同时证明他就是造物主或万物的创造者，则就尚未证明上帝的存在。一个永恒的、无限的、全智的、最完美的却无支配权的存在，不是上帝，而是自然……上帝的神性最好不由抽象的概念，而由现象，由它的最终原因来证明。”②牛顿并没有抛弃对上帝的信仰。与牛顿相类似的是，波义耳临死时留下 50 英镑作为讲座基金，以求论证上帝存在。在这些自然科学家那里，上帝并非不存在，上帝与自然的关系仍然是创造者和被创造者的关系，但自然是一个完全独立的研究对象，一个不同于上帝本身的理性可以认识的对象；在近代科学研究活动中，科学家已经不再使上帝及其相关教义纠缠和限制自然研究过程，研究活动不再以上帝为既定对象，换言之，上帝被放在了一边。从这个意义上，恩格斯说，“上帝在信仰他的自然科学家那里所得到的待遇，比在任何地方所得到的都坏。”③

如何解释基督教会对近代科学家的迫害？这要从基督教会教义学的发展史说起。“地心说”最初是由古希腊学者提出的，后经亚里士多德，特别是托勒密的阐发，形成为一种完整的学说。这一学说因符合教会主张的上帝“创世说”，而被纳入到基督教信仰之内，成为其最基本的教条之一。教会为了维护自身的权威，便不得不极力维护信仰体系。然而，哥白尼“日心说”所标志的近代科学革命，首先且直接冲击的正是基督教会坚守的“地心说”信条。罗素说：

① 林德伯格：《西方科学的起源》，第 220 页。
② 阎康年：《牛顿的科学发现和科学思想》，第 445 页。
③ 恩格斯：《自然辩证法》，人民出版社 1971 年版，第 178 页。

“哥白尼是一位波兰教士，抱着真纯无暇的正统信仰……他的正统信仰很真诚，他反对认为他的学说与《圣经》相抵触的看法。”[1]事实确实如此。哥白尼在《天体运行论·导言》写道：“如果真有一种科学能够使人心灵高贵，脱离时间的污秽，这种科学一定是天文学。因为人类果真见到天主管理下的宇宙所有的庄严秩序时，必然会感到一种动力促使人趋向于规范的生活，去实行各种道德，可以从万物中看出来造物主确实是真美善之源。”不幸的是，这位怀有探寻上帝的创造物之“庄严秩序”使命的虔诚教士，其智力活动的成果即“日心说”，却颠覆了基督教教会极力维护的根本教条之一，损害了教会的权威，这如何不引起教会组织的恐慌与震怒？于是，教会组织为了维护其本身把持的教义解说权的权威，对任何忤逆的学说实施干预与惩罚，成为必然。这便是我们通常所说的基督教会迫害近代科学家的真相。这种情形很类似斯大林位维护自身权威以“反马克思主义”罪名对那些虔诚的马克思主义信徒所实施的迫害。

法国思想家伏尔泰(1694—1778)说，传教士告诉孩子们上帝存在，而牛顿则向人们证明了宇宙是上帝智慧的杰作。近代以来科学家普遍持有的信念是，上帝以理性创作宇宙，为它制定了秩序和规则，而被上帝创造并被赋予理性和自由意志的人类的使命，则是探索被上帝隐藏的自然法则。这可以解释为什么近代以来科学家普遍怀有宗教情怀，甚至连牛顿之后最伟大的科学家爱因斯坦也不能脱离这种情愫，认为“科学撇离宗教便是跛子，宗教撇开科学便成了瞎子”。可以说，即使到今天，经院哲学中培育的对上帝理性的坚定信仰，仍然是很多西方科学家探索宇宙规律的重要动力。

我们认为，对于经院哲学的评价，从长期的历史过程，不应仅仅注意它的神学性质，更应该注意它内部的活跃因素，即理性与逻辑思辨方法的积极意义。经院哲学在本质上是神学，但是，它在既定的神学前提下并不排斥理性与逻辑，相反，它极力运用理性与逻辑思辨来维护神学。经院哲学的特点是，“漠视事实和科学，在仅凭观察才能决定的事物上偏信推理，以及过分强调语言上的区别和其精微意义。”[2]换言之，经院哲学家把锐利而深沉的智慧和大量的闲暇时间，荒废在非常有限的任何自然事例所不能证明的那些东西上，从而陷

① 罗素：《西方哲学史》下卷，第44—45页。

② 罗素：《西方哲学史》上卷，第580页。

入了万劫不复的繁琐论证的泥潭而不能自拔。不过，经院哲学致力于理性逻辑的开发和运用，是不可否认的。在这种不断的机智努力中，科学思维所需要的严密逻辑推理的习惯不知不觉地培养起来了。近代科学家接受了这种必要的严格训练，转向自然现象的研究时，便形成了近代科学思维方法。从这个意义上，经院哲学为科学铺平了道路，功不可没。

科学史家丹皮尔有一段精辟的分析，可为不易之论："经院哲学的代表人物采取了解释者的态度；创造性的实验研究是与他们的观念不相合的。可是他们的理性的唯知主义，不但保存了而且还加强了逻辑分析的精神，他们关于神和世界是人可了解的假设，也使得西欧聪明才智之士产生了一种即使是不自觉的也是十分可贵的信心，即相信自然界是有规律和一致的；没有这种信心，就不会有人去进行科学研究了。文艺复兴时代的人，一旦摆脱了经院哲学权威的桎梏，就吸收了经院哲学的方法给予他们的教训。他们本着自然是一致和可以了解的信念，开始进行观察，用归纳的方法形成假设以便解释他们的观察结果，然后又用逻辑的推理演绎出推论，再用实践去加以检验。经院哲学训练了他们，结果反而叫这些人把它摧毁。"[①]丹皮尔所说的"经院哲学权威的桎梏"是指思维过程的神学权威前提。理性的逻辑分析原则脱离神学戒条和神学权威前提而转向自然现象的观察和分析，并与系统的实验相结合，是一个渐变的潜移默化的过程；在这个过程中，古代文化遗产经受经院哲学的改造和加工后，最终走向了近代的科学思维方式。从这个角度，无视经院哲学在古代文化遗产和近代科学思维之间的中介和桥梁作用，是不符合历史事实的。研究欧洲科学思维发展史，不应该忽视经院哲学的作用，而应该对它进行充分的分析和考察，并做出公允的评价。

作者简介：张绪山，1963—　，1991—1999 年留学希腊，就读于萨洛尼卡亚里士多德大学语言学院和艾奥尼纳大学历史考古学系，1998 年获博士学位。现为清华大学人文学院历史系教授，北京大学、南开大学兼职教授。主要研究领域涉及拜占庭史、中西交流史等，著有《6—7 世纪中国和拜占庭帝国关系》(希腊文)，在中华书局、商务印书馆出版《中国与拜占庭帝国关系研究》、《封建社会》等多部著作。

① 丹皮尔《科学史》，第 153 页。

哈德良:不倦的旅人

宋立宏

animula vagula blandula,
hospes comesque corporis,
quo nunc abibis? in loca
pallidula rigida nubila —
nec ut soles dabis iocos.

小魂灵,小游荡的,小可爱,
肉体的访客和侣伴,
你如今要前往何方?那地
苍白、荒凉、昏暗——
你也开不了往日的玩笑。

在过去几十年中,罗马皇帝的学术传记不断涌现。迄今为止,前期罗马帝国的重要皇帝都有了传记,奥古斯都、尼禄、卡里古拉等著名皇帝的传记甚至不下五六部。这一现象在方今强调自下而上的历史研究大潮中不啻为逆流,其出现颇有助于我们咀嚼历史的耐人寻味之处。罗马帝国的所有文献是贵族写给贵族看的,下层人民不具备阅读它们的能力、闲暇或品味。古典历史学家对此了然于心,塔西佗从不会用《新约》的口气谈论奴仆和渔夫,阿米亚努斯·马尔凯利努斯(Ammianus Marcellinus)甚至为自己把笔墨浪费在下层人民身上而向读者道歉。古今对照之下,便出现了吊诡:古代盛行直接民主,精英名流却对芸芸众生不屑一顾；而今高倡间接民主，他们反倒对大众文化津津乐道。那些坚持为帝王将相立传的历史学家认为，他们不过是按照史料能反映出的历史行事罢了。但由于是逆流而动，自然容易招致非议。弗格斯・米勒对当代罗马史研究影响重大，他对帝王传记作为一种体裁的质疑颇为中肯，而且具有代表性。在他看来，至少需要满足下面两个条件中的一个，才有可能去写一部帝王传记：要么这位皇帝是“真正的革新者”，要么“有足够多的直接来自他的材料”。① 换言之，前一个条件是说值不值得写，后一个条件是说写不写得出来。

哈德良无疑是值得写的。他甫一登基便从美索不达米亚和亚美尼亚撤兵，不久又在日耳曼、不列颠和北非建造人工边界(limes)，这些举措宣告帝国过度扩张的时代从此结束，罗马史上最强盛、最安宁的一段时日由此肇始。然而，哈德良传能否令人满意地写出来？这个问题的答案就不那么肯定了。

哈德良在位时间为公元 117 至 138 年。今人了解公元 117 到 284 年间罗马史的惟一详实的古代文献是《奥古斯都史》(*Historia Augusta*)。这是一部迷宫般的托名之作，自赫尔曼・德绍(Hermann Dessau)于 1889 年发表文章以来，几代学者围绕书的作者、成书年代和作伪动机展开了激烈争论，至今歧说纷纭。安东尼・伯利在其近著《哈德良：躁动不安的皇帝》中倾向于认可目前占据主流的观点，即成书于 4 世纪末(第 4 页)。除此之外，尚有 3 世纪初卡西乌斯・狄奥(Cassius Dio)的《罗马史》，但有关哈德良的部分(卷 69)只保留在拜占庭时期所做的摘要中。有没有直接来自哈德良的史料呢？有，但屈指可数。哈德良喜欢舞文弄墨，甚至写过一部书信体自传，②可最终只有几首短

---

① Fergus Millar, “Review of F. Grosso's *La lotta politica al tempo di Commodo*,” *Journal of Roman Studies* 56(1966), p. 244.

② 19 世纪末在埃及 Fayum 地区发现了一份纸草残卷，上面几行希腊文被当作哈德良失传的自传，现藏芝加哥大学哈斯克尔东方研究所。此信表明哈德良自传写于他临终前不久，而且是写给其继位者安东尼・庇护的。可读内容的译文如下：“皇帝凯撒・哈德良・奥古斯都向他最令人敬重的安东尼问好。首先，我想让你知道，我正从生命中解脱出来，既不为时过早，也并非不合情理、令人遗憾、突如其来或官能受损，即使我看起来似乎——这我察觉到了——已伤及你，而你坐在我床边，不停安慰我，鼓励我挺住。因此，我感到我必须把下面这些写给你，以宙斯的名义，我不是要巧妙地画些庸俗的画、文过饰非，而是要直白、精确地陈述事实本身(……)我的生父四十岁病死时是没有官职的公民，因此我已比他多活了二十年，并已快和我母亲的年龄一样大了……”参见 Jan Bollansée, “*P. Fay.* 19, Hadrian's Memoirs, and Imperial Epistolary Autobiography,” *Ancient Society* 25(1994), pp. 279 - 281。

诗传世，其中最著名者正是本文开篇所引的临终绝笔。另外，几条铭文记载了他发表的演讲，若干法律条文保留了他对法律疑问的批复。

尽管史料残缺空白之处所在多有，但伯利仍然贡献出一本长达 400 页（正文 307 页）的传记。读后让人感到，史料的局限似乎并未妨碍作者完整而匀称地再现出哈德良的一生。这在很大程度上归功于作者娴熟运用了大量铭文、钱币和纸草，其中有些是上世纪中叶以后新发现的，譬如写到哈德良长城时使用了雯都兰达（Vindolanda）木牍文书（第 134 页以次），写到犹太人叛乱时使用了巴尔·科赫巴的纸草书信（第 269 页以次）。[①] 要想把这些零碎断烂的材料拼合连缀成条理井然的叙事，绝非易事。不过伯利做得极为出色，尤其在利用它们考证相关年代方面令人印象深刻。作者还明确界说了根据史料所做的推测乃至猜测的部分，从而使哈德良的生平行止前所未有的清晰起来，这堪称此书取得的一大成就。

全书除引言后记之外共 21 章，可分为两部分。前 7 章致力于重构哈德良 41 岁登基前的事迹。哈德良虽然生于罗马，但即位前已有大半时间逗留在意大利之外，故相关直接记载甚为稀少，伯利在这部分主要利用了小普林尼的著作，后者的书信和颂辞多次提及哈德良的亲戚朋友。后 14 章细致考察了哈德良的统治，系全书重点所在。哈德良在位期间（共 21 年）两度长途旅行，足迹几乎遍及帝国各地，在环地中海欧亚非三大洲的许多城市中，今天仍可看见纪念他到访的建筑或铭文。因此，他在位期间有一半以上时间不在罗马城，这是他异于其他罗马皇帝最明显之处，也是本书副标题“躁动不安”（restless）一词的明指。故后 14 章基本按照他在行省中的巡行路线组织起来。古代作家普遍认为，哈德良之所以嗜好旅行，能爬上叙利亚的山顶观看日出，并沿着尼罗河探访古迹，乃是受其不知餍足的好奇心驱动。但伯利的考察表明，这不仅仅是个人兴趣的反映，也是管理帝国的一种方法。哈德良可以借机视察边防、整饬军纪、确保军队忠诚，同时又可以督察地方官员的业绩，以决定他们日后的升迁。更重要的是，此举是加强中央与地方沟通的重要途径，哈德良往往及时出现在需要他的地方，通过财政资助、兴修土木等形式满足臣民的要求。说到

① 汉语世界的译介，参看邢义田：《罗马帝国的“居延”与“敦煌”——英国雯都兰达出土的驻军木牍文书》，载氏著：《地不爱宝：汉代的简牍》，中华书局，2011 年，第 258—284 页；宋立宏：《犹太集体记忆视域下的巴尔·科赫巴书信》，《历史研究》2011 年第 2 期，第 110—124 页。

底，巡行帝国各地是哈德良革新行省管理的重要措施。

伯利虽然按时间顺序编排全书，但书中有两个主题反复出现，它们体现了作者对哈德良的公共形象的理解。一方面，伯利把哈德良塑造成一个“新的奥古斯都”，指出哈德良希望臣民将他视为第二位奥古斯都，故在许多方面刻意模仿罗马帝国的缔造者：大至放弃领土扩张，改革军队；小至佩带刻有奥古斯都头像的图章戒指，在钱币上使用让人联想起奥古斯都的姓名，乃至迟迟不肯接受“祖国之父”(pater patriae)的称号等（第96、108、111、118、147、200、203、215、296页）。哈德良努力经营这一公共形象，显然是为了强调他对政治传统的继承。这里或许值得注意但被本书忽略的另一处联系是哈德良的建筑活动。在所有罗马皇帝中，哈德良恐怕最能洞察建筑对公众心理的影响。他统治期间热衷于资助各种纪念性建筑的修建，流传至今的此类建筑是罗马帝国最经久的物质遗产，不仅在当时为各行省打上了“罗马”的印记，还塑造了后人对“帝国”的想象。哈德良在这方面可能也以奥古斯都为榜样，因为除了奥古斯都，只有他才对帝国全境的城市投入了如此多的私人关注。[①] 以罗马为例，奥古斯都改造罗马后，曾夸耀自己发现的是座砖坯之城，而交付的是座大理石之都。罗马城内的万神殿(Pantheon)最初由奥古斯都的将军兼女婿阿格里帕为皇室所建，后遭焚毁。今日游客所见的万神殿，其实是哈德良大约在118—125年间重建的，但哈德良没有把自己的名字镌刻其上，而仍沿用最初的题铭：

M・AGRIPPA・L・F・COS・TERTIVM・FECIT
（路奇乌斯之子、三次出任执政官的马尔库斯・阿格里帕修建）

这未尝没有在公共领域内维持政治传统连续性的考虑。

另一方面，伯利突出强调了哈德良是一位希腊文化爱好者。他自幼喜读希腊文学，以致获得带有鹦鹉学舌之义的绰号“小希腊人”(Graeculus)。成年后出任雅典的执政官。登基后对希腊文化的崇敬愈发不可收拾，甚至亲自出席了位于厄琉西斯(Eleusis)的秘仪，此地距离雅典城西北18公里，每年举办

---

① 参看 Mary T. Boatwright, *Hadrian and the Cities of the Roman Empire* (Princeton: Princeton University Press, 2000), p. 12。

全希腊影响最大的秘密祭典，庆祝谷物女神德墨忒尔将其女儿救出冥府，以此祈盼美好的来世；哈德良是奥古斯都之后第二位参加这一秘仪的罗马皇帝。皇帝的喜好必然影响他的决策。他像伯里克利那样把雅典建设成希腊世界的中心；他觉得犹太人独特的生活方式实在与希腊世界格格不入，遂想把耶路撒冷改造成希腊城市，并下令严禁割礼，这可能引发了他在位期间最严重的一次叛乱，犹太人后来一提到他的名字，总不忘在后面加上犹太教最刻毒的祝祷——"愿他的尸骨被碾作尘"。伯利把希腊人对他的赞美和犹太人对他的诅咒都归咎于他的希腊化政策。这种解释合情合理，与我们从古代文献中获得的印象是一致的。不仅如此，拉丁文化在公元2世纪处于衰落状态，塔西佗和尤维纳尔(Juvenal)是最后两位用拉丁文写作的大作家。与此同时，希腊文化却呈现蓬勃复兴之势。希腊人虽然丧失了政治独立，但始终对自己悠久璀璨的古典文化念兹在兹，视希腊本土在文化上独立并高于罗马。① 哈德良之热爱希腊文化，既顺应了这一历史潮流，又为其推波助澜。他最早将希腊本土的希腊人劝说进罗马元老院，且直到他统治时期才有希腊人管理说拉丁语的西部行省(第305页)。哈德良显然是诚心诚意地将希腊人纳入统治阶级。可以不怎么夸张地说，他为希腊文化的繁荣所奠定的基础，最终导致罗马帝国蜕变为拜占庭帝国。拜占庭人后来骄傲地自称为"罗马人"(Rhomaioi)而非"希腊人"(Hellenes)，恐怕不能说与哈德良的遗产毫无瓜葛。

不过，如果把哈德良的个性和癖好一律归咎于希腊文化影响，似乎有点求之过深。哈德良成年后蓄着精心修饰的胡子。伯利认为他是几个世纪以来第一个下巴没有刮干净的罗马要人，这表明他受到希腊文化，特别是爱比克泰德学说的熏染(第61、81页)。其实，虽然大多数早期罗马皇帝的肖像显示了光滑的下巴，但尼禄和图密善就留下了蓄胡的肖像。弗拉维王朝钱币上的王子也常常有胡子。另外，不应忘记，那些白色的古代大理石像原本是着色的，即使它们画有胡子，如今亦已铅华褪尽。

从古代起，哈德良的名字就与安提诺乌斯(Antinous)这个名字如影随形。后者是今日土耳其境内的一个乡村少年，他可能从123年起伴随哈德良左右，直到七年后在尼罗河溺水身亡。伯利主张，哈德良与这个娈童的关系，是年长

① 参看 E. L. Bowie, "Greeks and Their Past in the Second Sophistic," *Past and Present* 46(1970), pp. 3－41。

的“爱者”(erastes)与年少的“被爱者”(eromenos)之间的希腊式爱情。考虑到哈德良对希腊文化的偏爱和安提诺乌斯本人是希腊人，这似乎言之成理。但应该看到，这种行为在罗马社会中司空见惯。许多罗马男子，不分贵贱，是当下术语所谓的双性恋，只要在性行为中担当主动角色，他们就不会质疑自己的男性气概。如果说这些人统统受了希腊文化影响，显然是不可思议的。事实上，真正让古代作家诧异的，不是这种关系本身，而是哈德良对安提诺乌斯之死的反应。他非但不顾及自己的身份而“哭得像女人”，还把诸多荣誉立即加给身份低微的安提诺乌斯。埃及流传一种古老的风俗：凡是溺亡于尼罗河中的人，都会如奥西里斯(Osiris)神一般复活，由此获得神性。哈德良先是鼓励埃及百姓将安提诺乌斯尊崇为奥西里斯的化身[①]；几天后，又在他溺水附近建造了“安提诺乌斯市”(Antinoopolis)，正是在这座希腊城市里发展出对安提诺乌斯的膜拜，安提诺乌斯开始被混同于希腊的酒神、林神、狩猎神等。这一膜拜传播极快，帝国东部说希腊语的许多城市甚至发行了有他肖像的钱币，而他的雕像和神祠遍布罗马帝国全境。存世的安提诺乌斯大理石像多达约 100 座，数量仅次于奥古斯都和哈德良本人的，已构成古典古代不可磨灭的遗产。这种膜拜能够迅速流行，当然与帝国各地城市想要借机向哈德良示以政治忠诚有关。然而，它是怎样流行起来的？这点以前并不清楚，但考古学家最近在伯罗奔尼撒半岛的发掘已显示，希腊上流社会，尤其是最早一批进入罗马元老院的希腊元老，看来是这一膜拜的主要推手。[②] 尤可注意的是，安提诺乌斯膜拜并没有随哈德良的去世而告终，因此，尽管这种膜拜起初的政治目的昭然若揭，但后来却得到不少说希腊语民众真心诚意的拥护。2 到 5 世纪的基督教教父们曾对安提诺乌斯厉声讨伐，自然是把他当成了耶稣基督的竞争对手。无论如何，通过膜拜安提诺乌斯，希腊民众既强化了自己的希腊认同，又表达了对罗马的效忠，而这即使放在今天看，仍然匪夷所思。

除了安提诺乌斯，伯利还对哈德良周围其他人的生平交游详加考证。换言之，作者采用了“族谱学”(prosopography)的方法。这并不让人意外，伯利

---

① 梵蒂冈博物馆现藏一座高 241 厘米的奥西里斯扮相的安提诺乌斯大理石像，图版参见 Thorsten Opper, *Hadrian: Empire and Conflict* (Cambridge, Mass.: Harvard University Press, 2008), pp. 175 - 176. 三岛由纪夫对安提诺乌斯雕像的奇思妙想，参见三岛由纪夫：《安提诺乌斯》，载氏著：《残酷之美》(唐月梅译)，中国文联出版社，2000 年版，第 117—128 页。

② Thorsten Opper, *Hadrian: Empire and Conflict*, pp. 168 - 193.

是罗纳德·赛姆的亲炙弟子，而赛姆是举世公认的用族谱学研究罗马史的集大成者。使用这种方法显然怀有一种信念：只有把皇帝本人放到他所属的社会群体中去，才能充分理解他。伯利在搜集与哈德良往来之人的资料方面可谓竭泽而渔，其用力之深之勤从书后长达16页的人名索引中可见一斑。在此基础上，他通过揭示这些人的籍贯、通过稽考他们彼此之间由联姻和收养而形成的亲属关系，来判断他们的政治倾向和政治影响，从而令人信服地再现了当时统治阶级的社会交往和生存氛围。然而，族谱学的方法也对读者的知识储备提出了相应的要求，如果对罗马人的姓名、对帝制时期的职官及官员的晋升程序（cursus honorum）缺乏较细致深入的了解，书中众多人名会使人生发汗漫无归之感。此外，这一方法虽然在研究人数较少的精英集团或信息较少的社会时能取得良好效果，但它往往忽略对制度，尤其是法律制度的探讨。而这在哈德良统治期间恰恰是相当重要的一环。罗马公民权在哈德良时期得以进一步普及，他发明了一种"大拉丁权"（Latium maius），一旦拥有它，城市市议会的所有成员（decuriones）都享有罗马公民权；而在以往拥有"拉丁权"（ius Latii）的城市中，只有卸任的城市行政长官才能得到罗马公民权。公民权的普及意味着公民权的贬值。为了维护森严的等级制度，哈德良在司法领域内把帝国居民分为"上等人"（honestiores）和"下等人"（humiliores），此举最终取代了公民与非公民之分。① 哈德良在法律方面产生深远影响的另一举措，是统一了大法官（praetor）的告示，这在很大程度上规范了市民法。但这些重要内容在本书中没有得到应有重视：伯利要么完全忽略了它们，要么出于显然是研究方法的考虑而将之一笔带过。②

哈德良的性格在古人眼中是个谜。他平素好开玩笑，但并不招人喜欢。虽然坚持人有上下等之分，他却以亲民著称。他常常去公共浴室洗澡，有一次

① 参看 Peter Garnsey, *Social Status and Legal Privilege in the Roman Empire* (Oxford: Clarendon Press, 1970)。

② 值得指出的是，在罗马史的特定语境中，学者们通常以宗族（gens）为单位，把属于同一个（或几个）宗族之人的生平放在一起进行研究，以揭示他们共同的背景特征，所以这里将"prosopography"译为"族谱学"。从学术史的角度看，19、20世纪之交罗马史研究的主导范式由蒙森（Theodor Mommsen）奠定，蒙森系律师出身，特别善于发现法律制度对罗马史的影响。而以赛姆等人为代表的族谱学学派有刻意贬低制度因素的倾向，这其实是对蒙森所代表的那种范式的反动。学界近期对族谱学方法的反思，参看 Averil Cameron, ed., *Fifty Years of Prosopography* (Oxford: Oxford University Press, 2003)。

看到一个认识的老兵把前胸后背贴在墙上来回搓，一问才知此人退伍后生活拮据，身边没有奴隶服侍，哈德良遂把几名奴隶和养奴隶的钱一并赐给他；后来澡堂里好些老者当着他的面以身搓墙，他命人将他们带出澡堂，让他们互相搓到趴下。有的玩笑听得人笑不出来。他布下众多眼线监视朋友的私生活。有个妻子写信给丈夫，抱怨他成天流连澡堂，乐不思归。此人请求告退之际，哈德良提醒他别流连澡堂，他回答"我老婆肯定没把她写给我的东西也写给你！"哈德良是全才，诗歌、哲学、音乐、绘画、算术、占星、兵器、战略、账务样样精通。争强好胜难免流于刻薄。诗人弗劳茹斯(Florus)给他写过一首短诗，拿他的热衷旅行开玩笑：

我不要当皇帝，不要	ego nolo Caesar esse
漫步在不列颠人当中、	ambulare per Britannos
——〈此行已佚〉	——
忍受西徐亚人的霜冻。	Scythicas pati pruinas.

哈德良写诗回敬：

我不要当弗劳茹斯，不要	ego nolo Florus esse
漫步在小酒馆、	ambulare per tabernas
出没在小饭馆、	latitare per popinas
忍受圆鼓鼓的蚊蚋。	culices pati rotundas.

"弗劳茹斯"希腊文谐音"φλαῦρος"的意思是"琐碎的、庸俗的、无价值的"。《奥古斯都史》的作者认为，哈德良"集严峻与和蔼、尊贵与诙谐、冲动与迟缓、吝啬与慷慨、欺瞒与直率、残酷与仁慈于一身，并总是在一切事务上善变。"一言以蔽之，他的性格也是"躁动不安"的。这实在值得庆幸，我们从中知道这位皇帝既非正面英雄亦非反面恶棍，他不是某种刻板典型的化身，而是活生生的人，敏感、复杂得就像现代小说中的人物。

该书全景式地展现了哈德良作为皇帝的所作所为，阅读它仿佛步入一座哈德良的博物馆，伯利领着我们在每件展品前驻足讲解，但行至出口处，回望那些洁白、冰冷、闪着幽光的大理石像，遥想那缕跃动、飘荡的纤纤亡魂，我们不禁要问，刚才是否触摸到哈德良引起现代人共鸣的心灵深处？恐怕没有。哈德良传能否写出来的疑问依然顽固地存在着。这里不得不提一本性质特别的书——法兰西学院三百年来首位女院士玛格丽特·尤瑟纳尔的《哈德良回忆录》。尤瑟纳尔上世纪20年代沿地中海广泛游历，其间读到福楼拜一段话，说哈德良生活在一个罗马众神已无人信奉而基督教又尚未确立的时代，她大受触动之余，蓦然发现写哈德良就是自己的宿命。经过漫长酝酿和反复试写，她找到了切入口，决定为哈德良那部被历史黑洞吞噬的自传招魂。1951年，这本以第一人称写就的杰作终于问世。此书虽为小说家言，但向来为不少职业历史学家推崇，权威的《牛津古典辞书》第二版（*The Oxford Classical Dictionary*, 1970）“哈德良”条目下所附参考书目中就列有此作。[①] 尤瑟纳尔的书代表了一颗敏感的现代心灵尝试感知一颗古代心灵的最高结晶；而伯利是书资料齐备、考证精细，将在很长一段时间内作为哈德良生平的标准记录，为研究者所必读。

（Anthony R. Birley, *Hadrian: The Restless Emperor*. London and New York: Routledge, 2000. 平装本；玛格丽特·尤瑟纳尔：《哈德良回忆录》，陈筱卿译，东方出版社，2002年版。）

作者简介：宋立宏，1974— ，南京大学宗教学系教授，主要研究方向为犹太教、犹太史、古代地中海世界的宗教和历史，已出版译著、论著多部。

---

① 1984年，即《哈德良回忆录》英译本问世30年后，赛姆有感于它在职业历史学家中引起的巨大反响，在牛津大学发表演讲，一一列举书中与史实出入之处，认为此书不是“历史小说”（historical fiction），而是“虚构的历史”（fictional history），与《奥古斯都史》类似。此演讲可视为史学界对此书的盖棺定论，参看 Ronald Syme, “Fictional History Old and New: Hadrian,” in *idem*, *Roman Papers* VI (Oxford: Clarendon Press, 1991), pp. 157 - 181。

被遗忘的“命中注定”
——赫西俄德视域下的神世—人世秩序研究

肖训能

摘　要:《神谱》中的历代神王都陷入了“命中注定”(πέπρωτο)的锁缚之中,宙斯之所以能成为最终的“神和人的父”,乃在于其采取智谋,冲破了“命中注定”的锁缚,由此奠定了神世秩序的根基。继而在《劳作与时日》中,赫西俄德将人世的正义秩序建立在宙斯的神权秩序基础之上。因此,赫西俄德便似乎是在秉承神意、刻意遗忘“命中注定”,其结果便是:承认并接受来自宙斯及诸神分配的“命运”(μοίρα)。

关键词:赫西俄德　命中注定　命运　正义

在写作主题上,赫西俄德的《神谱》在叙述诸神谱系,但更关键的,作为最终“神和人的父”的宙斯其治下的神世秩序是如何建立的才是赫西俄德关注的核心。宙斯的神权之所以最终得以确立,乃建基于其采取智谋并冲破了“命中注定”(πέπρωτο)——这一连神王都无法抗拒的定数与必然性的锁缚。在此基础上,赫西俄德的这一转变才成为可能,即从《神谱》中的神世秩序之建立转向了《劳作与时日》中的人世正义。可以说,人世[的正义]才是赫西俄德的原初关切。

一、引言:宙斯的“骨刺”

针对赫西俄德视域下的神世—人世秩序的关联,首要的问题是,赫西俄德是如何完成从《神谱》到《劳作与时日》的转向的?由此衍生出两个问题:在宙斯内部真的能够窥得宙斯的全貌吗？在《神谱》内部就能够把握赫西俄德的真实身份吗？

第一个疑问的反向表达是：超出宙斯去理解宙斯是否可能？这里需要对宙斯加一个前置限定，即第三代神王——最终的“神和人的父”，因此超出宙斯也便意味着将研究视野扩展到第一代（最初的）、第二代神王，即乌兰诺斯和克洛诺斯。如此便可发现，乌兰诺斯以及克洛诺斯神权颠覆的根源乃是“命中注定”的（《神谱》行155、464）。也即是说，仇恨、反叛、计谋等等都只是手段、过程而已，“命中注定”才是根源，连最终的神王宙斯身上都被加上了这一“命中注定”的锁缚（《神谱》行894）。可见，“命中注定”这一“骨刺”不除，宙斯坐立难安。因此，对于“神和人的父”之宙斯的解读便应该直接以这一“命中注定”作为平行参照，而其他的细节都是为此服务的。

同样，第二个疑问可表达为：超出《神谱》是否可能？确切地说，《劳作与时日》中人世正义的根基是什么？宙斯的最终意图又是什么？这其中又反映出了赫西俄德这位神话诗人怎样的现世关切？

对于《劳作与时日》的解读是建立在《神谱》解读的基础上之推进，但进入的角度是相同的，即“命中注定”。我们可以在《劳作与时日》的开头窥得基本的方向，即“诸神不让人类知道生活的方法”、“愤怒的宙斯不让人类知道谋生之法”，“他藏起了火种”（行44—50）。于是，劳作成为人得以生存的必然选择。在此，我们暂且搁置宙斯行动的意图，但却有必要留意宙斯的行动手法，即“藏”（κρύψε）。在笔者看来，这一“掩藏”行为与宙斯如何面对“命中注定”直接相关，由此也将《劳作与时日》与《神谱》紧紧栓在了一起，是两者的共同底色。由此，我们也可一窥诗人赫西俄德的叙事意图。

二、疑难：赫西俄德的“命中注定”

（一）“命中注定”与“命运”、“必然性”

“命中注定”一词在《神谱》中的相关希腊词语是πέπρωτο（“命中注定”，行464、475）①以及εἵμαρτο（“注定”，行894）。πέπρωτο（πέπρωται）的意思是

① 赫西俄德著、吴雅凌译释：《神谱笺释》，华夏出版社2010年版，第123页。张竹明的《神谱》译本此词均译作“注定”，本文以吴译本为行文参照，张译本为旁参。

“命中注定”，“注定”，[①]暗含“定命，定数”等意。εἵμαρτο 即“注定的，命中注定”。《神谱》中另一个易于混淆的词语μοῖραν（μοίρα，“命运”，行 520），该词的基本意思是“部分，应得的份额”，以及“定命、命运、死亡”，当其首字母大写时便是“命运女神”（Μορας，行 217）。另外，《神谱》行 422 的αἴσαν（“份额”），词义与μοίρα 相近。

也即是说，《神谱》中的“命中注定”并不是简单地等同于“命运”。“命运”的本意是“部分、份额”，而它的分配者是“命运女神”和宙斯，对象则可以是人也可以是神（《神谱》行 219，520）。而“命中注定”强调的是一种超出神人之外的定数、意志和力量。我们还可以在前柏拉图哲人著述中找到这一含义的类似表达。[②]

被视为西方思想中最古老的箴言——阿纳克西曼德残篇：“万物由它产生都是按照必然性；因为按照时间的程序，它们必受到惩罚并且为其不正义而受审判。”[③]其中的“必然性”为 χρεων（χρειών），意思是“必然，定命；命中注定”。

另外，赫拉克利特残篇 80 的 χρεώμευα 译作“必然性”。[④] 残篇 20 的μόρνος 和残篇 25 的μοίρας 为“命运”，与μοίρα 同义。残篇 119 的δαίμων，译作“命运”，该词义项包括“女神；命运；（人的）守护神”等。[⑤]

巴门尼德残篇 8 和 10 中的Ανάγκη（＝άναγκαίη），即为强大的“必然性”（Necessity）。Ανάγκη 一词的意思是“强迫、必然、自然规律、命运”。而在残篇 8 说到“命运”时用的却是Μοίρ。[⑥]

以上简单的语源梳理表明，在前柏拉图的古希腊语源中，当谈到“命运”时

---

① 本文希腊语义参照罗念生、水建馥编：《古希腊语汉语词典》，商务印书馆 2004 年版。

② 以柏拉图为分界的最基本原因是：一般认为自然哲学到此告一段落（苏格拉底述而不作），而自然哲学在一定程度上与早期的神话叙事有着某种亲缘关系。

③ 海德格尔：《林中路》，孙周兴译，上海译文出版社 2004 年版，第 337 页。

④ 北京大学哲学系外国哲学史教研室编译：《西方哲学原著选读》，商务印书馆 1981 年版，第 27 页。赫拉克利特：《赫拉克利特著作残篇：希腊语、英、汉对照》，罗宾森英译、楚荷中译，广西师范大学出版社 2007 年版，第 90 页。

⑤ 赫拉克利特：《赫拉克利特著作残篇：希腊语、英、汉对照》，罗宾森英译、楚荷中译，广西师范大学出版社 2007 年版，第 30、31、91 页。

⑥ 北京大学哲学系外国哲学史教研室编译：《西方哲学原著选读》，商务印书馆 1981 年版，第 32、33 页。巴门尼德：《巴门尼德著作残篇：汉、英、古希腊语对照》，盖洛普英译、李静滢汉译，广西师范大学出版社 2011 年版，第 87—89 页。

往往有一个背景，即这“命运”是分配的，是一个人或神应得的份额，在赫西俄德和自然哲人那里一般都作 μοίρα 。而论到“命中注定”时，这往往是一种连诸神都无法抗拒的力量因素，它更接近于阿纳克西曼德、赫拉克利特以及巴门尼德思想中的“必然性”，即有其原初的强力、必然等含义。[①]

（二）赫西俄德是否有意遗忘“命中注定”？

这个问题涉及到缪斯与诗人的关系问题（《神谱》行 94—103），其缘起如下：宙斯对“命中注定”的克服（神世秩序）——诗人作为神与人的中介（缪斯女神）——缪斯的仆人诗人咏唱（其作用：使人忘却苦楚，记不起悲伤）——咏唱的内容（“从前人类的业绩或住在奥林波斯山上的极乐神们”）（《神谱》行 100—101）。

宙斯代表着对“命中注定”的克服，而在宙斯之前的“命中注定”运行的时代中人类的确有着“业绩”可言，诗人的咏唱让人回想过去，表面上这是一种“回忆”，实质上却是在呈现“命中注定”的消释过程，以此区分现世与“从前”的界限，教导人类定睛于现世，而现世人类的幸与不幸[的命运]由宙斯司掌。于是诗人代表缪斯继续行走人间——“遗忘”获得了它的神圣职分。因此，“遗忘”并非仅只是一种记忆功能，而是作为神与人的中介——诗人的一重职能而得到宙斯授权的技艺。

此外，在《劳作与时日》的序诗中，赫西俄德虽早早呼吁缪斯来歌颂父神宙斯，但她们刚出现便隐匿了。紧接着，诗人呼吁宙斯出场，而咏唱内容变成了宙斯伸张人世正义。也即是说，赫西俄德在《劳作与时日》中的训诫严格意义上来说并非《神谱》中缪斯赋予诗人的职能，他既没有歌咏“从前人类的业绩”，连一开头对缪斯来歌颂宙斯的呼吁也转眼之间变成了对人世的训诫。可以说，整篇《劳作与时日》都是在歌颂宙斯定下的正义秩序及劳作时令，但也正因如此，《劳作与时日》中的人世已全然处于宙斯治下，这便意味着“命中注定”的全然缺失[而只留下“命运”了]。

所以，赫西俄德叙写《神谱》，其最终目的还是为了回到人世，而他对神谱的记叙其实是在为宙斯的合理秩序奠定根基。由此看来，诗人赫西俄德似乎是有意在遗忘“命中注定”。

---

① 可对参荷马史诗中的“命运”观。陈中梅：《宙斯的天空》，北京大学出版社 2011 年版，第 59 页。

三、冲破"命中注定"之锁缚:《神谱》中的宙斯形象

《神谱》中宙斯最终没有重蹈其父辈覆辙给我们留下一个疑问，即宙斯是如何规避本是"注定"要发生在自己身上的事情？在此基础上，宙斯才重新分配诸神荣誉，又通过神人分离等措施，确立了最终的神世秩序。

（一）现身:《神谱》中的"命中注定"

在"墨提斯神话"(《神谱》行 886—900)中，墨提斯"原来""注定"要生下宙斯的替代者。在乌兰诺斯以及克洛诺斯的神权更替中，他们虽是被其子代推翻，然而这些现象的背后却隐藏着一条"命数"的主线。也即是说，倘若宙斯不采取"计谋"，他也必将重蹈覆辙，不可"避免王权为别的永生神取代，不再属于宙斯"。如果说在古希腊悲剧中，我们看到的是人类容易受到各种运气的影响，人类的幸福依赖于人类自身所不能控制的一些东西，而人通过理性寻求一种自身的限度和自足。[①] 那么，古希腊诸神(神王)的境遇并不比人好多少。他们受着"命数"的钳制，恐惧、害怕促使他们千方百计地采取计谋为了防止新生神对自己神权的颠覆(《神谱》行 154—159，208，461—462)。

那么，何为"命中注定"？又是谁施加这"命中注定"于神世之上？

《神谱》文本透露，是大地和天空告诉克洛诺斯有关他自己和自己"强大儿子"的事(《神谱》行 463—465，475—476)，此前也是在大地的计谋之下，克洛诺斯才得以推翻乌兰诺斯的王权(《神谱》行 171)——大地的身份由此变得非常可疑。但从"墨提斯神话"以及宙斯神权最终的确立可以肯定:大地和天空也只是"知道""注定"要发生的事。而在这几次的神权更替中，大地也是备受牵连和痛苦(《神谱》行 843，858)。也许，我们只能从神世之外或者在神世的隐秘中去寻找"命中注定"的根源。

诸神世系第一句，"最早生出的是混沌"(《神谱》行 116)，这一句标示着神世的边界，也隐含着三个很可能无解的问题，即(1)此一"最早"代表的次序由谁制定？(2)从何/谁"生出"？(3)为何最早生出的是"混沌"？从《神谱》中，我们无从知晓前两个问题的答案，然而这一神秘的"谁"，以其超出神系之外的身份却与"命中注定"几于同质。这是我们在《神谱》中能找到的关于"命中注定"

① 纳斯鲍姆:《善的脆弱性》，徐向东、陆萌译，译林出版社 2007 年版，第 4—5、23—26、99 页。

的第一个接近性描述。

其次，为何最早生出的是“混沌”？从整个诸神谱系我们看到，“混沌（Χάος，Chaos）”最早生出，也最早消失，或者说，“混沌”一出现便隐匿起来了。[①] 然而，她又不是消声匿迹了——“混沌”从此化身于“夜神家谱”中，夜神家谱的诸神中很少出现神名而只是以一个职能命名（如不和神、誓言女神等）便是一个印证。

“混沌的基本特征是黑暗。[②]”“混沌”（Χάος），有“开口、空洞、张开的深处、一个打开的口子”等意，象征着“完全的混乱”，并且她处于大地之下。[③] 而大地是“那所有永生者永远牢靠的根基”（《神谱》行 117），由大地而生的“繁星无数的天……是极乐神们永远牢靠的居所”（《神谱》行 128）。由此《神谱》描述了一副古希腊的空间图像，而“大地”是这一空间的中界。

至此为止，人格神还未出现，而自然神的世界似乎没有秘密可言。“大地”虽在“混沌”之上，然而同时也是由“混沌”所承载——亲密而又区分着。亲密——亲密到一个程度，大地可以“知道”从“混沌”中生发抑或输送出来的必然性之“命中注定”的预言；区分——区分的结果是大地最终帮助宙斯建立其神权统治。

那么，由“混沌”所生发抑或输送出来的“命中注定”，这“必然”不是要建立一个秩序的世界，相反，由于“混沌”自身所蕴含的混乱、幽暗，必然性之“命中注定”的结果就是要撕裂大地以及其所承载的神世秩序。然而，同样由于大地对“命中注定”的先知先觉，以至于她一方面可以策动克洛诺斯对乌兰诺斯的反叛，她也同样可以帮助宙斯稳固王权。

阿那克西曼德残篇：“根据必然性，单个生物的生是从哪里来，他们的死也就从哪里来。他们在规定的时间内受到惩罚，并且由于自己的渎神行为遭到了接二连三的报复。”[④]我们可以从前苏格拉底的自然哲学家的思想中发现这一思想的脉络。非但人世处于诸神“命运”的锁缚之中，连诸神也有着无法抗拒的必然性之“命中注定”。“与必然斗，神们也不干。”[⑤]

---

① 除《神谱》第 116、123、700 行三处外，“混沌”消声匿迹。

② 赫西俄德著、吴雅凌译释：《神谱笺释》，华夏出版社 2010 年版，第 192 页。

③ 赫西俄德著、吴雅凌译释：《神谱笺释》，华夏出版社 2010 年版，第 191—193 页。

④ 舍斯托夫：《旷野呼告 · 无根据颂》，方珊等译，上海人民出版社 2004 年版，第 6 页。

⑤ 柏拉图：《普罗塔戈拉》，刘小枫译，345d5，未刊文。

（二）警觉:“命中注定”之宙斯的危机

乌兰诺斯、克洛诺斯在“命中注定”的锁缚中一个个跌下神王宝座，这引起了第三代神王宙斯的警觉。

乌兰诺斯在没有大地的预告下便已警觉到自己的王权恐将丧失，这或许与他和大地的联合（尚未分离）有关，因此乌兰诺斯也就与“混沌”有着一种直接联系，甚至他自身就有着一种与“混乱”相关的特质——纵欲无度。大地无法承受乌兰诺斯的“混乱”，自导了第一出“政变”。结果是克洛诺斯割下了父亲的生殖器，天地由此分离。克洛诺斯没有先知先觉，而是透过大地和天空的“预言”才知道自己将被后代所取代，最终也正是自己的父母帮助其最小的儿子宙斯而再次实现神权更替。按着“命中注定”的常理，这种更替很可能是永无止尽的轮回。虽然大地这次帮助了宙斯，但大地也只是在促成“命中注定”的成全。

摆在宙斯面前的是两个完全不同的“政变”类型。其一，乌兰诺斯是在大地的策反下倒台，其结果是天地分离，克洛诺斯在自己母亲的扶持下成为第二代神王；其二，克洛诺斯在母亲的预言和计谋的参与下，再次被取代，宙斯“在该亚的忠告下”，被“推选”为神王。大地在这两次“政变”中起着不可取代的作用。那么，宙斯会如何看待大地及其“预言”能力？

无疑宙斯对此心生警觉，而且宙斯燃起的警觉应是直指“预言”——“命中注定”之命数。但为什么只有宙斯最终得以如愿克服自己身上的“命中注定”？这里便隐含着一条神性演变的线索，即:第一代至第三代神王的更替也是自然神向人格神的确定过程。另外，这三次神权更替，也让我们看见“命中注定”与大地的密切关联。这一点无疑也为宙斯所发现，因此其对“命中注定”的克服归根结底来说，即是对“大地”的“去神化”、“去自然化”，宙斯的启蒙便在于此。

（三）解缚:宙斯冲破“命中注定”之锁缚

宙斯为巩固神权采取了双重的防范措施:直接的措施是针对眼前“注定的命运”的实体，间接的措施则是通过神与人、自然神与人格神的差序建立从而促使大地无力再倒戈。前者的结果是“在大地和繁星无数的天空的指示下”，将快要生下明眸女神雅典娜的墨提斯吞进了肚腹，以防止新生王的出世。后一种措施则是借助普罗米修斯的反叛，而最终促成了“神人分离”，大地从此再也无反抗之力。而这后一种措施才是宙斯启蒙的核心和关键所在。

不管普罗米修斯是站在提坦神的角度反抗宙斯还是因为他对宙斯最终也将“注定”被取代的“先知先觉”，[①]普罗米修斯并未像其他诸神一样去顺从宙斯，而是意图带动人类一起参与对宙斯的反抗。自从墨科涅分牛事件之后，“生活在大地上的人类在馨香的圣坛上为永生者焚烧白骨”（《神谱》行556—557），“神和人最终分离”便是在墨科涅。宙斯以此为借口不再向人类提供“不熄的火种”，进而激起普罗米修斯“盗火”，接着便是“女人”的出现。

因此，表面上普罗米修斯为了帮助人类不惜反抗宙斯，但也正是普罗米修斯首先把人类牵扯到他与宙斯的对抗之中。然而，宙斯在其计谋中将计就计，并最终在人类身上发现了解决问题的锁钥，女人以及劳作因此而出。

当女人进入人类，对男人来说，女人是不幸、祸害（《神谱》行585—593）。同时，“劳作”被提出来作为男人与女人之间的核心问题。《神谱》没有直接透露在女人出现之前人类是否不需要劳作便可得“吃五谷”（《神谱》行512），但《劳作与时日》却坦言在人类接收宙斯的礼物“潘多拉”——“以五谷为生的人类之祸害”（《劳作与时日》行80—85）之前，“人类各部落原本生活在没有罪恶、没有劳累、没有疾病的大地上”（《劳作与时日》行90）。因此，黑铁种族之前，人类和大地并不是依靠“劳作”建立关系，相反，大地自动为人类生产粮食（《劳作与时日》行118—169）。直至黑铁种族，“人们白天没完没了地劳累烦恼，夜晚不断地死去”（《劳作与时日》行175—180）。

这只是关于人类的层面，更深层次的则是，宙斯造出女人的真正用意是为了用人类的劳作来牵制大地，使大地在人类的劳作中不得安息。从此，人类与大地的关系被锁定在付出与索取回报之中，大地也从此逐渐褪去了她的“神性”光辉，成为了人类“技艺”的试验场。

通过这样的计谋，宙斯首先克服了他对大地的忧惧，使得大地不再可能像帮助他推翻克洛诺斯那样，再次帮助未来“注定”的新生王发起“政变”。紧接着，在大地和天空的指示下，未来的“注定”的“人和神的王”被宙斯扼杀在摇篮之中。

宙斯此举几近于“弑父弑母”，这“父母”仅是指宙斯对自然性生育法则的固结以及对知悉“必然性”之“命中注定”的大地和天空的去自然化。前者可以

---

① 埃斯库罗斯：《普罗米修斯》，罗念生译，载《罗念生全集（第2卷）》，上海人民出版社2004年版，第116—117、120—122页（第757—770行、907—927行、955—960行）。

从提丰身上看出端倪。提丰是该亚“最小的”儿子，张竹明译作“最后一个孩子”，[①]这便意味着大地该亚生育能力的终结，而提丰差点颠覆宙斯神权，然终究被宙斯制服。可以说，大地自然繁衍能力的终结是与宙斯对提丰的制服，以及劳作的出现同步的。另外，大地生育能力固结的同时，取而代之的是潘多拉作为一个女人的出现，她恰恰弥补了这一大地功能的固结。[②] 问题是，大地是自然而育，潘多拉却是一个技术化的“子宫”。由此宙斯反制“命中注定”的计谋链条便已清晰（这其中前者对后者形成钳制）：

[宙斯造出]女人——[通过不幸，女人好吃懒做等等]——>男人——[通过劳作]——>大地——[褪去神性，切断自“混沌”而出之自然法则的向上传输]——>完成对“命中注定”的克服——>守住神权[神世、人世秩序得以确立]

由此可见，在这一制衡链条中，“女人”是关键，“命中注定”是根本。即是说，“女人”是为代替“命中注定”而被设计出来的，即以“技术性”女人代替“自然性”原初法则的“命中注定”。法国学者居代·德拉孔波认为潘多拉的非自然性，意味着人类的生存变得开始来自于外在的计谋（劳作），从某种意义上而言，不具有本质（nature）了，而人类的存在也只被定义为一种任务。[③]

如此，宙斯依靠自己的“计划”、“思谋才智”逐渐剥离了“命中注定”的效力，继而确立了神世与人世的秩序，成为最终的“神和人的父”。只是不可忘记的是，奥林波斯的光明也是以对“混沌”之“幽暗”以及“命中注定”的克服为前提的。

附：作为“神和人的父”的宙斯

宙斯“神和人的父”这一称谓可分割为：神的父及人的父，这两重身份可直

---

① 赫西俄德：《工作与时日·神谱》，张竹明、蒋平译，商务印书馆1991年版，第50页。即《神谱》第821行。“工作与时日”已根据现行通译改为“劳作与时日”。

② 大地生育能力固结的同时，伴随着大地生产能力的下降，这一点在人类五纪中可以看得非常清楚（《劳作与时日》第158、169、389—393行）。

③ 德拉孔波：《最后的计谋：〈神谱〉中的潘多拉》，吴雅凌译，载居代·德拉孔波等编，《赫西俄德：神话之艺》，华夏出版社2004年版，第80—110页。

接定位到宙斯与两个(类)女神的关系之上。

首先,斯梯克斯作为誓言女神。

前已提到"混沌"世系下的夜神家族,夜神世家的神族有许多可怕的神,然而除了"无情惩罚的复仇女神"(《神谱》220)以及睡眠和死亡神(《神谱》759)对诸神有相应威慑之外(复仇女神甚至能"追踪神们……犯下的罪恶"),其他的神几乎都是针对人类的。而当大洋的女儿斯梯克斯出现的时候,"复仇女神"就开始面临权力的真空。斯梯克斯是连"永生者们"都"憎恶的神","斯梯克斯之水"则追踪神们的重大誓言(谎言—罪)。在与提坦作战前的号召中,斯梯克斯"最先来到奥林波斯"(《神谱》行 397),受到宙斯的重用。以斯梯克斯的职能,必将帮助宙斯对其他诸神形成一种无形的威慑。甚至赫西俄德不惜将专门用于宙斯身上的称谓都用在了斯梯克斯身上——"长生的大洋女儿斯梯克斯意愿如此"(神谱》行 389)。此外,赫西俄德也将多种"最高级别"的修饰语加诸其一身(《神谱》行 361,397)。其次,宙斯对斯梯克斯的任职也是极其特殊的:"他任命她监督神们的重大誓言"(《神谱》行 400),以至于她是"永生者们憎恶的女神,可怕的斯梯克斯"(《神谱》行 775—776)。而斯梯克斯掌管的领域包括"永生者中起来争吵和冲突,住在奥林波斯山的某个神撒了谎"(《神谱》行 783—784),简言之,斯梯克斯代表了神世"正义"的裁判。如此说来,宙斯在神世的统治,不单他有智谋与强力作为保障,而且他还有压制其他诸神的得力助手——斯梯克斯,"神世正义"的象征。

其次,命运女神(Μοίρα)变身为宙斯的女儿。

直接作用于人世身上的神有不少,比如不和神、复仇女神等等,唯独命运女神出身的前后变化使其在《神谱》中格外显眼,这显然是赫西俄德有意为之。命运女神在其第一次出现时的身份是"黑夜"的女儿,而她们的职能在那个时候就已经是"为将要出世的凡人安排幸和不幸"(《神谱》行 218—219)。作为黑夜的女儿,从辈份上来说的话,她们要比宙斯还更年长,而且很明显她们出生时,宙斯这个后来"神和人的父"还远未成形。然而,当赫西俄德再次提起她们时,她们的身份却发生了变化。此时,宙斯已经获得神权,并扼杀了"命中注定"的一次自然性的繁衍(吞食墨提斯)。忒弥斯为宙斯生下命运女神,她们具有同样的名字、同样的职能。也即是说,命运三女神在此被完全置换到宙斯的名下,而且她们的职能是直接参与人世秩序的维持。由此,宙斯作为"人的父"进一步得到加强。

四、掩藏与命运:《劳作与时日》中的人世正义

赫西俄德在《神谱》中确立了宙斯的神世秩序,《劳作与时日》则揭示了人世正义的根源,并设定了一个具体的人类接受者——佩尔塞斯,同时具体化地再现了“劳作”中体现出来的宙斯对大地的钳制手段,而其中核心之处便在于“掩藏”。

(一) 作为Κῆρας的命运女神

前文已论及命运女神身份的第一次变迁,而在《劳作与时日》中,命运女神迎来了她们身份的二重变迁。

《神谱》中命运女神为Μοίρας,然而在《劳作与时日》中,命运女神化身Κῆρας(行 92)。命运女神一共有三个,克洛索纺生命之线,拉赫西斯为每个人安排命运,阿特洛伯斯是带有可怕剪刀的报复女神。据张竹明译本的解释,按以上三职能中的前一职事,她们合称Μοίρας;而按后一职事,合名凯来斯(Κῆρας)。[①] 而在《神谱》中,Κῆρας与命运女神是具有不同职能的,作为复仇女神的Κῆρας她们追踪神们和人类犯下的罪恶。也即是说,《神谱》中Μοίρας与Κῆρας身份是没有重叠的。然而,在《劳作与时日》中,这三位本来是为人类安排幸与不幸的命运女神化身成为了“报复女神”。

在此,赫西俄德似乎是要刻意强调“报复”的含义,人类的苦难与劳作是作为宙斯报复普罗米修斯欺骗了他,落到人类身上便成了人类的命运。这样看来,前人怀疑《神谱》不是赫西俄德的作品的确是有些许理由的。因为在《神谱》中宙斯并非意欲报复普罗米修斯,相反,他只是在利用普罗米修斯以实现自己的意愿。然而,在《劳作与时日》中,宙斯似乎真的是在不知情的情况下被“狡猾的普罗米修斯欺骗了”(行 44—59)——“这位雷电之神竟未察觉”普罗米修斯偷了火种,当他知悉后他便愤怒地宣布了惩罚。因此,我们在《劳作与时日》中看不出宙斯是在普罗米修斯的欺骗之前就已经有意要惩罚人类,但在《神谱》中,当普罗米修斯在墨科涅分牛的时候,宙斯不单看出了普罗米修斯的“偏心”,而且心里已经在考虑实施对人类打压(行 550—552)。

回到《劳作与时日》中赫西俄德对“报仇”强调,我们不难发现,赫西俄德在此的写作已将宙斯作为那不可置疑的人世秩序的根源。既然人世的不幸是因

---

① 赫西俄德:《工作与时日·神谱》,张竹明、蒋平译,商务印书馆 1991 年版,第 33 页注。

为宙斯在“报仇”，那么充满罪恶的人类便只能接受这种被分配的命运。

(二) 宙斯对人类谋生手段的“掩藏”

历代神王都善于掩藏(ἀποκρύπτασκε)。

乌兰诺斯将他的孩子们“尽数掩藏在大地的隐秘处”(《神谱》行 157)，克洛诺斯的掩藏方式则是“囫囵吞下这些孩子”(《神谱》行 459)，宙斯的“掩藏”计谋则更为高深。首先宙斯并不像前代神王一样躲避“命中注定”，相反他直面神权的危机，但他面对的方式仍然是“掩藏”。除了以强力战胜提丰之外，他照克洛诺斯的样儿把墨提斯“吞进了肚里”(《神谱》行 891)，然而这一次的“掩藏”与乌兰诺斯以及克洛诺斯的掩藏又极为不同。即宙斯吞入的并不是自己的孩子，而是即将生育孩子的母亲墨提斯，进一步宙斯代替了母亲生育的角色，自己独自单性地“从脑袋生出明眸的雅典娜”(《神谱》行 924)。宙斯的这一“掩藏”的后果非同凡响，他使得雅典娜有父无母，改变了雅典娜的出生方式。

宙斯延续“掩藏”的计谋，在墨科涅他掩藏自己对人类造成不幸的考虑，紧接着借由普罗米修斯便实现了以“凡火”代替“圣火”的掩藏行动；最终又以潘多拉这一掩藏在华丽外表下的不幸根源对人类造成根本性的“命运”颠覆。

宙斯以上的“掩藏”手段是关乎神世—人世秩序的建立，在《劳作与时日》中，赫西俄德又着力强调了宙斯的另一掩藏——对人类谋生之法的掩藏。在宙斯未曾掩藏人类谋生之法之前，人类甚至可以只需工作一天便可获得全年的生活储备。这也便意味着在这掩藏之前，人类的生存几乎与神世无关。然而，一旦宙斯掩藏了谋生之法，不单人类的劳作成为全年的必需，而且连劳作的收成都依赖于宙斯的恩赐。劳作由宙斯对大地的牵制手段，进一步确立为人类生存的本分。

进一步，赫西俄德将宙斯的这一“掩藏”行为直接归咎于普罗米修斯的欺骗。作为提坦之后，普罗米修斯也作为原初自然之“命中注定”的力量代表发起对宙斯神权质疑，因为提坦象征的是原初的宇宙倾覆力量，[①]虽然普罗米修斯一改提坦暴力的做法，但很明显的是他采取别的方式在质疑宙斯新秩序的建立。因此，宙斯不管是惩罚普罗米修斯，还是赐下女人，以及这里宙斯对人类谋生之法的掩藏，其归根结底的目的便是为了实现对“必然性”之“命中注

① 赫西俄德著、吴雅凌译释：《神谱笺释》，华夏出版社 2010 年版，第 40 页。

定”的克服，以解除威胁神权之永久不定的因素。

（三）劳作作为人的本分与人世正义

《劳作与时日》给了我们一种印象，即人世的生活秩序被圈定在既有的空间、时间之内。古希腊的“空间”上有诸神，下有哈德斯，人及其生活领域被神性的领域所包围。可以说，《神谱》解决了打开了人类的生存“空间”，而“时间”正是《劳作与时日》的主题，即处理人类在所处空间中如何生存的实际问题。

首先，“劳作与时日”中的“与”字这一关系的建立如何可能？不难发现，《劳作与时日》中的“时日”无一例外都具有神性，即“时日”不是人世自己的发现，而是人世生存的一种外在的规定，人必须遵从、配合“时日”的秩序才能生存。

那么，“时日”是如何产生的？在《劳作与时日》中，赫西俄德毫无保留地将所有“时日”的源头归于主神宙斯，这便是“时日”神性的来源。也即是说，赫西俄德在《劳作与时日》中花了大部分的篇幅、事无巨细地把人世生存的“时日”描述清楚，虽表面上是在关注人世，但其更深意图则是在关注人世秩序的神性根基——宙斯为人世立法。“时日”即“神法”。

因此，本是自然性的“时日”在赫西俄德笔下成了宙斯神性的表现，甚至可以说“时日”是人格神宙斯剥夺自然神（大地和天空）的权力之后的权力下放和延伸。归根结底，《劳作与时日》还是诗人在[以宙斯之名]为人世立法。人世秩序的根基是神世秩序。

在此基础上，赫西俄德很快便将关注点转移到“正义”之上。也即是说，赫西俄德将支撑、维持“劳作”与“时日”关系的因素界定为“正义”。正义是δίκης（Δίκη正义女神，《劳作与时日》行256），但究竟什么是正义？赫西俄德肯定不会认同《神谱》中宙斯之前的力量博弈即是正义。在神人分离之前，人类与诸神的生存几乎是平行的，他们共同在墨科涅宴饮，①然而墨科涅分牛之间之后人世便出现了祭祀。赫西俄德的描述值得深思，即“话说当初，神和人最终分离在墨科涅”（《神谱》行535—536）。也即是说，祭祀的出现就已然意味着神人差序等级、神人分离的不可变更的事实。②

---

① 赫西俄德著、吴雅凌译释：《神谱笺释》，华夏出版社2010年版，第88页。
② 韦尔南：《神话与政治之间》，余中先译，三联书店出版社2005年版，第308页。

简言之,在赫西俄德看来,斗争[暴力]是不正义的。[①] 宙斯确立神权秩序后,以"神和人的父"的身份代表着神世—人世的正义来源。虽然此时人世已充满不幸与悲苦,但劳作已然成为人世生存的必需和人的本分。

五、结语:诗人赫西俄德的原初关切

赫西俄德在其诗作中表现出的对人世的原初关切,可以用赫西俄德与荷马在诗歌赛会上的第一个问题来表述:"对人类来说什么是最好的?"荷马的回答颇为悲凉,但却赢得了在场希腊人的喝彩。他的回答是:

> 不要出生,这是最好的;
> 一旦出生越快踏进哈得斯的大门越好。[②]

荷马的这一回答直至悲剧时期仍然得到了延续,[③]而赫西俄德自己也给出了类似生存处境的描述(《劳作与时日》行 174—175),尽管如此,赫西俄德并未呼吁人类对这一世代的逃离。相反在《劳作与时日》结尾处,他似乎道出了现世之中的理想生活:

> 一个人能知道所有这些事情,做自己本分的工作,不冒犯永生的神灵,能识别鸟类的前兆和避免犯罪,这个人在这些日子里就能快乐,就能幸运。(《劳作与时日》行 825)

可见,在赫西俄德看来,人世是可以达至"快乐"和"幸运"的,不过前提是"敬神"和安于"本分"。这一"本分"道出了人世生存的限度,即:人不要希求能像诸神一样去生活,也不要希求能回到前四世的人类种族的生活状态,而应安于宙斯神权正义之下的人世生活。

赫西俄德教导说,"因为宙斯,大地上才有国王"(《神谱》行 96),因此"敬

---

① 赫西俄德排斥暴力斗争的原因可参《劳作与时日》第 226 行。

② 古希腊无名氏著:《荷马与赫西俄德之间的辩论》,吴雅凌译,载刘小枫、陈少明主编:《康德与启蒙》,华夏出版社 2004 年版,第 297—302 页。

③ 索福克勒斯:《俄狄浦斯在科罗诺斯》,罗念生译,载《罗念生全集(第 2 卷)》,上海人民出版社 2004 年版,第 530 页。

神”也便意味着不冒犯人世城邦的国王。由此可见，赫西俄德在人世幸福的原初关切上的歌咏，与人世统治者——国王的期待和要求是相契合的，因为其“有益于城邦的教化”。[①] 刘小枫总结道：

> 自然时序中并没有道德和正义，人世中则有，这岂不是说，有了诸神的诞生，而且宙斯当权之后，人世才有道德和正义可言……诗人赫西俄德从缪斯那里禀得“权杖”，获得的使命是唱颂宙斯神族的统治秩序——所有秩序中最好的秩序，因为，宙斯神族统治的秩序才是一个有道德的政治秩序。[②]

归根结底，在赫西俄德眼中，人世的正义与幸福乃建基于宙斯神权统治下的神世正义，而“命中注定”作为一种超出神世之外的不确定性因素，既威胁着神世秩序的稳定，同时也是对于神世秩序之下的人世正义和幸福的威胁。通过《神谱》叙事，赫西俄德解决了“命中注定”循环性地颠覆神世的效力而代之以宙斯“神和人的父”的神权统治，进而在《劳作与时日》中，赫西俄德在神世正义之上意图构建人世幸福的基本蓝图。因此，赫西俄德对“命中注定”的“遗忘”便犹如是缪斯赐下的神圣职权，其神话叙事既道出了人世生存的限度，但也正是在这限度之内才有着人世中的正义和幸福。

作者简介：肖训能，1986—　，现就职于海南大学社会科学研究中心。

---

① 赫西俄德著、吴雅凌译释：《神谱笺释》，华夏出版社2010年版，第7页。

② 刘小枫：《昭告幽微：古希腊诗品读》，牛津大学出版社2008年版，第105—106页。

学科建设

中希古典研究刍议

杨巨平

摘　要：古代中希文明虽然相隔遥远，各自独立发展，但都属于轴心时代的原生文明。二者不仅具有可比性，而且在希腊化时期实现了信息的相通。中希古典文化比较有助于对这两大文明本质和精髓的深入理解，中国典籍中蕴藏的有关希腊化世界的信息则为丝绸之路和东西方文化交流研究提供了最早的、丰富的第一手资料。事实证明，在中西古典学之间、中希古代文明的研究之间完全有可能建立一种学术互动关系

关键词：中希古典　希腊化文明　学术互动

笔者多年从事古希腊史的学习和研究，对中国古代的典籍所知甚少。但由于主要关注希腊化时期希腊文明与东方诸文明的碰撞与交融，所以不免对"前四史"中有关西域的记载产生了浓厚的兴趣，后来由于涉足中外古史比较领域，对中国古代典籍，尤其是先秦诸子的一些著述也有了一点接触，因之深感在中国古典文化与古希腊史研究之间似乎存在着一种相辅相成的学术联系。窃以为，作为一名中国本土的古希腊史研究者，如果对博大精深的中国古典文化知之甚少，甚至缺乏解读的能力，就难以通过比较观照深刻认识古希腊文明的本质与精髓，也就难以探寻中西文明发展路径差异之根源，同时，也无法充分利用本土资源，在中希古代文明的交流与互动研究中取得突破。根据自身的学术经历，中国古典文化与古希腊史研究的关系主要体现在两个方面。

一、中国古代文明可作为古希腊文明比较研究的对象

古代希腊与秦汉前之中国从无直接接触，两个文明各自独立发展。希腊

在文明萌芽之初，确实受过来自近东诸古老文明的影响，生活于公元前5世纪的古希腊历史家希罗多德也坦然承认这一点。但这种“影响”并不会影响国内外学术界对古希腊文明的基本定位：古希腊是古代世界独具特色的文明区域之一，古希腊文明是近代西方文明源头。然而近年来西方有的学者却以“要煞煞欧洲人的傲慢”为名，对古希腊文化独创论提出强烈质疑，认为西方古典文明，实际上是说希腊文明的根源在亚洲和非洲，或者准确点说，是近东，甚至断言从克里特文明开始一直到古风时代，所谓的古希腊地区一直都在近东文化的影响之下。有的学者因此将古风时代早期（公元前750—650年）视为希腊历史上的“东方化时期”，并将这一时期希腊文化受近东的影响称为是一场“东方革命”。总之，雅典娜是黑色的，古希腊文明起源于黑非洲，是东方影响的产物。[①] 笔者对这种观点不敢苟同。不论青铜时代的克里特文明受到了多少近东文化的影响，甚至希腊大陆和克里特岛的原有居民中确有一部分有可能来自叙利亚一带，但我们很难说克里特文明属于埃及或西亚文明的一部分，因为它留下的文化遗迹显然具有典型的海洋文明特征，与大河流域孕育的埃及文化或两河文化还是有本质上的区别。稍有古代史常识的人都能对二者的差异感同身受。迈锡尼文明的创造者是来自北方的印欧人——阿卡亚人，毁灭迈锡尼文明的多利亚人也是印欧人中的一支。北方民族通过与当地原有居民的融合，形成了以爱奥尼亚、多利亚和伊奥利亚三大方言群为主体的希腊人（Hellenes）。他们在长期的历史发展过程中，通过建立海外商站和殖民地与

① 最典型的是美国康奈尔大学教授马丁·波纳尔。他在1987年出版了《黑色的雅典娜——古典文明的亚非之根》第1卷，1991年该书出版第2卷(Martin Bernal, *Black Athena*: *The Afroasiatic Roots of Classical Civilization*. Volume I: *The Fabrication of Ancient Greece* 1785 - 1985. London: Free Association Books, 1987; Volume II: *The Archaeological and Documentary Evidence*. New Brunswick, New Jersey: Rutgers University Press, 1991)，在西方学术界引起轩然大波，质疑者甚多。他全力迎战，2001年将他参与论战，为自己辩护的论文结集出版，书名为《黑色雅典娜的回复》(Martin Bernal , *Black Athena Writes Back*, edited by David Chioni Moore, Durham & London: Duck University Press, 2001)。该书的第3卷于2006年出版(Volume III: *The Linguistic Evidence*, Rutgers University Press, 2006). 首次提出“东方化时期”的是牛津大学教授Oswyn Murray。他在《早期希腊》(*Early Greece*, Glasgow: Fontana Press, 1993)中专设“东方化时期：(”The Orientalzing Period”)一章，论述公元前750—650之间希腊与近东的接触及其对希腊社会带来的诸多变化。“东方化革命”的提出者是Walter Burkert，详见Walter Burkert, *The Orientalization Revolution*: *Near Eastern Influence on Greek Culture in the Early Archaic Age*, Massachusetts: Harvard University Press, 1992。

爱琴海和东地中海地区的东方邻居发生了直接的接触和交流。[①] 埃及的一些神灵和宗教观念，腓尼基的字母，巴比伦的天文学知识正是随着这种接触与交流传入希腊，并被希腊人接受、改造，最后融入了希腊本土文化中，成了希腊文化的有机组成部分。从整体上看，二者互动的最后的结果不是希腊文化的东方化，而是东方文化的希腊化。古希腊文明不论从内容到形式，从现象到本质都是独具特色，自成一体的。它的文化遗产经过罗马人的继承，发扬光大最后融入了近代西方文明。黑格尔说过，每当提到希腊，在欧洲人心中都有一种家园之感。[②] 恩格斯说过，没有希腊文化和罗马帝国所奠定的基础，也就没有现代的欧洲。[③] 古希腊文明与近现代西方文明一脉相承，称其为原生文明是理所当然的。马丁·波纳尔的“古典文化亚非之根论”从源头上讲有一定的合理性，但把可谓古希腊文明标志的雅典娜贬为“黑色的雅典娜”似乎有矫枉过正之嫌；将古风时期受到近东文化的影响称为“东方化革命”，将这一时期称为希腊的“东方化时期”，确实也值得深思。

中国先秦文化是纯粹的中原文化，中华文化之根。依此而论，它和古希腊文化都属于原创文化或古典文化。在对这两个文化进行比较时，就可依据当时各自留下的文字资料来进行。西方学者进行的古代中希比较，国内刘家和先生对“轴心时代”中希印三地文明精神觉醒的研究，都属于这一个层次，可谓是文本层面上的比较研究。那么，为什么在轴心时代(公元前8—前3世纪)两地(当然不止两地，同时还有印度、波斯、犹太等地)都出现了百家争鸣的文化大繁荣、思想大解放的局面？双方的思想巨人们关注的问题，不论是形而上的，还是形而下的，是否有共同之处？这种异同是在什么样的历史背景之下产生的？它与地理环境、民族特性、文化渊源有无关系？一名研究希腊历史和文化的中国学者，完全有可能带着自己的文化积淀，用中国人的眼光去审视希腊人的文化。这种比较是自然的，也是必然的。无比较则无鉴别，无鉴别则无对他者文化的再认识，从而也不可能对自身文化在人类文明史中担当的角色进行理性定位。因此，在研究古希腊文化时，回归到对本土文化的探讨，是一种自觉的、也是必要的选择。

---

① 古希腊的第一个文化中心首先出现在小亚的米利都，古希腊的自然哲学、散文写作，甚至荷马史诗的吟唱都起源于此，显然与这里地处与近东诸文明接触的前沿密切相关。

② 黑格尔:《哲学史讲演录》第1卷，贺麟、王太庆译，北京:商务印书馆1996年版，第157页。

③《马克斯恩格斯选集》第3卷，人民出版社1995年版，第524页。

近年来,以美国学者为主的欧美学者对中国与希腊古典文化的比较研究(comparative Sino-Hellenic studies)进入了一种新的层次,或者出现了一种新的趋向。他们不再满足于过去西方汉学家们对中国古典文化的专门介绍或研究①,而是将其置于古希腊文化和以古希腊文化为基础的西方文化的参照系中来进行对应性的比较研究,其目的当然是为了更好地理解希腊乃至西方本身。这种比较有三种趋向。其一是在研究中国文化时,自觉或不自觉地以希腊或西方作为参照,认为西方文化中的一些特点在中国文化中也有,只是没有发掘出来而已。有学者指出,李约瑟的多卷本《中国科技史》(Science and Civilization China),尤其是第 2 卷《科学思想史》就多次提到古希腊,并以此作为西方读者的主要参照系。受过西方教育熏陶的近代中国知识分子在研究中国问题时也同样以西方为参照系。如曾在美国哥伦比亚大学求学的胡适在其博士论文《古代中国逻辑方法的发展》(The Development of the Logical Method in Ancient China, 1917)中,就呼吁复兴早就存在于古代中国但被道德化的儒家传统所禁锢的逻辑方法。在他看来,逻辑学居于主导地位是西方最令人羡慕的特点。但这些西方的方法在中国人的思想中并非外来之物。其二是对立性比较,试图在宏观的层面寻求二者之异。如有的学者认为西方的概念来自假定(concept by postulation),东方的概念来自直觉(concept by intuition),有的认为希腊人重本质,中国人重实用。造成这种不同的根源在于二者社会政治环境的不同。中国的战国时期并无希腊城邦制度的多元政治氛围,中国的哲学辩论的目的是劝诫国王,这就阻止了论辩的深层次发展。还有的学者认为西方古典强调超越、秩序和永恒(transcendence, order, permanence),而中国人强调实用、含混和变化(pragmatism, vagueness, change)。还有的认为中国思想重间接表达,希腊则重直接表达。这种比较虽不乏启示意义,但难免以偏概全。其三是相似性比较,如将荷马史诗的《奥德

① 西方学者开始接触、了解中国的古典著作,始于明末清初。那时,西方的传教士如利玛窦等人已开始学习和翻译儒家经典,但西方的汉学界大规模译介中国秦汉以前的古典著作,似乎是在 19 世纪中叶以后。其中有两位贡献尤大。一是著名的汉学家里雅各(James Legge, 1815 - 1897)。他主持翻译、出版了以《四书》、《五经》为内容的五卷本《中国经典》(The Chinese Classics, 1861 - 1872)。二是德裔英国东方学家缪勒(Max Muller, 1823 - 1900)。他在 1879—1910 年间主持翻译、出版了关于东方各国的古代宗教典籍——《东方圣书》(The Sacred Books of the East,牛津大学出版社),全书煌煌 50 卷,其中就包括有理雅各翻译的中国先秦典籍 6 卷:《尚书》、《诗经》、《易经》、《礼记》、《孝经》及《道德经》、《庄子》等。

赛》与中国的《诗经》，修昔底德与司马迁（也涉及《春秋》和《左传》）、亚里士多德的《尼各马可伦理学》（Nicomachean Ethics）与《中庸》，柏拉图、皮浪怀疑主义学派、伊壁鸠鲁学派、斯多葛学派与孔子、老子、庄子等相比。[①] 1998 年，这些从事中西比较研究的学者在美国的俄勒冈大学举行了一次学术研讨会。会议的主题就是“通过比较思考”（Thinking through Comparisons）。之所以采用这样的主题，是因为他们认为：1、思考本身就意味着比较；2、比较通过思考来进行。大会后来的论文集名为《早期中国/古代希腊——通过比较思考》，共收录了 11 篇论文。[②] 分为理论、方法和专题研究两大类，所收文章均涉及先秦中国和希腊方面的比较，包括文学、史学、政治学、伦理学、认识论、宗教等各个层面。毋庸讳言，有些比较的对象和角度属于形而上的哲学领域，是我们学历史的人难以想象到的，如对中国的“命”与希腊含有宿命论倾向的 moira (fate)，苏格拉底和荀子关于“名”（name）的不同含义，亚里士多德的 eudaimonia（happiness or well-being）与《中庸》中的“诚”的相似等方面的比较。但他们能从两大文化体系中发现诸多相似和可比较之处，确实值得我们借鉴。他们对修昔底德和司马迁对待前人历史著述态度的比较，就给人耳目一新的感觉。针对此前某些西方学者提出的“好斗的希腊人，平和的中国人”的观点，有学者认为司马迁并非如此，他对以前的历史传统并不盲目接受，虽然他没有像修昔底德对希罗多德那样持严厉批评的态度。

国内关于中希古典文化的比较研究，近年来已有不少新的成果问世。值得注意的是东北师大已故老先生林志纯关于中国古代的邦国与希腊城邦的比较，以及刘家和先生关于轴心期中、希、印三地文化繁荣现象的比较。二位老先生之所以能够如此高屋建瓴地进行和倡导宏观比较，并取得富有影响的突破，原因就在于他们都具有深厚的国学与西学基础，都是中外古史研究领域的大家。学识渊博，中西贯通是他们的基本特点。但国内外能够从事这样的研究的学者毕竟为数不多，现有的成果也显得比较零散，不太系统，研究者基本

---

① 关于国外古代希中比较研究状况的介绍，详见 Steven Shankman, Steven W. Durrant, *The Siren and the Sage: Knowledge and Wisdom in Ancient Greece and China*, *Introduction*, London and New York: Cassell, 2000。

② 详见：Edited by Steven Shankman and Steven W. Durrant, *Early China/Ancient Greece, Thinking through Comparison*, Albany: State University of New York Press. 2002 及前揭书：Steven Shankman, Steven W. Durrant, *The Siren and the Sage: Knowledge and Wisdom in Ancient Greece and China*（《歌手与圣人——古代希腊、中国的知识与智慧》）。

上从个人兴趣出发。我自己在这方面仅做过一点尝试，就是在对古希腊犬儒派进行研究时，以中国的庄子学派作为比较的对象。我认为，二者的可比性在于它们都出现于轴心期，都产生于各自文明的内部巨变时期，即古希腊的古典时代向希腊化时代的过渡时期和中国由春秋战国向秦汉帝国转化的时代。简言之，都处于社会的转型期。相对自由的政治环境给文人哲人的思想提供了自由发展的空间，希腊由城邦到帝国，中国由群雄并立到天下一统，两个社会的历史巨变给知识精英以巨大的刺激，他们不得不对此做出自己的抉择。于是，有的以积极入世的心态，去拥抱这个世界，有的则消极避世、厌世、弃世、远离或背对社会，更有甚者，则以愤世嫉俗、自虐的方式向现行社会的一切发起挑战。中国的庄子学派的处世观与希腊犬儒学派有着一定的相似性，对现存的政治制度、君王显贵、世俗观念，对自然、对生命、人生都有一些相似的看法。但二者的区别也比较明显，前者是重在律己，示范社会，后者重在表现自我，苛求他人；前者重在著述立说，后者重在行动。所以，犬儒派中虽然不乏哲人，但难以称为学派。因为他们是用行动表示思想，他们甘愿过"狗一样的生活"，也使他们成为社会中的另类。总之，尽管国内的希中对比研究正在起步，但确实是大有作为。因为这是学术发展的需要，也是吸收人类文明成果，弘扬中华文化传统的必要。

以我愚见，今后希中文明或文化的比较可以在三个层面上进一步深入：一是在宏观层面对两大文明的起源、特点、进程、影响进行整体性的对比研究；二是在政治制度、哲学、艺术、宗教、教育、自然科学等专门领域做比较研究；三是在微观层面对重要人物、思想观念、器物、事件、文献等进行个案对比研究。其中，中希古代文明的特点，希中文明生成的内外环境、中希古代政治制度、宗教观念与仪式、教育制度、军事制度的异同，尤其是希腊古风古典时代的文化思想精英与中国先前诸子百家在政治、人生、哲学诸方面的相似与差异等都可作为比较研究的重点。衷心希望有志于此的青年学人在这些领域能有所成就。

二、中国古典文献可以为东方希腊化问题的研究提供一定的线索和依据

公元前 4 世纪末，欧亚大陆发生了一件影响深远的历史事件，即马其顿亚历山大帝国的建立。短短十年间，希腊-马其顿人的足迹就遍布从地中海到兴都库什山、印度河，从黑海、里海、咸海到红海、波斯湾、印度洋如此广袤的大地

之上。尽管亚历山大英年早逝，他的帝国也随之分裂，但由托勒密、塞琉古、马其顿三大王国为主体所形成的希腊化世界却延续了近三个世纪之久。不论这些王国后来的命运如何，但它们所承载的希腊化文明却由于这个世界的存在与延续和其他的当地文明发生了直接的接触和融合，从而在这些地区的城市遗址、钱币、雕塑艺术、文字等有形遗物和无形的思想宗教观念上都留下来两种或多种文化混合的痕迹。这些希腊化时代的遗产已经被阿伊哈努姆遗址的发现和大量的印度-希腊人的钱币以及犍陀罗佛教艺术遗迹所证明。中亚腹地的巴克特里亚则成了希腊文化与东方文化在远东汇合交流的大本营。也就是在亚历山大之后约两个世纪，来自中国的文明使者张骞风尘仆仆地登场了。他本来是受汉武帝之命前往西域去寻找抗击匈奴的同盟者——大月氏人，却没有想到他成了第一位深入希腊化世界故地的中国文明的使者。他穿过巴克特里亚希腊人曾经统治过的河中地区，来到此时已经放弃河北之地的巴克特里亚（大夏），他还听到了关于原来塞琉古王国故地的帕提亚（安息）和条支、黎轩等国的传闻。张骞西域凿孔，就古代文明沟通而言，其意义堪比亚历山大东征。正是他的西域之行，开通了从黄河到地中海，横贯欧亚大陆的丝绸之路，从而将中国文明与其他古老的文明紧紧联系在了一起。

自司马迁开始，关于西域的记载成为中国古代正史中不可或缺的部分，"前四史"中的记载更是由于依据当事人提供的第一手资料尤为珍贵。其中关于中亚、西亚、印度等地的传闻无疑包含了有关希腊化世界与文明的有关信息。如希腊化世界的城市、钱币、语言、文字、出产等。[①] 而此时的西方典籍，如斯特拉波的《地理志》、普林尼的《自然史》也包含了一些关于中亚和赛里斯(Seres)的信息，他们也可印证中国、印度方面的记载。值得一提的是，在汉文佛经中保存下来的《那先比丘经》竟然在巴利文佛经中以《米兰陀问经》之名也同样保存下来了。米兰陀（希腊语：MENANΔΡΟΣ，梵语或巴利文：Milinda，英译 Menander，汉译"米南德"）确有其人，他的钱币已经在印度大量发现。他是希腊-印度人的一个国王，势力一度扩展到恒河流域。他对佛教十分倾心，在与比丘那先进行了一番关于佛教教义真谛的讨论之后，居然做了在家的居士。[②] 他死后，八个城市的佛教徒争要他的骨灰，最后不得不分而葬之。这是

① 详见拙作："亚历山大东征与丝绸之路开通"，《历史研究》2007 年第 4 期，第 150—161 页。

② 见《大正新修大藏经》第 43 卷论集部：《那先比丘经下》。

古希腊作家普鲁塔克留下的记载。[①] 他的钱币上有八个幅条的法轮(八正道的象征)[②],也证明了他对佛教文化的认同甚至皈依。因此汉文与巴利文的有关“米兰陀问经”的内容就值得进行一番深入的分析对比。《大唐西域记》虽然出现很晚,但由于玄奘在中亚和印度西北部所经之地都是原来希腊人的故地,希腊化的遗迹与影响犹存,这从他所描述的“覩货逻”地区(原巴克特里亚希腊人王国)流行的希腊字母和希腊式钱币就可以看出。[③]

近代以来,随着国际东方学的兴起,以法国汉学家沙畹(Edouard Chavannes, 1865 - 1918)[④]、美籍德国汉学家夏德(Friedrich Hirth 1845—1927 年)[⑤]等关注古代东西方交通史的汉学家开始利用中国古代的史料,尤其是《史记》、《汉书》、《后汉书》中有关西域的记载,并将其译成法文或英文。这些译文成了当代一些西方学者研究和引用这些汉文材料的依据。

我们中国学者由于有掌握汉文资料的便利,完全有可能在这方面与西方学者进行合作研究,在一个学术平台上平等的交流对话。笔者 2013 年 12 月份在德国柏林的自由大学参加了一次关于贵霜文献资料的国际学术会议。会议组织者提前将汉文、梵文、希腊文、拉丁文以及各地发现的铭文中关于大月氏—贵霜历史的文献资料按照时间先后顺序一一罗列,让与会者发挥各自的语言所长,对这些材料进行逐一解读,力求取得共识。如对《后汉书·西域传》中关于贵霜“復灭天竺”的理解,我就针对一位外国学者的译文提出了不同的观点,我感觉这是对汉文材料的误读(将“復灭”理解为“覆灭”,应为“再灭,或

---

① 见 Plutarch, *Moralia*, 821D. Loeb Classical Library, Cambridge, Mass.: Harvard University Press, 1993。

② 钱币原图见:http://en.wikipedia.org/wiki/History_of_Buddhism。

③ 据玄奘,其地“语言去就,稍异诸国;字源二十五言,转而相生,用之备物。书以横读,自左向右,文记渐多,逾广窣利。……货用金银等钱,模样异于诸国。”这里的“二十五言”即指希腊语的二十四个字母,外加贵霜人自创的一个字母 T(发“shi”音),“金银等钱”,实为仿制的希腊式钱币。参见季羡林校注:《大唐西域记》,北京:中华书局,1985 年,第 100 页,103 页注释(五)。

④ 首译法语版《司马迁史记》(*Les Mémoires historique de Se-ma-Ts'ien*,巴黎 Leroux 书局,1895—1903)。仅出版 5 卷,至《史记》卷四十七:“孔子世家”。全部译稿现存巴黎吉美博物馆。此书是西方汉学界研究《史记》最为权威的著作,有详尽的注释和考订。另外他还译注其他大量汉文史籍,如《大唐西域求法高僧传》、《西突厥史料》及《补编》、《魏略·西戎传》、《后汉书·西域传》等等。

⑤ 著《中国与罗马》,《中国古代史》等,英译《史记·大宛列传》(The Story of Chang K'ién, China's Pioneer in Western Asia: Text and Translation of Chapter 123 of Ssï-Ma Ts'ién's Shï-Ki, Journal of the American Oriental Society, Vol. 37. (1917), pp. 89 - 152.)。

又灭天竺”)所引起的误译。我还向会议组织者提交了我的“Soter Megas 考辨”一文[①],希望学者们注意这位无名王与《后汉书・西域传》中提到的那位被委派到印度的将军的关系(“復灭天竺,置将一人监领之”,英译者把这里的“一人”译成了复数,“installed Generals to supervise and lead it”[②],明显有误)。这位将军很可能是巴克特里亚或印度-希腊人的后裔。最近(2014 年 9 月),法国科学院(CNRS)和乌兹别克斯坦科学院考古研究所联合主办铁尔梅兹地区法乌联合考古 25 周年纪念学术研讨会。会议的主要组织者、法国科学院的 Pierre Leriche 教授邀请我参加,要让我谈谈中国对贵霜人的前身——月氏人的研究概况,因为这与巴克特里亚希腊人王国覆灭于何人之手有关。我在会上展示了自己对中国《史记》、《汉书》和《后汉书》中关于大月氏和贵霜的记载的英文翻译,并且对《大唐西域记》和《新唐书》关于巴克特里亚地区的记载做了介绍,引起了与会者的关注。现在西方学者对古代中西交通史感兴趣者颇多,对“前四史”中涉及西域历史地理的部分,更是情有独钟。不同语言(英法为主)的新译本和译注本不断出现,其中不乏中西贯通之作。著名的译本有哥伦比亚大学教授沃森(Burton Watson)对《史记》秦汉部分的选译(共涉及 78 卷)和何四维(A. Hulsewe)的《汉书》卷 61“张骞李广利传”和卷 96“西域传”的节译[③]。前者将有关部分分类译出(包括“大宛列传”、“匈奴列传”等),附有个别简单注释;后者实际是一个关于汉代西域的研究之作。作者不仅提供了一个全新的译本,而且对它们的版本、内容以及与《史记・大宛列传》的关系都有独到的见解。译文注释引经据典,详细入微,对文中的所有地名、人名都注有古今中外各家解释,是研究汉代西域和东方希腊化世界的重要参考资料。澳大利亚的独立学者希尔(J. E. Hill)对《后汉书・西域传》做了详细的译注,特别是他尽可能搜集整理了欧美学界的相关研究信息,对考证塞琉古、帕提亚、

---

① 详见《历史研究》2009 年 4 期,第 140—152 页。

② J. E. Hill, *Through the Jade Gate to Rome: A Study of the Later Han Dynasty 1st to 2nd Centuries CE*, KY: Lexington, 2010, p. 29.

③ Watson, Burton. Trans. (revised edition). *Records of the Grand Historian*. Hong Kong & New York, 1993. Hulsewe, A. F. P. *China in Central Asia: the Early Stage: 125 B. C. -A. D. 23*. (An annotated Translation of Chapter 61 and 96 of the History of the Former Han Dynasty). Leiden, 1979.

甚至罗马帝国境内的希腊人城市提供了许多有用的线索。[①] 但如前所示，这些译本在对汉文文本的辨析、考证、解读等方面，难免还存在着一些欠缺和误读。有的西方学者不懂汉文，只能依据这些西文译本进行研究，其学术价值自然打了折扣。所以，中国学者在东方希腊化和古代中外文化交流研究方面还是有较多发言权的。

总之，古代希中文明尽管特色各异，还是具有较强的可比性；两者不论相距多么遥远，但最终还是通过间接的、潜移默化的方式实现了文化信息的沟通。因此，我们完全有可能在中西古典学之间、中希古代文明的研究之间建立一种相互对比参照的学术互动关系。

作者简介：杨巨平，1953—　，历史学博士，南开大学历史学院教授，博士生导师，兼任中国世界古代中世纪史研究会古代史专业委员会副会长，主要研究方向为古希腊史、古代中外关系史、古代中外历史与文化比较等。著有《古希腊罗马犬儒现象研究》，主编《人类文明系列》等多部著作，在《历史研究》、《世界历史》发表论文多篇。

① J. E. Hill, *Through the Jade Gate to Rome: A Study of the Later Han Dynasty 1st to 2nd Centuries CE*, KY: Lexington, 2010.

古典学与思想史

张文涛

摘　要：近年来，国内的西学研究正发生着一场悄然而深刻的转变，古典学或关于希腊—罗马古代世界的研究愈来愈受到学界的重视。本文致力于对这一转变的宏观理解，由此展开对未来中国西学研究之意识和方法的若干思考。中国西学研究的根本动力来源于中国问题或中国的现代性问题，对此问题的深入思考使得我们建立起西方思想史中的古今之争的视野，并在此视野中与古典西学或古典学这种特别的学问样式相遇。

关键词：古典学　思想史　中国问题　现代性　古今之争

近年来，国内学界已悄然兴起一股细读西学经典，尤其古典西学经典的风气，且明显有愈见升温的势头。这一趋势表明，汉语学界的西学研究正在暗中发生着一场虽说不上剧烈但却十分深刻的转变。可以说，恰切地理解这一转变，对于思考中国的西学研究乃至整个中国学术研究的未来走向都很有必要，甚至极为重要。

一、西学研究与中国问题

西学进入汉语学界已有百余年历史。近年来，人们对西学研究的百年历程所做的回顾性审视和总结已经不少，不过，这种总结和反思多是从学科视野着眼的，往往用诸如（西方）哲学、史学、文学、社会学、政治学等等专业眼光来进行相关文献的汇编和清理。这种整理是必要的，不过，一个更重要、更值得考量和反思的问题是，我们究竟为什么要研究西学？换言之，（现当代）中国西学研究的起源、动力、目的究竟是什么?

张旭东在回顾80年代“文化热”中的西学研究时,说过这么一番话:“(文化热中)谈的是西学,生产出来的是当代中国文化材料;谈的话题是西学,但不管谈什么,谈出来的东西都要归中国意识。关键要看中国人谈西学在谈什么?为什么要谈这样的西学不谈那样的西学?为什么要这个时候谈那个部分而不谈这个部分?所有一切反映的都是‘当代中国文化意识’。”[①]其实,在笔者看来,这番话不仅适用于80年代,也适用于百余年来的整个西学研究传统,可以说,它实际上简要地道出了中国西学研究的起源、动力及目的——“中国意识”、“当代中国文化意识”,用笔者更愿选择的说法,就是中国的现代性问题,或者说,中国问题。

什么叫中国的现代性问题或中国问题?百余年前中国人所面临的“三千年未有之大变局”一直延续到了今天,如今这一变局的的含义可以看得十分清楚了——整个中国旧(古代)的生活世界建制被全面打破,重建一个新(现代)的生活世界的要求成为现当代中国人的不二选择。这种重建不是局部的,而是全面的:既然古代中国生活世界作为一种整全性建制,是一个由个体与群体共同构成的政治共同体,这个共同体拥有从生活意义到制度建构,即从道德价值观念到政治制度安排、社会秩序组织的连贯整一性,是一种个体(家庭)与国家、理念与制度均融贯一致的整体,那么,在“古代中国生活世界”坍塌以后要建立起来的“现代中国生活世界”,必然而且必须具有这种融贯一致的整体性。

由此,所谓中国的现代性问题,或者说,中国问题,就是指中国生活世界的整体性断裂与重建问题。可以说,一切现代性的中国思想或学问,都在、也应当在这一问题意识下得到展开,而中国西学研究的起源、动力、目的,终究都内在于这一中国生活世界的整体性断裂与重建之中。晚清以来,中国的西学研究者们一直将西方的思想学问、道德制度作为一面镜子,借以认识自我(包括当下、现代的中国和传统的中国);不仅如此,更重要的是,诸多西学研究者们还进一步将西方的思想与制度视为重建自我、即建设“现代中国生活世界”的重要,乃至唯一的依托。

可以说,借认识西方以认识自我乃至重建自我,一开始便是中国西学研究者们的自觉意识。对今天的西学研究者而言,这一自觉意识不仅不能抛掉,而

---

① 张旭东:《全球化时代的文化认同》,北京大学出版社2006年版,第360页。

且必须进一步强化——恰如张志扬所说，今天，中国的西学研究应该"归根结底地为我所用，'西学'必须与中国问题相关，必须与'取'西学的中国人的'能在'相关"①。

二、西学中的古今之争

既然认识西方的目的是认识自我，那么，我们的西学研究除了要牢牢记住这一内在动力和目的之外，更要时刻注意反思我们对西方的认识是否准确、全面、深入，反思我们西学研究中存在的问题。尤其是，由于如今我们对西学的取舍已不用再面对西学进入之初时那种"救国保种"的逼人情势，我们更应该在当下这个相对从容的历史时刻，仔细反省我们百余年来的西学研究，是否存在着怎样的局限。

稍微回顾一下百余年来西学研究的历程和范围，就不难发现一个明显的事实：百余年来，在汉语学界所接触、引入、研究、论争的西学思想、著作及论题中，无论就数量还是质量、广度抑或深度而言，属于现代西学范围者都明显占据了绝对优势。西方古代的思想和著作受到的重视、获得的引介和研究程度，远远没法与现代西学相比，从学科视野看，西方的古典研究或古典学在汉语学界的视野中更是一直付诸阙如。那么，我们接受西学的这一"特点"，是否也是我们西学研究中存在的一个问题呢？

我们西学研究存在的一个重大问题、根本局限正是：百余年来我们其实只认识了一个局部的西方、现代的西方，在我们自认很熟悉的"现代"西方背后，还有一个我们并不熟知的"古代"西方，即古希腊—罗马世界。而且，由于我们对古代的西方缺乏认知，我们对现代西方的理解终究也是半知半解。

其实，诱发"中国问题"或中国现代性问题的西方，本身更存在其"西方问题"，或者说西方的现代性问题——西方生活世界的断裂与重建。这里涉及的正是西方内部的古今之争问题。无论对西方的自我理解还是对我们之于西方

---

① 张志扬：《中国现代性思潮中的"存在"漂移？——"西学中取"的四次重述》，见萌萌主编，《"古今之争"背后的"诸神之争"》，上海三联书店 2006 年版，第 5 页。张志扬此文以及相关的《"唯一的"、"最好的"，还是"独立互补的"？——"西学东渐"再检讨》（见《现代哲学》2007 年第 2 期）一文，值得重视。在西学大规模进入中土百余年后，当阅读、接受西学在很多中国学人那里已经成为一种习惯、一种自然而然的行为、甚至一种全然盲目的骛新时尚时，通过将"西学东渐"重命名为"西学中取"这一"正名"行动，张志扬力图重新唤醒中国学人对西学研究之源初动力的自觉意识——对中国问题的理解和解决。

的理解来说，晚近以来，施特劳斯的思想和著作进入中国学界的一个重要意义，便在于通过清楚揭示西方内部的“古今之争”，呈现一个与现代西方全然不同的古典西方。从现代西方哲学、社会科学偏见的重重遮蔽之下，施特劳斯复活了一个被西方人自己遗忘已久的古典世界。

西方思想史内部的古今之争，原指从文艺复兴到启蒙时代以来发生在几个主要欧洲国家的文艺思想争论，这一争论的焦点是文艺创作的源泉应该来自对古人(古代经典)的学习和模仿，还是今人自己突破古人羁绊的自由创造。但施特劳斯是在整个西方思想史的视野中重提古今之争的，在这里，古今之争实际上可以等同于西方问题或西方现代性问题：西方现代生活世界与西方古代生活世界的断裂到底是什么、这一断裂发生的根本原因是什么；在关于生活与世界的最重大、最根本的问题上，是古人的意见正确还是今人的意见正确；西方现代生活世界的重建，是应该无限地去自由创造，还是应该向古代生活世界回返。

对西方“古今之争”的了解让我们看到，西方自身绝非铁板一块，而是有着复杂的内在冲突。存在着一个古代、古典的西方，这个西方对人性秩序和政治制度的理解与想像与现代西方大异其趣。上述这一点似乎不难理解，但更关键的是，如果从现代学术视野，即现代哲学、社会科学的种种偏见出发，从今人可以比古人更好地理解古人这种傲慢的现代解释学心态出发，古典西方不可能得到真正理解——从现代视野出发理解的古典思想，不过是现代人强塞到古典中去的现代思想而已。

当代思考、谈论现代性问题的西方思想家、学问家可谓众矣，西方现代思想史中从卢梭以来的倡导回归古代的声音我们也一直有所听闻，而尤其是在尼采、海德格尔那里，中国学人更是获悉了现代西方哲人试图通过向古典、古希腊回归来克服现代性危机的重大思想提案——不过，可能只有施特劳斯能够让我们看明白，卢梭也好，尼采、海德格尔也好，都还是在西方现代性内部打转，通过用现代的方式阐释古代、通过向这种阐释出来的古代回归，他们实际上反而越来越将现代性推到极端。① 理解古典西方思想的正确方法只能是：用古人自己的方式来理解古人。

① 施特劳斯：《现代性的三次浪潮》，见刘小枫编，《苏格拉底与现代性问题——施特劳斯讲演与论文集：卷二》，华夏出版社 2008 年版，第 32—46 页。

三、从中西之争到古今之争:中国问题与古典西学的相遇

我们的西学研究有必要展开对古典西学的引介和借鉴吗?汉语学界有必要开始大规模地译介和解读西方古典文本、理解西方古典思想的深广面貌吗?回答是肯定的。

中国生活世界的整体性断裂应当如何理解?现代中国生活世界的重建应当如何进行?从一开始,关于中国问题的思考就呈现出非常复杂的面貌,这一面貌可以从中西之争与古今之争的交织来理解:"由于现代化过程在中国是植入型而非原生型,现代性裂痕就显为双重性的:不仅是传统与现代之冲突,亦是中西之冲突。"[①]问题是,百年来学界对这种两重性的理解并不充分,其表现在于,中西之争的一面得到了强调,而古今之争的一面被忽略乃至遗忘了,很长时间内,中西二元对立式话语成了学人入思中国问题、研究西学(和国学)的主流语式,甚或唯一语式。

但是,中国问题的关键到底是中西之争还是古今之争?"如何来理解百年来汉语学界持续至今的中西冲突论?汉语思想家中已有论者(梁启超、冯友兰)识察到,中西文化的价值理念之争(体用之争)实质为古今之争,即传统与现代之争。"[②]比如,冯友兰当年已看得很清楚,"东西文化问题……不是一个东西的问题,而是一个古今的问题,一般人所说的东西之分,其实不过是古今之异……现代的欧洲是封建欧洲的转化和发展,美国是欧洲的延长和发展。欧洲的封建时代,跟过去的中国有很多地方是相同的,或者大同小异。至于一般人所说的西洋文化,实际上是近代文化。所谓西化,应该说是近代化"。[③]而甘阳在其新刊的旧文中则说,对中国问题的古今之争的实质认识不清,产生的"一个关键问题就在于:中国文化与西方文化之间的地域文化差异常常被无限突出,从而掩盖了中国文化本身必须从传统文化形态走向现代文化形态这一更为实质、更为根本的古今文化差异的问题"。[④]

到底为什么说中西之争的实质在于古今之争呢?现代中国人感受到的中西之争中的"中"是指传统或古代中国,"西"是指西方,而问题的关键在于,对

① 刘小枫:《现代性社会理论绪论》,上海三联书店 1998 年版,第 2 页。
② 刘小枫:《现代性社会理论绪论》,上海三联书店 1998 年版,第 2 页。
③ 冯友兰:《三松堂自序》,生活·读书·新知三联书店 1984 年版,第 256 页。
④ 甘阳:《古今中西之争》,生活·读书·新知三联书店 2006 年版,第 35 页。

于我们现代中国人而言，西方并非在地域上远离我们千里万里之外，而是通过强力突入或被主动植入了现代中国人的生活当中（从价值观念、政治制度到社会风习）。这种突入或植入使得中国不再是完整的古代中国，而是在其本土逐渐出现了一个全新的、实实在在的现代中国。就是说，异地的西方成了本土的现代中国，传统中国与西方的冲突在我们自己的本土上成了传统中国与现代中国的冲突。正是在这个意义上说，中西之争的实质是我们本土的传统与现代之争、古今之争。所以，中国问题或中国现代性问题的实质，就是中国的古今之争。

中国问题的古今之争实质，与西学中的古今之争或古典西学，有着怎样的必然联系？

由于西方侵入了我们文明的肌体，因此，要认识现在这个自我（其出现、发展及现状），我们必须认识西方。前面我们说，认识西方是为了认识自我，这里的关键推进在于：为了认识自我，必须认识西方，认识西方不仅是认识自我的目的，更是认识自我的非此不可的前提。无论我们把这个成了我们自身（一部分）的西方视若催发生机的酵素，还是判为败坏肌体的毒瘤，问题的关键都在于首先要认清这个西方。

由此一来，关怀中国命运、深入思考中国问题的中国学人不得不面临一个艰难的处境，一个无法摆脱、也不应该摆脱的认识论宿命或解释学宿命：只有理解了西方，才能反过来理解中国。从根本上说，胸怀中国问题这一宏大抱负的汉语学人，如果不通西学、不了解西方，就不可能对中国问题获得深入的理解，遑论寻求中国现代性问题的解决之道。

古今之争的西学视野真正让我们认识到，侵入我们文明肌体的西方其实是现代的西方，而要真正看清这个西方的面貌，必须借助古典西学的目光——只有看清了古典西方，才能在实质上看清现代西方，看清这个西方是如何在对古典西方的逐步、彻底背离中生长出来的。只有理解了西方才能理解中国，进一步，只有理解了古典的西方，才能全面、彻底地理解西方，从而真正理解中国。对古典西方的认识由此成为我们自我认识的必不可少的前提。

所以现在可以清楚了，之所以古典西学必须成为我们西学研究的必修课，古典西学必须真正纳入汉语学界的视野，其原因是环环相扣的：只有通过古典西学才能理解西方的古今之争，只有从古今之争出发才能理解现代西方，只有理解了现代西方才能真正弄懂中国问题的症结，从而寻求其可能的解决路径。

四、古典学及其学问样式

在当今的历史性契机下，怀揣中国问题的西学研究者们，第一次具有了真正主动、系统地认识古典西方的愿望和从古典自身来理解古典的意识。他们将目光投向了古典西学，投向了古希腊—罗马（乃至中古）世界。从学术上讲，汉语学界第一次开始有意识、并越来越成规模地关注西方学问体系中的“古典学”这一学问建制。

西人对其古典思想文化的研究，除了文、史、哲、政、经、社诸人文、社会科学都会不同程度地涉入以外，还有一个专门的学科或领域在倾力从事：这便是古典学（Classics）。

古典学可谓西学之根。作为西学的一个老牌学科，古典学（古典语文学）的历史非常悠久，其源流可以直接追溯至希腊化甚至古典希腊时期，不过，古典学蔚为大观是在文艺复兴之后，尤其（德国）启蒙运动以来，而特别在19世纪以来的二百年间得到了迅猛发展，积累丰厚。关于古典学的历史和传统，西方古典学界自然已有很多梳理，比较简明扼要的是古典学大家维拉莫维茨（U. von Wilamowitz-Moellendorff）的《古典学的历史》；[①]卷帙颇大、材料丰富的则推桑兹（John E. Sandys）的三卷本名著《古典学术史》；[②]而后来古典语文学名家普斐弗尔（Rudolph Pfeiffer）的两卷本《古典学术史》[③]则更致力于探索语文学之不变传统（*philologia perennis*），部头也不小。从这些著作中，可以看到一代又一代的古典学家倾力认识自己古典传统的巨大热情。

作为西学之根，古典学专门致力于考察西方文明的源头地之一，研究西方古典（古希腊至止于公元6世纪的古罗马）世界的生活方式——即思想观念、政治制度、社会风习、史地名物——的整体面貌。古典学很难说是个单一的学科，在根本上，古典学是认识西方古典文明传统这一宏大任务的总称，是一种带有整全性视野的学问建制，意味着一套特定的学术方法。从古典学内部可

---

① U. von Wilamowitz-Moellendorff, *History of Classical Scholarship*, Duckworth, 1982（出版于1921年的德文原版名为《（古典）语文学史》[*Geschichte der Philologie*]）。此书已有陈恒中译本，《古典学的历史》，生活·读书·新知三联书店2008年版。

② John E. Sandys, *A history of classical scholarship*, Cambridge, 3Vols., 1903－1908。此书第一卷已有张治中译本，《西方古典学术史》，上海人民出版社2010年版。

③ Rudolph Pfeiffer, *History of classical scholarship*, Oxford, 2Vols., 1968－1976。

以分出很多小的学科，诸如（古典）考古学、（古典）历史学、碑铭学、纸草学等，不过，古典语文学（Philology 或 Classical Philology）才是古典学的基础和核心，是古典学首要、也是最重要的部分。古典语文学是对古典思想大家的作品（古典文本）及其思想的研究，其切实落脚点在于对古典文本的考订校勘和注释疏解，以及结合西方思想的古今大传统对这些文本和思想进行深度阅读和阐释。[①]

对汉语学界的西学研究者来说，尤为值得注意的是古典学的一套特定的学术方法或学问样式。由于古典学的基础和核心部分是古典语文学，古典学的学问样式就典型体现在古典语文学上。古典语文学的工作围绕古典文本这个中心，从校勘考订、词句注释、古文今译、义理解释等方面具体展开。考订、注释、今译到释义这一系列环环相扣的程序，构成了古典语文学一套特定的学问样式。

这里不妨以西方古典语文学界治柏拉图《王制》（*Republic*）的方法为例做个简要说明（因所涉文献较多，略去文献的版本信息）。以地道的古典语文学"家法"治这部古典文本，首先就是进行文本考订——从 16 世纪初《王制》的希腊原文校勘整理本首次出版以来到现在的近五个世纪中，西方古典学界总共出现过十多位学者的近二十种版次的考订本，其中权威的是 20 世纪初伯内特（J. Burnet）的牛津版（OCT）文本，但晚近《王制》文本考订有了新进展，成果即为 2003 年史林斯（S. R. Slings）主持出版的牛津新版文本。与校勘考订同时或稍后进行的，是对文本的希腊原文进行详细的注释，提供语词训诂、异文考辨、典故释义、文献互证等等性质的全面性笺注（典型的笺注本不带今译）。古典作品的笺注难度很大，非有广博而厚实的古典学养者不能为之。因此，针对某部作品的功力深厚、内容宏博、毕其全功的笺注作品往往不可多得。对《王制》做了全部笺注的有几家，19 世纪末、20 世纪初英国学者亚当（J. Adam）完成的两大卷本是上品。然后是今译。用现代西语（英、德、法、意、西）对《王制》进行今译是研究工作从考订和注释进一步扩展的必须要步骤。《王制》的现代西语译本非常多，仅就英译本而言就有肖里（P. Shorey、1930－1935）、布鲁姆（A. Bloom、1968）、格里菲思（T. Griffith、2000）等多种高质量

① 关于西方古典语文学晚近已出版两个重要的中文文献：苏杰编译，《西方校勘学论著选》，上海人民出版社 2009 年版；刘小枫编：《西方古典文献学发凡》，华夏出版社 2014 年版。

译本，而从2004到2007年，英语学界更是以每年一本的速度接连出了四个新译本（译者分别为C. D. C. Reeve、A. Tschemplik、R. E. Allen、J. Sachs，大都为学界名家），相互比拼对希腊原作的理解能力和转化为现代语言的翻译能力。

在考订、注释、今译之后，就是释义了。严格的古典语文学的义理解释体例是义疏或疏解（commentary），即严格按照文本的先后、卷序来进行的义理疏通或解释。稍做了解即可发现，随原文顺序进行通篇疏解是古典学解释文本时运用得极为广泛的体例，古典学者们除了在校勘、注释和今译上比小学功夫外，往往就是通过这一体例在义理解释上拼思想功夫。值得注意的是，义疏并非古典学家进行义理解释时使用的唯一体例，但它是最能体现古典学家法的体例。那些打乱文本顺序、脱离文本语境，以抽绎主题、搜寻"学说"为方式进行的研究（这些研究通常都借助种种现代西方人文、社会科学的"理论"视野或"方法"来进行），从体例上讲，则已非古典语文学特定的学问样式，属于现代学术的学问样式之列了。《王制》的义疏文献非常多，不过这里就不做进一步介绍了。需要指出的是，上述四个方面可能相互独立，也可能相互结合——或考订加注释，或今译加注释，或今译加义疏，或注释加义疏，或四个方面一网打尽，形式灵活，不一而足。

显然，与我们过去熟悉的西学研究方法相比，古典（语文）学的学问样式迥然不同。不过，对这套看似陌生的学问样式，我们又有似曾相识之感——古典语文学与我们的传统经学多有相似之处。的确，无论就学问样式还是就精神实质而言，古典学或古典语文学都堪称西学中的"经学"。①

稍微知晓中国传统经学的学问样式，就不难对古典语文学这一学问样式产生某种程度上的熟悉感乃至亲近感（当然，可以和中国经学相比的还有神学、尤其基督教神学和犹太教神学中的解经学，不过由于古典学时段部分涵盖西方犹太教-基督教文明时段，所以这两种神学性的解经学可以部分纳入古典学的范畴）。中国的经学在乾嘉时代得到了极大发展，经学文本的考订、注疏成就斐然；与此相似，西方的"经学"、古典语文学也在18、19世纪获得了长足进展，古典文本的校勘、笺注也是硕果累累（前面提到的16世纪以来《王制》近二十种版次的考订本中，三分之二都是19世纪的成果）。而且与中国经学中

① 美国汉学家韩大伟(D. B. Honey)便是如此理解和翻译古典学一词的，见其所著《西方经学史概论》，华东师范大学出版社2012年版。

有“古文”与“今文”之争一样，西方的“经学”也存在类似学术、思想进路上的分歧。如今，我们作为“意识形态”的经学中断已久，作为学问样式的经学即便没有完全消失，也早已式微——在对历代典籍的研究中，现代学问样式久已占据主要地位，只是在古代文献整理领域，经学的学问样式传统还在某种程度上有所保存。反观西学中的“经学”，一方面这一特殊的学问样式在西方现代性处境中一样危机四伏，但同时其旺盛的生命力似乎并不畏惧来自现代学术的挤压和演变——可以说自20世纪中叶以来，西人的“经学”还得到了重大推进。

值得重视的是，古典语文学这种以考订注疏为体的学问样式，体现着一种沉着谨严的学问态度和扎实稳靠的思想方法。与种种先入为主的现代学问方法不同，通过“经学”方式对古典文本进行的细读和思考，必须以文本中出现的言辞为依据，并紧贴文本的上下文来进行思考和理解。也就是说，思路要在言路中行进，对文本局部的把握必须以前后及通篇的整体语境为依托。一切随意脱离文本语境、急欲灌注自己主观意见的高谈阔论、空疏思想，都与这种以“文本细读”为尚的学问样式无缘。在当下这个中西皆然的学风浮躁、急功近利、崇尚学术快餐的时代，古典语文学的学问样式显得具有一种极为独特的品格。对这一品格，古典语文学家出身的尼采曾有过极好的描述：

> 语文学是一门让人尊敬的艺术，要求其崇拜者最重要的是：走到一边，闲下来，静下来和慢下来——语文学是词的金器制作术和金器鉴赏术，需要小心翼翼和一丝不苟地工作；如果不能缓慢地取得什么东西，语文学就不能取得任何东西。但也正因为如此，语文学在今天比在任何其他时候都更为不可或缺；在一个“工作”的时代，在一个匆忙琐碎和让人喘不过气来的时代，在一个想要一下子“干掉一件事情”、干掉每一本新的和旧的著作的时代，这样一种艺术对我们来说不啻沙漠中的清泉，甘美异常——这种艺术并不在任何事情上立竿见影，但它教我们以正确的阅读，即，缓缓地、深入地、有保留地和小心地，带着各种敞开大门的隐秘思想，指头放慢一点，眼睛放尖一点地阅读……（《朝霞·前言》第5小节，刘小枫译文）

尼采这里所说的“正确的阅读”、“缓慢的”阅读，正可用作对古典语文学以文本细读为中心的学问样式的最好形容。作为古典语文学家，“尼采对抗自己时代的精神，呼吁人们集中注意那些具有永恒价值的经典”，[①]而无论是在尼采当时还是在我们今天的时代，古典语文学这一专注于古代伟大经典的学问样式，都是医治浮泛的学风、培养现代学人良好的阅读习惯和思考“德性”的一剂良药。

五、古典学与思想史

对古典学这一西学中历史悠久、传统深厚的老牌“学科”，我们汉语学界基本上还处于无知状态。

上世纪90年代末辽宁教育出版社曾经出过一本叫《当代学术入门·古典学》的书（译者还是令人敬仰的董乐山先生），但这本《古典学》基本算是通俗读物，关键是，你能期望通过一本宣称“古典学的核心是旅游”的书来入古典学的门吗？[②] 学界还零星引介过一些算是古典学领域的书，[③]大都是一些关于古希腊罗马思想文化的通论、概论书籍（作者也不是什么古典学大家）。也有人可能会说，我们关于古典西方已有的知识难道还算少吗？的确，在这样那样的教科书、概论和通论中，确可见到不少关于古希腊、古罗马的论述，但是，倘若以为靠这些抄来抄去、浅薄庸俗、浮泛不确的文字，就可以拥有关于西方古典传统的“知识”，只能说是无知者无畏了。

严格算得上积累的，只能在我们的古希腊哲学研究、古希腊罗马文学翻译，以及世界古代史研究等领域，找到一点点（现在是该把这些存货全面清点一下的时候了）。问题的关键还不在于数量远远不够（特别是对西方重要古典文本的规模性翻译完全没有、翻译品质精良的古典文本更是少之又少），而在于学术方法和价值立场。我们对西方古典思想的已有认识，几乎都是以现代

---

① H. Lloyd-Jones，《尼采和古代世界研究》，见J. C. O'Flaherty等编，《尼采与古典传统》，田立年译，华东师范大学出版社2007年版，第17页。

② 比尔德等：《当代学术入门·古典学》，辽宁教育出版社1998年版，第31页。

③ 比如汉密尔顿的《希腊方式》（浙江人民出版社1988年版，后来2003年辽宁教育出版社还出了个叫《希腊精神》的新译本），欧文的《古典思想》（辽宁教育出版社1998年版），基托的《希腊人》及巴洛的《罗马人》（分别为上海人民出版社1998、2000年版）。由于缺乏意识，学界本来有的一些了解古典学基础知识的机会也给白白丢掉了，举个小例子：《不列颠百科全书》第14版中收有当代著名古典学者罗伊德-琼斯（Huge Lloyd-Jones）撰写的近两万字长的条目“古典学术”（“Classical Scholarship”，见 *Encyclopaedia Britannica*，14th Edition，2003），简洁地介绍了从古希腊一直到20世纪的西方古典学的历史概况，实为了解古典学为何物的一个虽小但实实在在的“入门”之处。惜乎国人在将80年代的十一卷本中文版《简明不列颠百科全书》扩展为二十卷的《不列颠百科全书》国际中文版时，挑选、增补了数千条目之后，最终还是把这条忽略了。

立场及其方法为基础的。表现就在于，通过种种分化性的“学科视野”来对古典思想进行知识切割，其结果就是产生出诸如古希腊哲学史、文学史、史学史、政治思想史、宗教思想史等等现代学科视角下的历史知识叙述，而这些知识叙述又往往都被“历史主义”的价值立场统领着。学科视野、历史主义其实还只是表象，最终的问题在于是用今人的眼光来理解古人，而非用古人自己的眼光来理解古人。由这种视野出发，我们获得的对西方“古典”的理解最终不过是对西方“今典”的理解的延伸或确证，而非对“古典”自身的理解。

出现这种问题的原因在于没有注意到古典学上述那种特定的“经学”性学问样式，而更根本的原因在于前面所说的，严格来讲，在施特劳斯进入中国以前，我们还缺乏主动、全面、深入接纳古典西学或古典学的必要性意识。“为何”有必要接纳古典学（深入认识西方以认识自我）的问题都尚未解决，自然就谈不上“如何”接纳古典学的问题了（用古人自己的方式来理解古人），当然也就不会注意到古典学自身那套特有的学术方法。

其实，学科视野、历史主义、用今人的方式而非古人的方式来理解古人，都是西方古典学自身存在的问题，是西方现代思想学术对古典学不良影响的结果。由于不加反思或出于对现代西方学术方法与立场的习惯性追随，少数有意无意走向古典西学的汉语学人便引入了这种成问题的古典学。

用一位当代著名古典学者的话说，从文艺复兴到 18 世纪末、19 世纪初，古典学在西方的两次复兴都是“渴望用古代人来照亮现代人的一种运动”，但是，受 19 世纪以来地位日益强大的自然科学与历史意识的影响，古典学逐渐陷入了遗忘自己源初意图的危机，“学者们日益癖好那些因其本身的缘故而被收集的事实，并为‘生产’的日益增加而沾沾自喜”。[①] 结果，专业化被推进到了极端，[②]古典学被深深打上了现代科学主义、实证主义的烙印，历史主义的

---

① H. Lloyd-Jones，《尼采和古代世界研究》，见 J. C. O'Flaherty 等编，《尼采与古典传统》，田立年译，华东师范大学出版社 2007 年版，第 8、9 页。

② 不妨从“美国国会图书馆图书分类法”来看看如今古典知识“散落”到了多少大大小小的学科门类当中：B 165－626（希腊罗马哲学），BL 700－820（古典神话和宗教），DE（希腊罗马世界），DF 10－289（希腊史），DG 11－365（罗马史），HC 37（希腊经济史），HC 39（罗马经济史），HF 373－376（希腊商贸），HF 377－378（罗马商贸），JC 71－75（希腊政治理论和建制），JC 81－90（罗马政治理论和建制），KE 40（希腊法律），KE 100（罗马法律），PA 1－199（古典语文学一般），PA 201－899（希腊语文学和语言），PA 2001－2915（拉丁语文学和语言），PA 3050－4505（希腊文学），PA 6001－6971（拉丁文学）。在其他如“体育”（GV）、“妇女和社会”（HQ）、“艺术”（N）、“军事和海事”（U、V）等等门类中都可以找到相应的希腊罗马知识的位置。

立场和方法在古典学的研究中极为盛行。[①] 受实证主义、历史主义影响的古典学，往往专注于历史事实及知识的搜集和考证，而不问古典思想对于现代生活的价值和意义。

但另一方面，西方古典学内部对其科学实证主义、历史主义倾向的反思和批评，对古典学研究之于现代生活的价值和意义的关注和强调，也有悠久深厚的传统。可以德国为例。尽管德国古典学界的历史实证主义风气极浓，但同时，强调古典学研究的当下意义，强调应通过发掘和传扬古典精神来救治当下生活疾病的这种呼声，恰恰也在德国古典学界极为高昂。最重要的一个例子，就是德国两位著名古典学家、尼采与维拉莫维兹(Wilamowitz)之争。[②] 作为古典学中的历史主义的代表，[③]维氏批评尼采的《悲剧的诞生》完全不恪守古典学的(科学主义、实证主义、历史主义)考据家法，可是在尼采看来，(古典)历史研究如果不"服务于生活"，而是一味强调历史知识的不断增长，那么，"在历史学的某种过剩中，生活将支离破碎，将退化，并且又由于这种退化，甚至历史学亦复如是了"。[④] 尼采写于维氏批评《悲剧的诞生》两年之后的长文《历史学对于生活的利与弊》，不仅可视为对维氏的反驳，也是他对古典学与历史研究中的实证主义、历史主义取向的全面攻击。[⑤] 尼采的攻击的意图，正在于坚定捍卫古典研究关怀当下生活的价值正当性，持守古典学之于现代性问题的价值担负。

---

① 关于历史主义，可参王晴佳:《西方的历史观》，华东师范大学出版社 2002 年版，第 129 页以下；当然，历史主义的实际情况可能要更复杂一些，如参伊格尔斯，《德国的历史观》，译林出版社 2006 年版；对历史主义的批评，可参施特劳斯:《自然权力与历史》，生活・读书・新知三联书店，2003 年版，第 10—36 页。

② 关于这场争论的情况这里不作细述，汉语文献可参黄洋的两篇文章:《古典学家尼采》，载《万象》第 10、11 期合刊，辽宁教育出版社 2003 年版；《尼采与古典学研究》，载陈恒等编，《新史学》(第一辑)，大象出版社 2003 年版。另外可参 H. Lloyd-Jones 为维拉莫维兹《古典学的历史》一书英译本所写的《导言》(见前述中译本)；以及此书中译者陈恒的《译后记:维拉莫维兹与古典学术研究》；另可特别参看 H. Lloyd-Jones 的前述《尼采和古代世界研究》一文。

③ 伽达默尔说，"在维拉莫维兹那里，历史主义的古典学研究达到了高潮，这个学派是在解构人文主义中的古典主义和解构赋历史以意义的过程中成长起来的。"见伽达默尔:《哲学生涯》，陈春文译，商务印书馆 2003 年版，第 142 页。

④ 尼采:《不合时宜的沉思》，李秋零译，华东师范大学出版社 2006 年版，第 149 页。

⑤ 面对主流古典语文学界的批评，尼采显得极为自信:"当代语文学家已经证明他们自己不配与我和我的著作为伍。几乎用不着说明，即使在这种情况下，学还是不学一点东西也还是全在他们自己。然而，不管怎么说，我还是觉得一点也不愿意迁就他们。"见尼采，《哲学与真理:尼采 1872—1876 年笔记选》，田立年译，上海社会科学院出版社 1993 年版，第 83 页。

或许可以说尼采后来离开了古典语文学界，但他对历史主义的批判在古典学界的影响非常大，尤具讽刺性的是，后来维拉莫维兹的一大帮名震古典学界的弟子们，反而大都受了尼采的影响。比如，后来成为著名古典学家的莱因哈特(K. Reinhardt)就是在尼采的影响下成长起来的，而亦为著名古典学者的佛兰克尔(E. F. Fraenkel)则说，他们这代人在见解上之所以与其师维拉莫维兹有差别，最大原因就在于他们接受了尼采的影响。[①] 上世纪 30 年代，亦为维氏弟子的著名古典学家耶格尔(W. Jager)领衔发动了一场批判其师的古典学"新人文主义"或"第三次人文主义"运动，可以说就是在某种意义上继续了尼采的批判。对古典学研究、古典人文精神之于现代生活世界的积极意义的强调，一直是德国自温克尔曼以降的启蒙古典主义和启蒙浪漫主义(歌德、赫尔德、席勒、洪堡、施莱格尔、荷尔德林等)的一个思想传统，这一思想传统一直将古典理想、古希腊的人文精神和教化理念视为救治现代性精神困境的一剂良药，而尼采、耶格尔显然都深置于这一传统之中。[②]

知识分化、实证主义、历史主义对古典学的威胁，不仅仅在于令古典学遗忘其现代性问题担负，更在于令古典学失去认识古典世界的能力。如果说古典学意欲为现代人提供疗治文明疾病的手段，那么尽最大可能地恢复、认识古典世界和古典思想的本来面貌，就是古典学应当遵循的基本原则。也就是说，古典学必须在最大程度上用古人自己的方式来理解古人，而不能从现代人自己的立场出发去理解古人。但古典学最大的危险和问题，恰恰就在这里。

在面临古代经典时，古典学的一个基本问题就是，如何才能真正回到古典文本。可以说，古典语文学的前述"经学"式学问方法，就在全面致力于解决这一问题。这个问题可以从两个方面来看，一是语言与文献的障碍，二是释读经典的指导观念。两个方面的关系可以理解为"考据"与"义理"的关系，或者说，文献考证与思想史解释的关系。古典语文学家的文本考订、注释工作，可以在相当程度上把我们领回到古典文本：一是提供校勘精良的原文文本，二是进行

---

① H. Lloyd-Jones，《尼采和古代世界研究》，见 J. C. O'Flaherty 等编：《尼采与古典传统》，田立年译，华东师范大学出版社 2007 年版，第 1—2 页。

② 可以说，古典学研究应当具有指向当下生活的价值担负，已经成为二十世纪许多古典学家的一种共识，而且，此一共识也为古典学专门家圈子之外的众多禀持新人文主义精神的英美诗人、文人、学者们所广泛认同，如阿诺德、白璧德、理查兹、艾略特、奥登等等(可注意这些新人文主义者对现代中国思想界如学衡派的影响，以及这一影响对考察中国现代性问题的重要性)。

文字的训诂释义，三是指示思想和历史的背景，建构古典文本的互文性、历史性释读语境。这三点总体上可谓"考据"的含义。

但是，在接下来进行"义理"解释时，古典学家极易失手。正是在义理解释这个环节，古典学家往往难以真正回归古人，因为他们往往采用现代人的方式、而不是古人自己的方式来理解古人。究其原因，古典学家的释义进路除了容易受其语文学（小学）训练的限制，关键是极易受到各种狭隘的现代学科视野、思想"方法"的影响和困扰，[①]而源于现代哲学观念的种种现代、后现代解释学"理论"，更是给了古典学家自由运用自己解释权力的最大诱惑——不仅要、而且应当用现代人的方式去理解古人，因为现代人可以比古人自己更好地理解古人。

在为何要阅读古典的问题上，尼采强调必须以解决现代性问题为目的，同样，在如何理解古人的问题上，尼采也反对从现代人自己的视野来理解古人。尼采与温克尔曼等现代古典学者一样主张向希腊精神的回复，但是，尼采看到，温克尔曼、歌德等人恰恰全然误解了希腊人，误解了希腊精神的本质（参《偶像的黄昏·我感谢古人什么》第3、4节）。尼采坚信，"希腊人比他当时的学者们所相信的要离我们远得多"，尽管尼采最后对古人的理解仍然未能完全回到古人，但尼采确实"避免像他的同时代人那样，动辄将自己与古希腊人等同起来"[②]，至少于尼采的意图是非常清楚的，并且也就此做了最大努力——重新拉开现代人与古代人的距离，重新绷紧古今之争这一弓弦的两端。

看清西方古典学的这些既存问题和危险，有助于我们在引入古典学时保持清醒的头脑，晓得应当在什么样的前提下引入什么样的古典学。一方面，我们要在思想史的整体视野——亦即现代性问题、古今之争的视野——下来引入西方的古典学，并将上述具有"经学"性学问样式、以解读古典文本为要务的古典语文学，作为核心来引入；另一方面，则要抛弃现代人可以比古人更好地

---

① 著名的例子，比如心理分析学、人类学对英国著名古典学家 E. R. Dodds 的影响，人类学、结构主义对法国著名古典学家 Jean-Pierre Vernant 的影响，参见 H. Lloyd-Jones，"Psychoanalysis and the Study of the Ancient World"（《心理分析与古代世界研究》），见 H. Lloyd-Jones，*Greek Comedy*，*Hellenistic Literature*，*Greek Religion and Miscellanea*（《希腊喜剧、希腊化文学、希腊宗教以其他杂著》），Oxford，1990，第281—305页。在神话、悲剧等古典学研究领域，人类学、心理分析、结构主义等现代新潮思想对20世纪古典学界的恶劣影响，可谓致命。

② H. Lloyd-Jones，《尼采和古代世界研究》，见 J. C. O'Flaherty 等编：《尼采与古典传统》，田立年译，华东师范大学出版社2007年版，第23页。

理解古人这一傲慢无礼的心态，坚持用古人自己的方式来理解古人这一并不合宜于时代精神的解释学原则。

面对一部伟大的古代思想经典，仅仅依赖古典语文学家的工作，常常是不够的，不仅不够，还容易走岔了路。理解伟大的思想文本，我们还需要大家的眼光。如果说，古典语文学家的工作是我们的拐杖，那么，思想史大家的眼光就是我们的路标。要想在西方思想史自身的问题脉络中来真正理解古典思想，[①]我们必须跟随西方那些作为思想史家的古典学大家或解经大家。尼采、尤其施特劳斯，正是这样的大家。

作者简介：张文涛，1975—　，哲学博士，重庆大学人文社会科学高等研究院研究员，博士生导师。

① 按照西方思想史自身的脉络来理解古典（以及现代）西学是什么意思？诚如甘阳所言，这就是要懂得，比如，“柏拉图哲学要治的是古希腊民主的病，奥古斯丁神学要治的是古罗马公民的病，而马基雅维利史学要治的是基督教的病，罗尔斯的正义论要治的是英美功利主义的病，尼采、海德格尔要治的是欧洲形而上学的病，惟有按照这种西方本身的脉络去阅读西方，方能真正了解西方思想学术所为何事”。参见甘阳：《“西学源流丛书”总序》，见洛维特：《从黑格尔到尼采》，生活·读书·新知三联书店2006年版。

论著选译

早期基督教与希腊教化(节选)*

[德]瓦纳尔·耶格尔 著　吴晓群 译

前　言

本书是我1960年荣幸地就任哈佛大学卡尔·纽厄尔·杰克讲座(Carl Newell Jackson Lectures)教席时所做的系列讲座合集。为该教席命名的卡尔·纽厄尔·杰克逊教授将我引介到哈佛,这对我意味深长,使我能够在退休之时成为哈佛大学的一名教师,为此,我对他深表感谢。

我曾经在其他场合中就这些讲演的题目做过简短的讨论。在此,呈现给大家的讲座合集则是对那些内容的进一步扩展,并辅有大量注释,以此作为一本著作的必要组成部分。但即便如此,以现在这样从演讲内容扩展而来的规模也没有完全实现我原先的计划。当我写作《教化》(*Paideia*)一书时,从一开始我就认为,这部著作应该专门有一卷篇幅用来描述希腊教化是如何进入早期基督教世界,并为其所接受的。然而,尽管拙作的大部分内容在古代基督教文学领域内都已有人做过了,但该书所涉及的广大范围仍无法实现我对整本书预先的设计,也就是说,我仍无法在那本著作中将历史的延续和希腊教化的传统在古代晚期对基督教世界的影响以及发生的变化全面呈现出来。现在,我不再确定我是否还能将此放在一个广阔的规模中来处理,我甚至放弃了达至这一目标的希望。目前我已对此有了充分的准备,我决定在这些讲演中设定一些主要的大纲,然后将它们作为一种对那个整体的补偿发表出来。

---

* 本书中译本即将由上海三联书店出版。

幸运的是，我们手中拥有丰富的东方文献，如《死海古卷》和上埃及纳杰哈马迪（Nag-Hammadi）地区发现的完整的诺斯替教派文集，以及学界对早期基督教历史研究兴趣的突然复活，同时不可避免的是，我们应该彻底重新评估，在我们时代刚刚开始的几个世纪里对基督宗教—希腊文化及哲学的历史起决定作用的第三大因素。我将这本小书视作这一全新尝试的第一步。

瓦纳尔·耶格尔
哈佛大学
1961 年复活节

第　一　章

在这些讲演中，我不会将宗教与文化对立起来，视作人类头脑中两种不同的思想形式。正如标题所显示的，尤其是在今日，当诸如卡尔·巴塞尔（Karl Barth）和布鲁纳（Brunner）这样的神学家们坚持认为，宗教不是文明的一个从属部分时，就如同老派的自由主义神学家们时常将艺术、科学以及宗教混为一谈一样。换言之，我不希望在提要中讨论宗教与文化的问题，而是要具体地谈到基督教与希腊文化的关系问题。与古典学家一样，我将以一种历史的方法去讨论这一现象。我不想将希腊思想（如同在索福克勒斯的悲剧中或帕特侬神庙里所表达的那样）与基督教精神（如同恩尼斯·瑞南[Ernest Renan]从雅典卫城返回圣地时所做的那样）相比较。瑞南感觉自己被纯美和纯粹理性的崇高表现所征服，就如同他在卫城上热情洋溢的祈祷中所理解和赞美的那样。[①] 而弗里德里希·尼采（Friedrich Nietzsche），这个与他同时代的年轻人，既是一个新教牧师的儿子，同时还是一个狂热的狄奥尼索斯崇拜的信徒，他则将这种比较推到了一个极端，并且从一个古典学家变成了一个反基督的传教士。我可不想做这样的比较，反之，我要谈及希腊文化在基督宗教出现之时的情况，以及这两者在我们这个时代最初几个世纪中的历史性交汇。不过，在本书有限的范围里，我不可能谈到早期基督教艺术，也无法涉及古代晚期和早期教会的拉丁世界。

从 18 世纪下半叶近代历史意识的苏醒以来，神学家们已经意识到，在分

---

① Ernest Renan, *Souvenirs d'enfance et de jeunesse* (Paris 1959), p. 43f.

析及描述那与新宗教的诞生一同开始的重大历史过程时，在所有的因素中，希腊文明在基督教思想中对确立基督教传统的最终形式产生了深刻的影响。①最初，基督教只是晚期犹太教宗教生活中的一个产物而已。② 最近发现的诸如所谓《死海古卷》这样的古代文书，为我们了解这一时期的犹太教投射了一缕新的光线，与之相应地，也在那个时代死海沿岸其他宗教派别的苦修式虔诚与耶稣救世主信息之间划清了界线。表面上，两者间存在着某些明显的相似之处，但其实两者间有着巨大的差异。事实上，基督教的"福音传道"(*kerygma*)并没有停留在死海或是在犹地阿(Judaea)的边界地区，而是超越了其排他性和地区孤立性扩散到了周边地区，这是一个由希腊文明与希腊语所统辖的世界。这在基督教的发展以及对巴勒斯坦地区的扩张中都是一个具有决定性意义的事实。其先导是希腊化时代里希腊文明长达三个世纪的扩张，

---

① 理论上，希腊文明对基督宗教的影响在许多领域里已为学术性的神学论著所承认。在教义史上，阿道夫·冯·哈纳克(Adolf von Harnack, *Lehrbuch der Dogmengeschichte* I, Freiburg-Leipzig, 1894, 121 - 147.)将希腊文明列为对基督宗教的形成及其历史发展最有影响的因素之一。哈纳克基础性工作的重要性尤在于展示了希腊哲学对基督教教义的影响。最近，H. A. 沃尔夫森(H. A. Wolfson)对基督教的哲学含义与其希腊源头的关系进行了更加细致的研究(H. A. Wolfson, *The Philosophy of the Church Fathers* I, Cambridge, Mass., 1956.)。甚至在这种系统努力之前，追随哈纳克史学流派的神学家就已在《圣经》特别是《新约》中找到了希腊的因素，而汉斯·利茨曼(Hans Lietzmann)则在其主编的杂志《论新约手册》(*Handbuch zum Neuen Testament*)中系统地将这种观点运用于对最早期基督教文献的注释之中。近来，在考古学界，E. R. 古迪纳夫(E. R. Goodenough)在其八卷本的《希腊—罗马时期的犹太符号》(*Jewish Symbols in the Greco-Roman Period*, 8 vols., New York, 1953 - 1958.)一书中揭示了希腊文明对晚期犹太教的影响。所谓的宗教通史已表明外来宗教对于早期基督教的影响是广泛的，同时也触及了希腊人对早期基督教的影响。另一方面，以往的神学研究学派(诸如 D. F. 斯特劳斯[D. F. Strauss]学派)习惯上假设希腊哲学对《新约》特别是对圣保罗有着直接的影响，但这尚未被现代史学研究所证实。当然，这其中的确蕴藏着许多哲学思想，但是，并不能将其视作一种明显的教义上的影响，例如，19 世纪中叶的图宾根(Tübingen)神学流派就曾假设塞涅卡(Seneca)对圣保罗产生了影响。总之，这种认为希腊哲学在教义上对基督教思想产生了影响的观点是来自于后世的思想家，参见第 64、86 页以下的内容。对于古典文学以及文学形式的追述，参见第 7、57 页；至于犹太世界及犹太—基督教世界里的希腊语，则可参见第 5—12 页。

② 这方面被主要强调是因为过去半个世纪里在基督教神学研究中，自哈纳克以来，学者们认为，有必要警醒并抵制 R. 莱岑施泰因(R. Reitzenstein)和其他当代学者青睐宗教史(*Religionsgeschichte*)的趋势，因为他们的观点可能会对基督宗教的独创性带来毁灭性的打击，并使其真正的起源在犹太思想史上仅仅作为其中的一个阶段，从而变得模糊不清。关于犹太教晚期的情况，参见 Emil Schürer, *Geschichte des jüdischen Volkes im Zeitalter Jesu Christi* (4th ed., Leipzig 1901 - 1909; English translation by J. Macpherson, S. Taylor, and P. Christie, New York 1891)；也可参见 R. Pfeiffer, *History of New Testament Times* (New York 1949)。

而这一时期长期以来都为古典学家所忽视，因为他们不肯关注除希腊古典时期以外的其他时代。约翰尼·格斯提·德鲁森(Johann Gustav Droysen)是一个伟大的历史学家，是他首先发现了希腊世界的扩张，他也是第一位书写其历史的人。[①] 从他已出版的信件中我们发现，他被基督教信仰及其教义所激发，因为他已觉察到，如果没有这种希腊文化的后古典式演变，作为一个世界性宗教的基督教是不可能兴起的。[②] 当然，在罗马帝国中，基督教在说希腊语世界中的这种发展过程并非是单方面的，因为同时它也意味着基督宗教的希腊化(the Hellenization of the Christian religion)。我们必须明白，基督教被希腊化不是一件立即就很清晰的事情。我们力图将此解释得更为明确一些。

我们注意到，在使徒时代，在基督教希腊化的第一个阶段是使用希腊语，这表现在《新约》的写作之中，后使徒时代所谓的“使徒教父”(Apostolic Fathers)仍沿袭这种习惯。这也是“希腊主义”(*Hellenismos*)这个词最初的意思。[③] 而语言问题决不是一件不相干的事情。希腊语是被视作一个有关概念、思想范畴、承袭性的隐喻以及微妙的言外之意等这样一个整体进入基督教思想之中的。基督教之所以从第一代信徒开始就与其周边世界迅速同化，明确的理由显然是，首先，基督教是一次犹太运动，那些人是保罗时代被希腊化了的犹太人，这不仅是在犹太人流散时期，而且也包括他们大规模进入巴勒斯

---

① J. G. Droysen, *Geschichte des Hellenismus* (Hamburg 1836 - 1843).

② J. G. Droysen, *Briefwechsel*, ed., Rudolf Hübner (Berlin-Leipzig 1929) I. 70. 从这封信里，我们看到，显然，发现希腊主义之历史的人，其兴趣部分是因为这个时期本身，而更多的则可能是由于这一时期在世界历史中所扮演的角色，即它使得基督教成为可能。

③ “希腊主义”(*Hellenismos*)一词为名词，它源于动词 *hellenizo*，意为“说希腊语”，最初的含义是正确地使用希腊语。这一概念似乎最初只是为教授修辞学的教师所使用。在雅典莱森学园(Lyceum)，西奥弗拉斯塔斯(Theophrastus)像他的老师亚里士多德一样将修辞学作为他教学的一部分，以此来建构他称为“美德措辞”(*aretai*)之完美体系理论的五个部分，其中首要的也是最基础的就是 *Hellenismos*，即在使用希腊语时正确地运用语法，以戒除文理不通、粗鄙不堪的问题。(参见：J. Stroux, *De Theophrasti virtutibus dictendi*, Leipzig, 1912, p. 13.)这一要求有其时代特色，在公元前 4 世纪的希腊，外邦人的数量庞大，以至于他们说话的方式败坏了人们的口头用语，甚至对希腊人自己的语言也产生了不良的影响。因此，*Hellenismos* 一词就不再仅有原初的含义，之后，它不可避免地承担了“采用希腊式风格”或“希腊生活方式”的意思，特别是在希腊之外当希腊文化成为一种时尚时。关于古代晚期的另一个用词则是大范围的基督教化，参见第 72 页。这不仅意味着希腊人的文化和语言，而且还意指“异教徒的”，即古希腊的宗教和崇拜仪式都发生了变化。在此意义上，它更多地被希腊教会的教父们在其辩论中加以运用。这个词的多重含义在学术文献中并不总是能够被分辨得足够清晰。

坦地区之后；[①]其次，正是那些被希腊化了的犹太人首先成为了基督教的传教士。他们就是在《使徒行传》第六章中所提到的耶路撒冷使徒团体中被称之为“说希腊语的犹太人”（Hellenists），他们在其首领司提反（Stephen）殉教之后散布在巴勒斯坦各地，并从第二代开始了传教的活动。[②] 如同司提反本人有一个希腊文的名字叫斯特凡诺斯（Stephanos）一样，他们也都有一个希腊文的名字，诸如腓利浦斯（Philippos）、尼克罗（Nikanor）、普罗查诺斯（Prochoros）、泰门（Timon）、巴门尼斯（Parmenas）、尼克罗斯（Nikolaos），而且，他们大多数人都来自被希腊化至少一代甚至一代以上的犹太家庭。[③] 新教派克里斯蒂亚诺（Christianoi）这一名称就源于一个希腊城市安提阿（Antioch），在那里，那些希腊化了的犹太人为传播基督教建立了第一块活动区域。[④] 在整个环地中海

---

① 当然，尤其是对于犹太贵族和知识阶层而言，这是真实的。参见：Josephus，*Antiquitates Judaicae*，XX. 12. 264，(*Opera*，ed. Nies，IV，Berlin，1890，269.）。正如约瑟福斯所正确指出的：大多数犹太人比其他民族更不愿意学习外来语言，这与希腊化世界生活在巴勒斯坦地区以外的犹太人不同，他们很快便掌握了希腊语，而不是埃及人的或其他民族的语言。但是，在巴勒斯坦地区，希腊语使用之广，实则远远超过学者们所估计的，它不仅被用于商业贸易之中，对于受教育较少的阶层而言，即贩夫走卒之辈，亦通晓希腊语。参见：S. Lieberman，*Greek in Jewish Palestine* (New York 1942)，and *Hellenism in Jewish Palestine*，(New York 1950).

② 《使徒行传》第 6 章第 1 节以下。在此出现的“说希腊语的犹太人”（Hellenists）一词是与“希伯来人”（Hebrews）一词相对立的，但它并不是指“希腊人”（在《新约》中“希腊人”[Greeks]这个词通常是指“犹太人眼中的异教徒”[gentiles]）。“说希腊语的犹太人”一词是对犹太人中那些说希腊语的人的正式称呼，因此，它也指使徒时代在耶路撒冷的早期基督教社团中的犹太人。这并不意味着这些人是生为犹太人或是在耶路撒冷长大却接受了希腊文化的人，而是指那些不再说他们原本阿拉米语（Aramaic）的犹太人，他们即便是懂得这种原初的语言，然而因为他们或他们的家庭曾长期居住在希腊化的城市中，之后才重返祖居地的，因此他们说的仍是希腊语。那些人并没有变成基督徒，而是在耶路撒冷拥有他们自己的希腊式犹太会堂，我们发现有一个像司提反一样说希腊语的犹太基督徒曾与他们进行过长时间的神学讨论。《使徒行传》第六章第 9 节中曾专门提及利比里亚人（the Libertinoi）、昔勒尼人（the Cyrenaeans）、亚历山大里亚人（the Alexandrians）和西里西亚人（the Cilicians）中的犹太会堂，以及分布在小亚细亚各地所有的犹太会堂。自然地，这些说希腊语的基督徒，甚至他们在司提反死前仍在耶路撒冷传教，他们就应该首先转向犹太人中那些说希腊语的非基督徒，向其传教，因为他们之间有着共同的语言与教育的希腊背景。在每日分食及周鳏济寡等方面，他们始终坚持让通希腊语者为其代表。据此，可以断定，他们在使徒团体中，虽是少数，却势力日增。因此，他们能够从十二门徒那里获得任命新助祭的重要特权。因为在《使徒行传》第 6 章第 5 节中第一批助祭都有着一个希腊式的名字，这似乎清晰地表明，他们的特别之处仅仅在于他们是使徒社团中说希腊语的人，他们也应该是会众中主要受关照的那部分人。使徒宣布革新，强调的是让他们自己来做所有的工作实在是太多了。然而，如果新的助祭不需要得到整个会众的关照，那么说希腊语的犹太人即使和“希伯来人”一样，仍增加了说希腊语的犹太人在早期基督教社团中的重要性，因为七个被选出来的助祭全都是说希腊语的犹太人。

③ 只有尼克罗斯（Nikolaos）不是犹太裔，而是一位来自于安提阿（Antioch）的改宗者，参见：Acts 6. 5。

④ Acts 11. 26.

地区的犹太会堂(*synagogai*)中,希腊语都是通用语言。这一点可从亚历山大里亚的斐洛(Philo of Alexandria)身上得到明证,他那些讲究修辞的希腊文著作不是为异教徒写的,而是为其受过高等教育的犹太同胞写作的。这也就是为什么,之后,大量新皈依的异教徒不理解,为何在离散地犹太会堂中举行的犹太崇拜仪式中会使用希腊语的原因。而保罗的整个传教活动都基于这一事实。他与旅途中遇见的犹太人谈论,力图将基督的福音以希腊语加以传播,并辅以精妙的希腊式逻辑论证。《旧约》中两段作为戒律的话语就均源于希腊文的《旧约全书》而非来自希伯来的源头。①

除了《耶稣语录》(the Logia)、《耶稣语录集成》和《福音书》(the Evangelia)的新形式以外,使徒时代的基督教作家也都效仿希腊哲学家的形式进行写作,②他们使用希腊文写作了《使徒书》(the Epistle)、《使徒行传》,以及由其弟子所记载的智者或著名人物的教诲和言行等等。沿着这些线索,再加上其他类型的文献,诸如《十二使徒遗训》(the Didache)、《启示录》和《布道书》(the Sermon)等等,可见,基督教文学在使徒教父时代有了进一步的发展。后者替代了希腊大众哲学中讽刺与辩论学派(the Diatribe and Dialexis)的形式,希腊的这种大众哲学曾试图将犬儒学派(Cynics)、斯多噶学派(Stoics)以及享乐主义(Epicureans)的教义向民众传播。在埃及,甚至殉教史的形式也被异教徒们所利用,殉教史是在使徒时代当埃及人与犹太人之间发生激烈宗教冲突时发展起来的,在基督教殉教文学产生之前就已存在。③ 虽然,这些昙花一现的作品并没有保存下来,但我们仍不得不将这些希腊化时代的宗教小册子看作是许多教派自我"宣传"(*propaganda fides*)的一种手段。柏拉图曾提及俄耳甫斯教派的成员挨家挨户分发其教义小册子的事情,④而普鲁塔克

---

① 在这方面,福音书与圣保罗之间有所不同。在圣保罗的书信中引自《旧约》(the LXX)的数量远远超过了来自于其他源头的材料。参见:H. B. Swete, *Introduction to the Old Testament in Greek*, 2nd ed. (Cambridge 1944) p. 381ff。

② 关于这个问题的一般性讨论参见:Paul Wendland, *Die urchristlichen Literaturformen* (Tübingen 1912), part 3 of H. Lietzmann's *Handbuch zum Neuen Testament* I。

③ 参见:H. Musurillo, *The Acts of the Pagan Martyrs* (Oxford, 1954),特别是 p. 236 以下。

④ Plato, *Rep.* II. 364e. 柏拉图提及在由穆萨欧斯(Musaeus)的"漫游先知"(wandering prophets)和俄耳甫斯所提供的"一堆书籍"中,他们教给人们一种利泻排毒的宗教,该宗教的仪式被称作"泰勒塔"(*teletai*),即入会仪式。在该段落(364b－c)之前,柏拉图曾说,这些先知们拜访富有的人家是想要说服他们改变信仰,先知以仪式和献祭的方式来教导他们,使之从其旧有的罪或他们祖先的罪中得以赦免。这些书籍中包含了具体的劝告,各种达至此目的的方法。参见:O. Kern, *Orphicorum Fragmenta* (Berlin, 1922) p. 81f。

也在《给新婚人士的忠告》(*Precepts for Newly Married People*)一书中劝告女子,不要在后门接待那些试图偷偷向她们传播某种外来宗教的陌生人,因为那样可能会离间她与其丈夫之间的关系。[①] 在《雅各书》中,我们发现了一条来自于俄耳甫斯教的短语——"诞生之轮"(wheel of birth),[②]这肯定是《雅各书》的作者从某些宣传俄耳甫斯教的小册子里撷取的。这些教派就如同一个大家庭,时常相互借鉴一些词语和说法。所谓的毕达哥拉斯学派(Pythagoreans)就是其中之一,他们宣扬"毕达哥拉斯学派式的"生活方式,使用"Y"作为他们的象征物,这是一个交叉道路的标志,意味着一个人不得不决定他要选择走哪条路,是做好人还是坏人。[③] 在希腊化时代,人们了解这种教义有两种方式,当然是非常古老的方式(比如在赫西俄德的作品中出现的[④]),在一本大众哲学的文论《塞贝斯陶板》(*Pinax of Cebes*)中为我们描绘了神庙中奉献祭品的两种方式。[⑤] 这篇文论充当了哲学道德说教的一个出发点,如同不可知之上帝的祭坛一样,保罗在《使徒行传》第 17 章中将一篇铭文作为他抨击的对象。19 世纪发现的最古老的基督教教义问答手册被称之为《十二使徒遗训》(the Didache of the Twelve Apostles),该手册也将这两种方式作为基督教教义的本质,这两种方式将洗礼和圣餐中的圣礼结合在一起。[⑥] 显然,它们是被加入了一种基督教元素,因为这两种方式都来自于某些前基督教时期的小册子。这种带有道德格言的半文学形式的书籍和小册子,比如古希腊原子论哲学之父德谟克利特(Democritus)的小册子《思想的宁静》(*Peace of Mind*)。该书开篇即说:"如果你想要享受思想的宁静,那么就不要涉足太多

① 这就是普鲁塔克的意思,见 *Praecepta coniugalia* c. 19 (*Moralia* I, ed. Paton-Wegehaupt, Leipzig 1925, p. 288,5 - 10).另参见本人著作:*Scripta Minora* (Rome 1960) I, 136。

② James 3. 6.参见:Hans Windisch, *Die katholischen Briefe*, 3rd ed. (Tübingen 1951; *Handbuch zum Neuen Testament*, XV) p. 23, and Kern, *Orphicorum Fragmenta*, p. 244。

③ 参见:*Scripta Minora* I, 140。

④ Hesiod, *Works and Days* 288 - 293.

⑤ 参见:*Scripta Minora* I, 140f。

⑥ Didache c. 1 - 6, in *Die apostolischen Väter*, ed. Karl Bihlmeyer (Tübingen 1924).在《使徒巴拿巴传》(the Epistle of Barnabas) c. 18 中也出现了对"两种方式"的大量讨论,见上书。因为在两份文献中对于材料的安排有所不同,因此两者不可能互为源头,更像是它们都依赖于一个共同的资料来源。这一来源显示其来自一本犹太教的训导小册子,而且有关这两种方式的文献的确很少或根本没有任何东西能够被认为是基督教的。新毕达哥拉斯学派的《塞贝斯陶板》(*Pinax of Cebes*,参见注释 19)中包含了同样的道德训诫,勿庸置疑,它来自一个希腊的源头,而非犹太教的或是基督教的。

的活动。"这本书在当时非常著名，被时人广为传阅。[①] 当我在《黑马牧人书》(The Shepherd of Hermas)中发现这一训诫时十分惊讶，因为它已被改造成了基督教的诫令："戒除诸多活动，如此你便永远也不会误入歧途。因为那些忙于过多活动的人也会犯很多错误，而且由于他们投入各种活动之中，从而无法伺奉他们的主。"[②]因此，正如斐洛所常说的那样，他从其自身的经验中知道，"旧钱再次使用时会给它打上新的印记"[③]。

因此，正是早期基督教的使命迫使传教士或使徒利用希腊的文学形式和演说方法去应对希腊化了的犹太人，因为他们是最早改宗的，且分布于地中海世界的所有大城市之中。当保罗与异教徒相接触并使其改宗时，这就变得更加有必要了。在希腊化时期，这种规劝活动本身就带有典型的希腊哲学的特征。各种学派通过规劝演说试图为自己找寻追随者，在这种演说中，他们都会极力推销他们自己的哲学思想或教义(*dogma*)，并声称那是达至幸福的唯一途径。我们发现，这种修辞法首先是出现在希腊智者们的学说中，以及柏拉图对话集中的苏格拉底之口。[④] 甚至"改宗"(conversion)这个词也是源于柏拉图，表示以一种哲学的方式来表达生命中最重要的一次转变。[⑤] 即使这种接受的动机各不相同，基督教的福音宣讲中提及人的无知，并承诺上帝将赐予人类知识，如同所有的哲学思想一样，它将此归因于某个主人或导师，他拥有并揭示真理。这种希腊哲人与基督教传教士的类似做法可视作后者对前者的利用。哲学家的上帝与传统异教中的奥林波斯诸神也是不相同的，希腊化时代的哲学体系为其追随者提供了一个精神庇护所。基督教的传教士们则追随着

① Democritus frg. 3, Diels-Kranz, *Fragmente der Vorsokratiker* II 8. 132. 该书的内容被后人进一步扩展，使之广为流传，并且该书的部分内容甚至进入了古代晚期的某些道德谚语和格言的集子中，诸如《斯托布阿斯作品集》(the florilegium of Stobaeus)。在罗马帝国时期，该书仍广为流传。【111】《黑马牧人书》(The Shepherd of Hermas)也是一本大众读物(*Volksbuch*)，不同的文本传播也都已证实了这一点。参见：*A Papyrus Codex of the Shepherd of Hermas* (Similitudes 2–9), ed. Campbell Bonner (Ann Arbor 1934) p. 23ff。

② *Hermae Pastor*, Sim. IV. 5, in *Patres Apostolici*, ed. Gebhardt-Harnack-Zahn, 4th ed. (Leipzig 1902) p. 171, 4ff.

③ Philo, e. g., *Quod deterius potiori insidiari soleat*, I. 292. 24.

④ 苏格拉底式劝诫演说词最典型的例子是在柏拉图的对话集《欧绪德谟篇》(*Euthydemus*)中；参见本人著作：*Aristotle* (Oxford 1948) p. 62f。

⑤ A. D. Nock, *Conversion* (Oxford 1933)，诺克在书中将新教徒的改宗与希腊化时代那些准宗教哲学派别的心理定势相比较。柏拉图曾将哲学与人转向真正存在之光进行比较，有关于此的论述可参见本人著作：*Paideia* II (Oxford and New York 1943) 285，特别是 295ff。

他们的脚步，而且如果我们相信《使徒行传》中的记载，那么，他们有时甚至从其先辈那里借用其辩论中的论据和论点，尤其是当他们与一个受过教育的希腊倾听者交谈时更会如此。[①]

这就是在希腊人与基督教徒邂逅中一个决定性的时刻。基督教未来之所以能够成为世界性宗教也正是有赖于此。《使徒行传》的作者让使徒保罗去往雅典时，他清楚地看到了这一点。雅典作为古典希腊世界的文化与知识中心以及历史传统的象征，保罗在庄严的阿瑞奥帕戈斯山（the Areopagus）上向斯多噶学派的听众以及伊比鸠鲁学派的哲学家们布道，向他们宣说那不可知的上帝。[②] 他引用了一位希腊诗人的诗句，"我们都是他的子孙"，而他的辩论方式则在很大程度上是斯多噶式的，且被认为可以说服某个受过教育的哲学头脑。[③] 无论这一难忘的场景是真实的历史，还是戏剧性地再现了基督教世界与古典世界之间最初进行智力较量的历史性局面，这一幕都清楚地向我们揭

---

① 当然，之后，基督教的护教者们更是大规模地借用希腊化时代哲学家们的思想，例如，他们用哲学家们的辩论方法来反对希腊罗马大众宗教中的诸神。

② Acts 17. 17ff. 保罗在犹太会堂里对犹太人和雅典的新改宗者发表演说，所以《使徒行传》的作者告诉我们，他在阿雷奥帕格斯山向异教徒发表演说，因而是一次相当典型的使徒传教活动。这些在犹太会堂中的讲话仅被简单提及，但是保罗当然不会将其遗忘，因为犹太会堂是他布道时经常使用的场所。然而，这一次强调的显然是在阿雷奥帕格斯山上的长篇辩论，描绘了这位伟大的基督教领袖的新处境，保罗既是一位希腊文化的崇拜者，本身又是犹太人，而他的最终目的却是要在古典希腊世界里传播基督教。

③ 对于保罗在雅典演说中所采用的辩论方式最全面的分析，及其与古代希腊传统的关系（特别是其中的斯多噶派元素），可参见：Eduard Norden, *Agnostos Theos* (Berlin-Leipzig 1913) p. 13ff；还可参见重印的本人著作 *Scripta Minora* I, 110 – 111 中对该书所做的评论。我不认同诺登华丽的论点，他认为《使徒行传》的作者肯定是使用了文学的形式来描述异教的布道者和奇迹创造者泰安那的阿波罗尼斯（Apollonius of Tyana），将《使徒行传》一书写作的时间定在公元 2 世纪。在《新约》中，引用希腊诗歌的地方出现过几次。亚历山大里亚的克莱门（Clement of Alexandria），一位基督教作家，他是第一个特别关注《新约》诸卷中引用希腊诗歌这种文学形式的作者。在他本人的著作中也充满了来自希腊诗人的诗句，其中有些直接来自于希腊诗人的文本，有些则是摘自于《名诗选》以及类似的选集。作为一个受过高等教育的人，他对《圣经》作者的希腊教化问题有着极大的兴趣。他准确地辩认出《使徒行传》17. 28 中的引文是取自于阿拉图斯（Aratus）的天文学著作《现象》（*Phaenomena*）第五行（*Stromata* I. 19, ed. Stählin, Leipzig 1905 – 1909, II, 59, 1ff）。同样，他还指出埃庇米尼得斯（Epimenides）一首诗中的引文是取自于克里特人的史诗《神谕》（the *Oracles*, frg. 1, Diels-Kranz, *Vorsokratiker* I. 31）中一封致提图斯（Titus）的信里（1. 12）（*Strom.* I. 14, Stählin II, 37, 23ff）；而《哥林多前书》15. 33 中另一段有关希腊的回忆则取自于最著名的新阿提卡喜剧诗人米南德（Menander）的作品（*Thaïs* frg. 218, *Comicorum Atticorum Fragmenta*, ed. Kock, III, Leipzig 1888, 62），保罗在一封致科林斯最博学的希腊会众的书信中十分适当地引用了米南德的这段文字。

示了《使徒行传》的作者是怎样理解的。[①] 这种讨论需要一个共同的基础，否则就是不可能的。保罗选择了希腊哲学传统作为这个基础，在那个时代，对于生活在希腊文化氛围中的人们来说，这是最具有代表性的。一位稍后一点的基督教作家，即《使徒腓力传》(the Acts of the Apostle Philip)的作者以同样的方式来解释其写作意图：模仿权威的《使徒行传》，他让他的主人公来到雅典，像保罗一样针对相同的问题面对同样的听众发表演说。他让使徒腓力说，"我来雅典是为了向你们宣示基督的教化。"而那正是《使徒行传》的作者想要做的。[②] 基督教呼唤基督的教化，模仿者们强调，使徒的意图是要使基督教成为古典希腊教化的一种延续，这对于那些拥有旧文化传统的人们来说是符合逻辑的，也是能够被接受的。同时，《使徒腓力传》的作者还暗示，古典教化将被一种新的以基督为中心的文化所取代。由此，古代教化就成为了它的工具。

译者简介：吴晓群，1966— ，历史学博士，复旦大学历史系教授，博士生导师。主要研究古代希腊史及西方古典史学。已出版专著三部，译著三部，发表中英文论文三十多篇。

① 了解古代历史书写传统的学者们丝毫也不怀疑，保罗在雅典的演说是一种典型的逼真记录，但并非是一份历史文献。作者如此写作是为了达到整本书的戏剧性高潮，他不仅研习了希腊的历史著作，而且他本人也是一个具有真正历史视野的人。因为很显然，这是一种很好的方式，作者可以用这种方式将其材料与技巧圆融在文章的各个部分之中，以达到某种平衡。参见：A. v. Harnack, "Ist die Rede des Paulus in Athen ein ursprünglicher Bestandteil der Apostelgeschichter?" in *Texte und Untersuchungen*, 3rd Series, IX, No. 1 (Leipzig 1913)。有关于将《使徒行传》的作者视作历史学家的讨论可参见：Eduard Meyer, *Ursprung und Anfänge des Christentums* (Stuttgart 1921 – 1923) III, 3 and 23。

② Acta Philippi c. 8 (3). 参见：*Acta Apostolorum Apocrypha*, ed. Lipsius-Bonnet, II, Part 2 (Leipzig 1903) p. 5, 2。

布希里斯[1]

[古希腊]伊索克拉底 著　李永斌 译注

摘　要：伊索克拉底(Isocrates，公元前 436—前 338 年)是古典时期雅典最著名的演说家之一。他的作品流传下来的有演说辞 21 篇，书信 9 篇。依据中世纪以来传统的编号顺序，《布希里斯》是第十一篇演说辞，一般认为其创作时间是在公元前 391—前 385 年之间。

这篇演说辞的对象是波吕克拉底(约公元前 440—前 370 年)，后者是一位居住在塞浦路斯的雅典人，因其作品《控诉苏格拉底》(*Prosecution of Socrates*)而出名，据说柏拉图和色诺芬都写了反驳他的作品。因此他也被归为胡言乱语派，像许多智术师那样选择一些不太流行的主题来进行投机取巧的论述。据说他还写了一篇赞颂克吕泰墨斯特拉(Clytemnestra)的演说辞，后者因为谋杀自己的丈夫阿伽门农而遭到唾骂。但是，除了这篇演说辞中所提到的信息，我们对波吕克拉底为布希里斯所做的辩护一无所知。

布希里斯是传说中的埃及国王，伊索克拉底笔下的布希里斯实际上是各种埃及文化的合成体。希罗多德(2.45)曾记载说埃及人有杀死进入其国土的外国人的传统，但是这些人是被赫拉克勒斯杀死的，他没有提到任何一位国王。并且，在伊索克拉底之后，都没有人提到布希里斯的名字，直到晚近很多的阿波罗多洛斯(2.5.11)和奥维德(*Arsamatoria* 1.647 - 652)才有提及。这

---

① 本篇译文主要以洛布古典丛书伊索克拉底卷(George Norlin and LaRue Van Hook, *Isocrates*, 3 Vols., The Loeb Classical Library, Cambridge, MA and London, 1928 - 1945)为基础，同时参考了以下版本的英译本和研究性著作：David Mirhady & Yun Lee Too, *Isocrates* I, Austin: University of Texas Press, 2000; Niall Livingstone, *A Commentary on Isocrates' Busiris*, Leiden: Brill, 2001。

个名字是埃及语 *Bu-Osiris*（意为“奥西里斯之所”）转写成希腊语的形式，也就是说，本来是一座献给地狱判官奥西里斯的神庙，赫拉克勒斯在这里打败他，象征着英雄战胜死亡。演说辞中提及埃及人的人祭习俗，而这是希腊人深恶痛绝的一件事，即便是在他们的神话传说（如关于伊菲革涅亚的传说）中，嗜食同类也是不可接受的。

尽管《布希里斯》是伊索克拉底作品中最短的演说辞之一，但是有非常重要的价值。首先，伊索克拉底在这篇演说辞中阐述了撰写演说辞的一些基本原则，比如一定要紧扣主题，不能随意偏离主题，甚至与主题背道而驰（第 4—5 节）；赞扬和辩护的演说辞究竟该如何创作（第 9 节）。第二，这篇演说辞还有一个突出的史料价值，它反映了希腊人对埃及文明的普遍认识，这种认识既有认同也有反感，同时还反映了像伊索克拉底这样的希腊作家在其作品中对埃及的神话（或者传说）和历史素材的运用。

[1] 波吕克拉底（Polycrates），我听别人说你公平正直，①并且处于人生的转折时期。我读过一些你的著作之后，非常愿意坦诚地和你讨论，你应该接受怎样的教导来完善你自己。我相信，任何人，如果认为自己没有过错，这是不幸的，人们应该在哲学中去研究从而有所收获。经验更丰富的人，会在义务方面变得更加彻底而熟练，这种贡献自动地为他们的利益服务。[2] 我们还未曾谋面过，如果说我们将来碰巧在某个地方见面，那就应该用更长时间来交流其他事情。但是现在，我认为我应该通过信件来联系，通过这种方式我也许会给你提供一些帮助，同时尽可能不让别人知道这件事。② [3] 我清楚地知道，大多数人对于别人的劝告出于本能地拒绝，而不认为是得到了帮助。恰恰相反，他们对于任何人仔细审视他们的错误都极为不情愿。然而，那些满怀善意的人肯定不会在意这些敌意，而是尽力去给予别人忠告，从而改变他们的观念。③

---

① “公平正直”是伊索克拉底的核心价值观之一。他这样说波吕克拉底，表明他认为后者还值得他去教导，伊索克拉底在《反对智术师》中曾说过，那些渴望遵循他的哲学准则的人，只要愿意，他都可以去帮助他们提高，见 *Against the Sophists* 21。关于波吕克拉底经历了什么样的人生转折，我们不得而知。

② 伊索克拉底很明显保留了这封信的一份抄本在自己手上，因此这封信最后还是得以广泛流传。

③ 对于别人主动提供的建议，古代人与现代人有着截然不同的态度。因此伊索克拉底这里的说法实际上应该解读为一种反话，他的“善意”背后实际上是一种争辩。

[4] 因为我注意到你对自己的《为布希里斯辩护》(*Defence of Busiris*)和《控诉苏格拉底》颇引以为傲,因此我将尽可能地为你阐述清楚,你在这两篇演说辞中远远地偏离了主题的要求。尽管每个人都清楚,当我们要赞扬一个人的时候,一定要更多地归功于他的美好品质,而不是他所拥有的东西,而控诉别人的时候则必须反过来。① [5] 你到目前为止都没有遵循这些修辞方法,尽管你自称为布希里斯辩护,可是你不仅没有将他从中伤诽谤的言辞中洗脱,而且你还在暗示他犯了如此严重的罪行,以至于没有任何人能够做出比这更加凶残的暴行了。其他意在污蔑他的作者,仅仅只是诽谤他用拜访他的陌生人献祭。但是,你甚至指责他嗜食同类。而当你的目的是指责苏格拉底时,看起来却像是在赞美他。你认为亚西比德是他的学生,然而大家观察到的是,亚西比德从未接受过他的教导。大家只是认同亚西比德比他所处时代的所有人都更有成就。② [6] 因此,如果逝去的人自己能够对你的话语进行判断,苏格拉底将感激你的指责,因为这更像是在赞扬他。尽管布希里斯对他的客人们心怀仁慈,也将会因为你指责他一定会遭到报应而愤怒。你辱骂过的人对你的喜爱胜过你赞扬的人对你的喜爱,对于一个有自尊心的人来说,还有什么比这更令人羞愧的事情吗?

[7] 你是如此粗心,毫无责任感,你说布希里斯追求像埃俄罗斯(Aeolus)和俄耳甫斯(Orpheus)③一样的盛名,但是你没有列举出任何他们一致追求的事物,那么我们拿他的什么行为来和埃俄罗斯进行比较呢?并且,埃俄罗斯将在他的土地上靠岸的陌生人送回到他们的家乡,但是,如果我们信任你的言辞,布希里斯是杀死并吃掉了他们。[8] 或者,我们能够将他的行为和俄耳甫斯相比较吗?俄耳甫斯让逝者离开冥府,而布希里斯则在人们大限将至之时毁灭他们的生命。因此,我倒想要听一听,如果不屑于埃俄罗斯和俄耳甫斯,

---

① 伊索克拉底这里说的准则与亚里士多德的准则有一定差异,后者认为,与赞颂相反的不是控诉(*katēgoria*),而是谴责(*psogos*)。实际上,亚里士多德的准则可能也是虚构的,因为在适用于赞颂性演说辞的场合,如葬礼、体育赛会、节日中,并不适合谴责性演说辞。

② 伊索克拉底的演说辞《论马队》(*On the Team of Horses*)的对象是小亚西比德,其中对于小亚西比德的父亲,也就是这里提到的亚西比德给予了很多赞颂。在柏拉图的《会饮篇》中,亚西比德自己形象地描述了自己与苏格拉底的关系。亚西比德是雅典历史上最具争议的人物之一,很多人可能并不认同伊索克拉底在这里的看法。

③ 埃俄罗斯曾努力帮助奥德修斯回到伊塔卡(Homer, *Odyssey* 10. 17 - 27),俄耳甫斯将他的妻子欧律狄刻从冥府中救了出来,但是俄耳甫斯在最后时刻看了她一眼,导致她不得不再次回到冥府。

那么他将会做些什么事情，因为你说他倾慕他们的德性，从而做出了与他们完全相反的事情。但是最可怕的荒谬之事在于，尽管你曾做了一个专业的谱系，你竟然胆敢说布希里斯仿效的是这些人，而实际上这些人的父亲当时甚至都还没有出生！①

[9] 为了表明我并不是在做最简单的事情，只是攻击别人的错误，而没有展现自己的任何成果，我将尽可能简洁地阐明我对同样主题②的观点，尽管这并不是一个重大的问题，也不要求高贵的语言，但是从中能够说明赞扬和辩护的演说辞究竟该如何创作。

[10] 要论及布希里斯的高贵血统有什么困难的呢？他的父亲是波塞冬，母亲利比亚(Libya)③是宙斯之子厄帕福斯(Epaphus)④的女儿。据说利比亚是第一个作为女王统治这片土地的人，而这个国家正是以她命名的。尽管命运给了布希里斯这样的先祖，但是单单这些并不能满足他的骄傲，因此他认为一定要为自己的卓越(*aretē*)留下永垂不朽的纪念。⑤

[11] 他并不满足于他母亲的王国，认为对于他的天赋来说这个王国太小了。当他占领了更多的民族，并且获得了统治的权力时，他在埃及建立了自己的王国。他选择那里作为最适合生活的地方，不仅在他所拥有的地方属于最好的，而且在全世界都是最好的。⑥ [12]他认为所有其他地区既不合天时，也不合地利，有的地方洪水泛滥，有的地方炎热干旱。但是埃及却有着最有优越的领土，可以生产出最富饶、最多样的果实，并且有着天然壁垒尼罗河，[13]一条不仅天然滋润土地，而且物产富饶的河流。埃及的地理位置对于敌人来讲

① 希腊神话中的谱系十分混乱。根据阿波罗多洛斯，布希里斯是被赫拉克勒斯杀死的，而赫拉克勒斯比俄耳甫斯更早。同赫拉克勒斯一样，俄耳甫斯也属于寻找金羊毛的英雄同时代的传说人物。关于谱系问题，亦见下文第36—37节。

② 伊索克拉底在《海伦颂歌》中也有类似的表述，见 *Encomium of Helen* 15。

③ 通行的传说并不认为利比亚是布希里斯的母亲，而认为她是推罗国王贝鲁斯(Belus)和埃及国王阿格诺尔(Agenor)的母亲。阿波罗多洛斯认为布希里斯是吕西亚拉萨(Lysianassa)的儿子，吕西亚拉萨也是厄帕福斯的女儿。

④ 厄帕福斯是伊娥(Io)之子。伊娥是宙斯的情人，传说被宙斯的妻子赫拉变成了母牛。根据埃斯库罗斯(*Prometheus Bound* 850－851)，厄帕福斯是伊娥变成人形后在今天的北非所生下的孩子，后成为当地国王。

⑤ 根据亚里士多德(*Rhetoric* 1.3)，赞颂性演说辞的主要内容就是赞颂一个人的德性。接下来的内容很清楚地表明了伊索克拉底这篇演说辞的目的。

⑥ 伊索克拉底与他的同时代其他希腊人都将埃及等同于尼罗河三角洲，此地出口很多谷物。

难以攻克，但是在贸易等许多方面又尤其便利，居民生活自给自足。除了我所陈述的诸多优势外，尼罗河流经的埃及地区，犹如有神灵庇佑一般，土质肥沃。因为宙斯将雨水分配给了这里，而将干旱赶到了其他地区。因此，每个埃及人都成为他们自己的主人。[14]在这样幸福而完美的国度里，埃及人民对于他们丰富而肥沃的土地满怀敬意，如此广阔的土地，足够让他们拥有一个大洲的收成。至于盛产出的富余果实，则又能够出口，然后进口他们需要的用品。因为这条河流的能量，他们居住在一个岛上，尼罗河环绕他们的这片土地，并且流经全境，不仅给他们的岛屿，而且也给整个大洲带来富饶。①

[15] 简而言之，布希里斯做了一个明智的人应该做的，他占据了最富有的国家，并且为他的公民找到了充足的食物。然后，他将他们分成等级，指派一些人从事祭祀，安排其他一些人从事文学或手工艺，命令其他一些人研究军事。② 当必需品和奢侈品必须由岛屿提供时，他认为最安全的保护方式是，积极训练备战和向神灵祈祷。[16] 为了最好地管理公共事务，他对所有人口进行统计，命令民众总是从事同一种行业。因为他知道，那些不断改变自己行业的人，永远都不能精通这个行业，即便是一份简单的工作，但是那些人如果一直从事某一行业，他们将做得非常杰出。[17] 因此，我们看到埃及在手工艺技术发展方面，远远超越了其他地区的同行，比他们更为专业，因为专业工匠们普遍超越了业余人士。由于这些制度的实行，他们有能力维护王权和他们的公众政治，并产生了非常成功地讨论这类话题的哲学家，他们给予埃及人的国家最高的赞誉。斯巴达人能够以完善的方法来管理自己的城邦，也是因为他们效仿了一些埃及的管理模式。[18] 举例来说，在斯巴达，任何一个适合服兵役的人都不可以不经允许离开国家，必须参加共同进餐，共同训练。此外，因为生活上不缺少必需品，他们不会忽视公共告示，公民们将自己的身心投入到军队和战事中，不会从事其他行业。所有这些都是从埃及学习过来的。[19] 但是，斯巴达人将这些管理制度用到了不恰当的地方，因为所有人都成了专业的士兵，因此只能通过侵略其他人来夺取财产。而埃及人作为一个民

① 伯里克利曾经在一次演说中，也以岛屿和大洲的关系来论述雅典，伊索克拉底可能是在回应这种说法，见 Thucydides. 1. 143。

② 柏拉图(*Timaeus* 24a－b)认为类似的安排都来自埃及。

族，既不忽视他们自己所拥有的财富，也不会谋划着如何获得别人的财产。① 这两种政治制度的目标的区别，可以从以下事例看出：[20] 如果我们都模仿斯巴达的懒惰和贪婪，我们将直接因为缺少生活必需品和内战而毁灭。但是如果我们采取埃及的制度，规定必须有一些人从事生产，另一些人保护生产者的财产，每个群体都各得其所，我们就将拥有幸福的生活。

[21] 此外，对明智的培养应当归功于布希里斯。例如，他通过献祭的收入使得祭司们有着丰厚的收入，通过法律制度的净化使得人们心灵充实高贵，通过防止战争和其他工作中的危险而使人们获得了闲暇。[22] 在这样的生活状态下，祭司们得以通过研究为人们的健康提供医学技术帮助，不是运用危险的药品，而是用对身体无害的天然药物。埃及人民深受其益，全民享受健康，埃及成了全人类中寿命最长的国家。对于心灵，他们推荐哲学疗法，不仅完善法规，而且追求研究宇宙和自然。[23] 布希里斯指派年长的人负责最重要的事务，要求年轻人不能沉浸于嬉戏，让他们钻研于天文、算术和几何学。一些人赞扬这些行动在特定任务中的价值，另一些人则努力展示他们对德性的最大贡献。②

[24] 埃及人的虔诚和他们对神灵的崇拜是非常值得赞扬和敬仰的。那些极力装扮自己，把自己打造成一个更加智慧或者更加具有其他美德形象的人，实际上是在伤害他们所欺骗的人。但是那些在神灵的奖掖和惩罚等宗教事务方面有足够优秀的领导者的人民，他们最有益于人类的生活。[25] 确实，他们从一开始就教导我们敬畏神灵，使我们不会像动物一样对待彼此之间的关系。这种虔诚和庄严对于埃及人处理事情是非常有益的，不仅他们在神殿里立下的誓言会比其他方式更能约束他们自己，并且每个人相信他们的罪行会立即得到惩罚。他无法逃离现世的惩罚，也不能把惩罚延迟到他的孩子们那一代人。[26] 对于这种信仰，他们有着充分的理由。布希里斯恰当安置他们，并且按信仰区别职业，以法律命令他们去礼拜和尊敬一些我们所轻视的

① 这是一种希腊人核心价值观的表述：处理好你自己的事务。众所周知，雅典人以爱管闲事(*polypragmosynē*)而著名，他们对其他人的事务非常感兴趣。伯罗奔尼撒战争之后，斯巴达也对其他城邦指手划脚。伊索克拉底的观点是一种传统的贵族观点，对于那些习惯于参与公共事务的人有一种隐隐的批评。

② 伊索克拉底在《泛希腊集会辞》和《致腓力辞》中表达了类似的观点，见 *Panegyricus* 265; *To Philip* 26-27。

动物。不是因为他不信任人民的能力，而是因为他认为人民应该习惯于服从其领导者所有的命令。[27] 同时，他希望从明显的事务中测试，人民是怎样敬仰看不见的神灵的。他认为，那些轻视指令的人，也许会轻视更加重要的命令，但是那些严格而公平地服从于每件事的人，将会证明他们坚定不移的虔诚。

[28] 如果我没有要紧的事务要说，还能够继续列举许多这种虔诚的更加令人敬佩的方面，对于这种虔诚，我既不是第一个，也不是唯一观察到的人。恰恰相反，很多同时代的人们和先哲们都提及过，萨摩斯的毕达哥拉斯(Pythagoras)①就是其中之一。他在一次旅途中到达了埃及，不仅向他们学习，并且第一次将其他哲学带到希腊。相比其他事物，他对祭祀和净化仪式有着更浓厚的兴趣。因为他坚信，尽管他不能通过这些事物从神灵那里得到更大的荣耀，但是不管怎么说，在人类当中，他的声望将大大提高。[29] 并且这样的事情确实发生了。他的声望远远超过了其他人，很多年轻人都希望成为他的学生，并且他们的长辈也更加乐意看到自己的孩子去到毕达哥拉斯的处所，而非参加长辈们的私事。对于这些传言我们不得不信，因为即便是现在，自称是毕达哥拉斯学徒的人们，即便他们保持沉默，②也比那些以口才获得最高声望的人更加受人尊敬。

[30] 也许，你③会反驳我所说的，因为我赞颂了埃及人的国家、法律、虔诚，甚至他们的哲学，但是我无法证明这些应该归功于布希里斯，尽管他才是我演说的主题。如果任何其他人在这个方面评论我，我都相信他的指责是有道理的，但是你不是适合指责我的人。④ [31] 当你想赞美布希里斯的时候，你说他将尼罗河强制分开，并让河流的支流经过每一片土地，他杀死并吃掉了到达他们国家的外国游客，但是你并没有给出证据他做了这样的事情。并且，要求其他人遵循你以自己最低的水平都未曾用过的方法，难道不是荒谬吗？[32] 相比我来说，你的演说太不可信了。因为我不会将那些根本不可能的事

---

① 毕达哥拉斯是希腊哲学史上最有影响力的人物之一，也是最神秘的人物之一。他于约公元前570年出生在萨摩斯岛，后来移居到意大利南部的克罗同，在那里建立了一个隐秘的社团，有了许多追随者，并从事很多重要的研究工作，尤其是宗教和数学。

② 指毕达哥拉斯信徒们的神秘性。

③ 指波吕克拉底。

④ 在法庭演说中，相互指责的辩论实属常见，因此伊索克拉底这么说似乎显得比较较真。

迹归因于他，归功于他的只有法律和制度，但是这都是优秀而高贵之人的成就。但是你让他做的这两件惊世骇俗的事迹，实际上没有人会去做的，一个是猛兽的野蛮行为，一个是神灵力量的展现。[33] 更进一步说，即便我们实际上都说错了，我至少使用了这样的颂辞必须使用的论证，而你恰恰相反，使用的是那些适合于辱骂的论据。结果，你明显误入歧途了，不只是从事实上，而且从颂辞必须使用的全部规范上。

[34] 除了这些，如果将你的演说搁置一旁，而我的被仔细检查，也没有人能够直接地从中发现错误。如果有谁证明了我所陈述的布希里斯的事迹，是另外一个人的行为，我会承认我试图改变人们对事物的看法是一件非常鲁莽的事情。[35] 确实，这些事实都可以接受所有人的公开评判，并且我们也只能进行推论。但是如果我们看看可能性，作为一个领导者在埃及建立制度，有谁比波塞冬的儿子[①]更合适呢？何况从他母亲的谱系来看，他还是宙斯的后代。他获得了同时代人能够获得的最高权势，并在随后获得了最多的回报。可以肯定的是，任何一个在某些方面有不足之处的人，都不可能优先于布希里斯成为这些伟大成就的创造者。

[36] 而且，从时间和地理上也很容易证明，诽谤布希里斯的言论是错误的。他们谴责布希里斯杀害游客，并且声称他死在赫拉克勒斯(Heracles)手里。[37] 但是所有的编年者都认同的是，赫拉克勒斯比宙斯和达娜厄(Danae)的儿子珀尔修斯[②]晚了四代人，而布希里斯生活的时代早于珀尔修斯二百多年。[③] 那些想要攻击他的人对如此清楚明了、如此铁证如山的证据视而不见，这不是奇谈怪论么？

[38] 但是你忽视了事实。你附和诗人们的诽谤，他们所描述的神灵后代的所作所为和不幸遭遇，比最不虔诚的凡人后代都还要恐怖。他们对神灵的这种描述，给人的印象是谁也不能反对自己的敌人，否则就会大祸临头。[④] 他

---

① 即忒修斯，雅典的英雄先祖，见 *Encomium of Helen* 18。

② 珀尔修斯是杀死蛇发女怪的英雄，传说他是最早的希腊英雄。

③ 在《被缚的普罗米修斯》(*Prometheus Bound*)中，布希里斯的外祖母、厄帕福斯的母亲伊娥和赫拉克勒之间隔了 13 代，从伊娥到珀尔修斯的始祖阿巴斯，中间也有 6 代。

④ 关于诗人们对于神灵不道德的描述，早在公元前 6 世纪，克洛丰的色诺芬尼(Xenophanes of Colophon)就提出了批评。伊索克拉底的同时代人柏拉图(*Republic* 10)也对此持批评态度。然而，色诺芬尼鼓吹拒绝神话，柏拉图主张创造一个全新的、纯洁的神话体系，而伊索克拉底则是通过重构神灵的道德来重构、重写神话。

们不仅诽谤神灵偷盗、通奸，而且传言他们吞食孩童、阉割男性、绑架女性以及许多其他罪行。[①] [39] 事实上，对于这些亵渎神灵的诗人，他们没有得到罚款的惩罚，但是可以确定的是，他们都没能逃脱惩罚：一些人成了为食物而四处乞讨的流浪者，一些人成了盲人，一些人背井离乡并且与他们的亲人作战。[②] 与这些故事有着特殊联系的俄耳甫斯最后粉身碎骨而死。[③] [40] 因此，如果我们明智的话，就不会仿效他们的故事。即便我们通过法律相互诽谤之时，也不能口无遮拦地中伤神灵。对于如此言语的人，我们应该像对待那些做了不虔诚之事的人同样对待。

[41] 在我看来，不只是神灵，还有他们的后代，都没有参与任何罪行。他们自己天生便有着所有美好的品质，并且以正直的行为成为人类的向导和老师。可笑的是，我们将人类自己子孙的福分归功于神灵，但是却相信神灵们会冷漠地对待自己的后代。[42] 如果我们中的任何一个人认为自己能够控制人类的本性，那么他甚至都不会允许他的奴隶成为品行不端的人。但是我们却臆想地判定，神灵们会允许他们自己的后代目无法纪。而你，波里克拉底，相信你能够使人们更加善良，尽管他们和你毫无亲属关系，只要他们听你的教导就行，但是你却相信神灵会不关注他们自己孩子的美德！[43] 实际上，根据你自己的演说，众神逃脱不了两项可耻的错误：如果他们没有希望自己的后代品德高尚，那么他们比人类的品质还要更为低劣；但是另一方面，如果他们希望自己的后代拥有美好的品质，但是不知怎样才能达到目的，那么他们比诡辩家还无能。

[44] 尽管有人也许会说，对于布希里斯的赞颂和辩护，还有很多事情可以讨论，但是我认为没有必要长篇大论。因为我写这篇演说辞的目的不是创作一篇演说辞来吸引他人，而是为了让你知道如何处理这些主题。因为你创作的作品不是一篇对于布希里斯的辩护，每个人都会认为是对于指责他有罪

---

① 赫尔墨斯偷到阿波罗牛群的故事出现在《荷马颂歌——致赫尔墨斯》(*Homeric Hymn to Hermes*)中；阿弗洛狄忒与阿瑞斯通奸的故事出现在荷马的《奥德赛》(Homer, *Odyssey* 8.266–366)中；在欧里庇得斯的《阿尔刻提斯》(*Alcestis*)中，据说阿波罗曾奴役过凡人阿德墨托斯(Admetus)；在赫西俄德的《神谱》中，克罗诺斯阉割了他的父亲乌拉诺斯(Uranus)；根据品达和阿尔凯乌斯(Alcaeus)的诗歌，赫淮斯托斯侵犯了他的母亲赫拉。

② 荷马通常被认为是一位游吟的盲诗人；伊索克拉底自己也记载过斯特西克罗斯失明的故事，见 *Encomium of Helen* 64；被放逐的可能是阿基洛库斯或者阿尔凯乌斯。

③ 见 Vergil, *Georgics* 4。

言论的认同。[45] 因为你没有将他从诽谤中洗脱，而是仅仅声明他做了一些其他人同样做了的事情，为所有的造谣者提供了一个非常容易的借口。要找到一件以前从来没有犯过的不义之事，是非常不容易的事情，如果我们相信那些犯有这其中一项或者其他罪名的人没有做错什么，那么当其他人被发现施行了同样的罪过时，我们不是很容易为他们辩护吗？这样就会给那些想要堕落的人提供了巨大的机会。[46] 如果你把这些事情放到自己身上，就会真切地发现你自己所说的是多么天真可笑。如果有人谴责你有严重的罪行，并且还有人会以你所犯罪行的方式来对待你，你会是什么感受？我非常清楚，你对后者会比对中伤你的人更加憎恨。如果将同样的言辞放到你自己身上，你都会极其愤怒，创作一篇这样的辩护辞，难道不可耻吗？

[47] 我们接着往下具体地看。如果你的一个学生被你引导去做你所赞扬的事情，他难道不是世界上所有活着的或者曾经活过的人中最为可怜的吗？因此，如果他们不能说服任何听他们演说的人，那么他们还能够创作出最好的演说吗？

[48] 但是也许你会说，你不是没有意识到这些，不过你希望为哲学家留下一个范例，帮助他们学习怎样制造不道德的控告和困难的辩护辞。即便你以前不知道，但是我认为现在你很清楚，想要获得救赎，那就最好保持沉默，而不是以这样的方式来辩护。[49] 更进一步说，另一件事情也很清楚，已经遭受巨大憎恨和极端危险的哲学，①因为你的这类演说，将会更加遭到摒弃。

如果你听从了我的建议，你就不会在将来继续创作这样毫无意义的演说辞了。如果能够做到，你就不会去说那些损坏你自己名声的事情了，也不会侮辱你的模仿者，更不会玷污修辞学②的教育。[50] 请不要感到吃惊，尽管我比你年轻，并且和你毫无关系，但还是毫不犹豫地建议你。我相信，就这些事务给出建议，不是长者或者亲密朋友所做的事情，而是那些知道得最多和最希望提出建议的人应该做的。

译者简介：李永斌，1979—　，历史学博士，首都师范大学历史学院讲师，主要研究方向为西方古典文明。

---

① 这里可能是指苏格拉底，以及波吕克拉底攻击苏格拉底的演说。

② 字面意思是“关于‘逻各斯’的教育”。

考古前沿

希腊马其顿安菲波利大墓考古发掘纪实[①]

井　玲

一、引　　言

2014 年 8 月 13 日，希腊及各大西方主要媒体报道了希腊现任总理萨马拉斯偕夫人及文化部长一行亲访安菲波利大墓发掘现场的新闻。希腊总理对着各大媒体的摄像机说："毫无疑问，我们站在一个极为重要的文物考古发现前面。这座古墓举世无双。它的围墙长达 497 米，近乎完美的环形围墙以萨索

图 1　希腊现任总理萨马拉斯亲临发掘现场

① 编者按：希腊籍华人井玲女士常驻雅典，长于考古学，长期关注希腊考古史和安菲波利大墓的发掘进展。文章内容丰富，资料详实，图片大都取自于希腊文化部官方公布的照片，时间截至 2014 年 10 月中旬。

斯岛(**Thasos**)大理石砌成。安菲波利石狮雕塑 5.20 米高,我们想象一下,它曾竖立在这座大墓的顶端。……我相信,考古学家卡特琳娜·伯利斯特利有资格乐观地称,这是座绝无仅有的古墓,大墓可追溯到公元前 325 年至前 300 年。最关键的是,发掘将揭开死者的身份之谜。发掘工作将依照发掘物和科学指导的步骤继续进行。通过发掘深藏在这里的宝藏,马其顿大地又在不断地给我们惊喜,让我们为之心动。"

主持这一大墓发掘的考古学家卡特琳娜·伯利斯特利也对着镜头说:"石狮和大墓入口的斯芬克斯所用的石材完全相同,制作者也出于同一人。墓主人或者是亚历山大的大将军,或者是他的海军将领。"但是,她也补充说,"这只是我们的推测,而事实真相将待我们进入墓穴并确定了死者的身份之后才能大白于天下。"

从那天起,希腊媒体和全球考古界都把注意力集中在安菲波利大墓的发掘上,一时间,它成为人们津津乐道的话题。大墓中埋葬的是不是亚历山大大帝? 如果不是他,会是怎样的一位或几位马其顿重要人物? 大墓是否在悠久的历史长河中已被洗劫? 如果大墓被盗过,里面是否还能找到价值连城的珍宝?

在一堵用粗糙的石灰石大石块封闭起来的厚墙后面,考古人员发掘出两尊面对面的斯芬克斯雕像,显然,设置这堵厚墙是为了防盗。那么,大墓最初是可以进入的吗? 入口是何时被封住的呢?

图 2　大墓入口的斯芬克斯雕塑

早在20世纪50年代,老一代的希腊考古学家D.拉扎利底斯(Dimitris Lazaridis)就致力于安菲波利大墓的发掘和研究,他在1964年就表示:“这是一座大型的人工墓冢,覆盖在下面的很可能是一个大型的古墓建筑。”然而,大墓为什么今天才被重视,并引起轩然大波呢?

二、坐落于安菲波利古城郊的大墓

“我叫……。我长眠在希腊马其顿中部色雷斯东南-安菲波利-卡斯塔大墓——我的地下宫殿里。”当我们来到安菲波利大墓所在地,似乎能听到墓主人的幽灵在山间的声音。然而,他是谁?

安菲波利大墓坐落在距离安菲波利城以北两公里处,那里是一片平坦宽阔的景象,大地上除了有排列整齐的橄榄树、葡萄林,还有大量的农田。安菲波利大墓是人工修建起来的巨形墓冢,在开阔的大地上显得非常壮观。这座大墓为圆形,墓冢的边缘用大理石石块砌成精美的围墙,围墙高达三米。安菲波利大墓为圆形,周长为497米,直径158.4米,高30米,建造年代为公元前325年—前300年。

图3 安菲波利大墓远观

这是希腊境内迄今所发现的最大的古墓,墓主人想必是非常重要的希腊马其顿历史人物。我们首先应该了解一下安菲波利古城的历史。

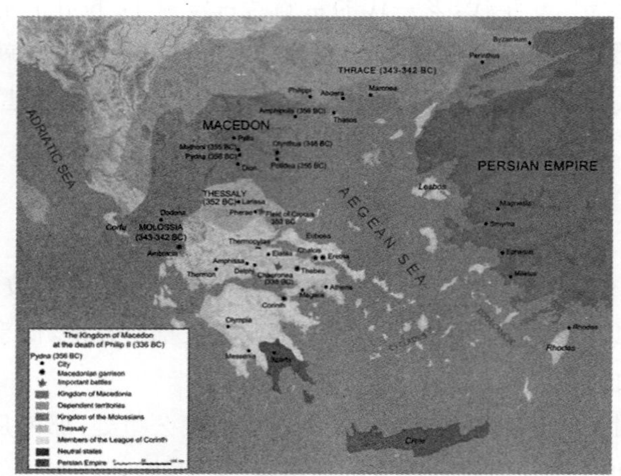

图 4　公元前 336 年的希腊

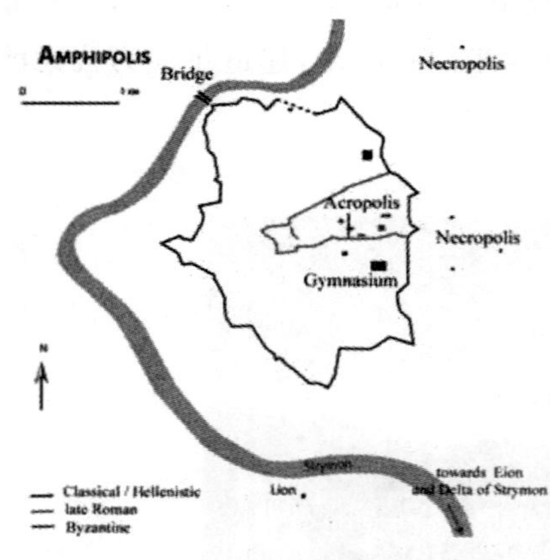

图 5　安菲波利城

安菲波利(Amphipolis)坐落在马其顿东部、哈尔基季基半岛以东，今属中马其顿的色雷斯州境内。它依山傍水，古老的斯特里梦河(今斯特鲁马河 Strymónas)流经这里注入爱琴海。该河流在安菲波利城的西北面随地势弯曲，顺势从三面将安菲波利环抱。爱琴海海岸就在仅有 5 公里外的南面。此地战略位置重要，自古便是兵家必争之地。

公元前 465 年，雅典人在“九路”建立了第一个殖民地，但不幸的是，那一万名殖民者很快就被色雷斯人屠杀了。雅典人于公元前 437/438 年又在斯特里梦河畔建立城邦，此城这时被称作安菲波利城。希腊古典史家修昔底德曾对其进行过解释，称“它被斯特里梦河环绕着”，城名由此而来。

公元前 357 年，马其顿腓力二世征服了安菲波利。该城名义上有一定程度的自治，但随着腓力二世派驻的许多马其顿管理者前去统治，使它逐步马其顿化。

亚历山大大帝统治时期，安菲波利是一个重要的海军基地，马其顿三位最著名的海军将领都出身于此地。公元前334年，亚历山大在这里集结了32000人的军队，乘战舰驶向赫勒斯滂海峡，开始了举世闻名的东征。

图6　亚历山大大帝，马赛克图

安菲波利成为马其顿王国皇家大道上的一个重要驿站，一个地界石碑的发掘证明了这一点。公元前168年，罗马与马其顿王国在彼得那(Pydna)大战，此役之后，马其顿王国覆灭。罗马人将安菲波利城定为马其顿的首府。

三、大墓的发掘者

最早发现安菲波利遗址的是19世纪的西方冒险旅行家和考古学家。第一次世界大战期间，安菲波利石狮经历了一场历险记。

> 我叫卡特琳娜·伯利斯特利(Katerina Peristeri)，我是安菲波利大墓的发掘主持者。我曾是D.拉扎利底斯(Dimitris Lazaridis)先生的助手，先生于1984年去世后，我接替了他的工作，继续这项发掘工程。

她个子不高，身材微胖，说话声音温和，与野外考古工作者的形象不太相符。然而，是她发现了大墓的入口和斯芬克斯雕像；她是继37年前马其顿腓力二世(亚历山大父亲)大墓的发掘者马诺里斯·安德隆尼库斯(Manolis Andronikos)之后，希腊考古界又一位伟大的考古学家，她的名字必将载入历史。

图7　卡特琳娜·伯利斯特利，大墓发掘现任主持人

希腊老一辈的考古学家 D. 拉扎利底斯从 1956 年开始就对安菲波利进行发掘和保护，他在日记里这样写道："为保护这一地区的古代文物，人们在安菲波利对一个巨大的墓冢开始了发掘。我也决定加入对大量的精美随葬品进行的援救工作。这个地方有许多墓坑和墓地。"

这位于 1984 年去世的考古学家，在 20 世纪 50 年代以最少的资金和不知疲倦的热情给安菲波利大墓周边建立起安全保护网；在防止盗墓和破坏的同时，慢慢开始了这一史无前例的马其顿古墓的发掘。他在该地区的发掘成果如今都在安菲波利考古博物馆展出，其中包括从保存完好的较小型古墓中找到的金戒指、橄榄叶形金花环和一个银制镜子。1977 年，他发掘出修昔底德时期连接斯特里梦河两岸的古木桥，这使古代历史记载得到实物验证。如今，所有安菲波利人和希腊人都感谢他；他曾坚信，安菲波利小山丘是一个巨大的墓穴——或许是一座王者之墓。

图 8　考古学家 D. 拉扎利底斯(1917—1984)

四、大墓及其附属建筑

希腊总理亲访马其顿古墓发掘现场的当天，希腊文化部公布了被清理出来的大墓围墙及两尊斯芬克斯雕塑图片。从这天起，安菲波利—卡斯塔 2300 年的肃穆与幽静被彻底打破了。自 2010 年至今，大墓发掘的费用总计已达 59 万欧元。

卡斯塔(Kasta)是安菲波利大墓的特定名称，它是一座由墓冢围墙形成的墓丘。从附近的制高点观望卡斯塔，宏伟的环形人工墓冢坐落一片开阔地的中央，规模之大，令人难以置信。

图 9　卡斯塔墓丘全景俯视图

大墓围墙近乎是一个完美的圆。周长为 497 米，直径 158.4 米，它的设计建造者被认为是亚历山大时期著名建筑师迪诺克拉提斯(Deinokratis)。他是亚历山大大帝的朋友，为亚历山大港建筑了长度为 15840 米的城墙。大墓围墙高 3 米，墙上覆盖了檐口，保存状况良好。围墙外围采用取自萨索斯岛的大理石，内环采用石灰石垒建。它的发掘清理工作从 2012 年开始，进行了近一年。

图 10　精美的墓冢围墙，高达三米

图 11　安菲波利石狮(The Lion of Amphipolis)

离卡斯塔大墓几公里以外、从安菲波利城向爱琴海岸的公路上，被称为“安菲波利石狮”的大石狮终于等来显示它荣耀的这一天；成千上万的旅游者经过这里，停下车与它合影拍照，它一夜成名，成了“历史”明星。

石狮曾竖立在卡斯塔大墓的顶端。它本身高 5.20 米，加上底座，全高达到 15.84 米。专业人士鉴定说，它与大墓入口的两尊斯芬克斯出于同一位雕刻大师。历史上石狮一般都是在战役遗址被发现，而该地区没有发生过大的战役，所以考古人员推测，大墓中埋葬的很可能是一位大将军。

图 12　石狮曾竖立在大墓顶端（示意图）

这座石狮曾有过不凡的历险经历。1912 年第一次巴尔干战争时，它在斯特里梦河岸被发现，那时它已经是四分五裂、大卸八块。当地的历史学家卡夫坦吉斯（G. Kaftantzis）这样描写当时的情形：1916 年 8 月，英国陆军第 8 军旅第 27 师第 16 团的士兵奉命在安菲波利附近的一座桥旁挖沟，他们挖出了石狮的碎块，并试图将它们运到海岸，进而装船运往英国。然而，保加利亚军队当时已经控制了潘嘎欧（Pangaeo）山，并开始轰炸英军，因此，保加利亚军队间接地阻止了英国人拿走石狮的行动。另一位希腊历史学家、约阿尼纳大学哲学系主任、教授裴查斯（F. Petsas）说：1913 年，巴尔干战争期间，希腊士兵在挖壕沟的时候发现了石狮的底座。

法国考古学家在英国人之后来到此地，他们于 1930 年仔细检查了石狮碎块，并将学术研究报告发表在雅典的法国考古学校的期刊上。他们当时的结论称，这尊石狮是公元前 422 年斯巴达将军伯拉希达战胜雅典人后建造的一座纪念碑。这个结论显然是错误的！

石狮的复原工作是一项国际性、多方参与的运作项目，从 1932 年开始，历时

5年，参与者包括美国人、法国人和希腊人……。1936年，安菲波利石狮与其底座一同被人们竖立在公路旁。它何时才能回到大墓顶端——它神圣的原位呢？目前还没人能知道！但可以肯定的是，大石狮还从未受到过像今天这样的宠爱。

多年研究过安菲波利石狮的希腊雕塑家、退休教授 Theodoros Vasilopoulos 说：“石狮是一件雕刻艺术的杰作，它由一位雕刻家完成，这个人有强烈的艺术完美感。我感觉，这座石狮最终会在艺术史上得到重要位置。”

当考古工作人员发现这两尊斯芬克斯的时候，她们相对站立着，守护着大墓的入口。她们的头和翅膀都有缺失。考古人员在附近发现了她们的翅膀残块，不久将实施复原。而她们的头去向不明。

希腊的斯芬克斯是一种狮身带翼女性面孔的神话动物，与古埃及的狮身人面兽有所不同。古埃及的斯芬克斯一般表现一个人，而且相貌慈祥。而希腊的斯芬克斯作为圣地、神殿或墓地的保护者，往往看上去比较凶猛。

五、墓主人究竟是谁？

自从安菲波利大墓发掘被媒体曝光之后，世界各地研究古希腊历史的学者纷纷提出了对墓主人的分析和判断。从考古角度上来说，任何猜测都仅仅是猜测者的一厢情愿，他不会因猜中而获奖，也不会猜对或猜错而提升或降低所处的学术地位。对老百姓来说，这些猜测却都很有意思，起码有助于大家了解希腊古代史。

英国媒体 BBC 于 8 月 13 日就安菲波利大墓发掘进行了报道，文中最后提到：“亚历山大公元前 323 年在巴比伦去世后，杀害了亚历山大的妻子 Roxana 和儿子亚历山大四世的卡山德 Cassander 脱颖而出。”这样一来，大家最先注意到报道中提到的人物，他们首先成了墓主人热议的对象。

图 13　亚历山大的妻子罗克珊娜

猜想一：罗克珊娜(Roxane)

亚历山大大帝的妻子罗克珊娜是亚历山大武力征服巴克特利亚（今阿富汗北部山区）地区、在粟特要塞俘虏的一位美貌的贵族淑女，她的父亲是巴克特利亚总督手下的一个督办，被俘时，年仅十六七岁。亚历山大大帝爱上了她，并在巴尔赫与她成婚。亚历山大生命的最后一天是公元前 323 年 6 月 10 日（或 13 日），当时他还不满 33 岁。两个月后，罗克珊娜生下一个男婴，取名亚历山大四世。

亚历山大突然去世后，罗克珊娜杀了亚历山大的另一位妻子斯妲特拉二世（大流士三世的女儿），回到希腊马其顿后，受到了亚历山大的母亲奥林匹亚丝的保护。公元前 316 年，卡山德蓄谋称王，在权斗中，他杀害了亚历山大的母亲奥林匹亚丝。之后，他又于公元前 310 年秘密杀害了亚历山大大帝的法定继承人亚历山大四世及罗克珊娜。

问题是，谁愿意耗费巨资为一位已经失去权力的女人建造大墓呢？

猜想二：卡山德(Cassander)

卡山德是安提帕特的长子。安提帕特是马其顿王腓力二世和亚历山大大帝时期的大将军，亚历山大公元前 323 年去世后，他成为亚历山大四世的监护人，并于公元前 320 年回到马其顿，但一年后便去世了。他在临终前，将权力交给了亚历山大的另一位老将波利伯孔（Polyperchon），而不是他的儿子卡山德，这使两人之间很快就为权力发生冲突。波利伯孔溃败后逃到伊庇鲁斯地区，与亚历山大的母亲奥林匹亚丝和妻子罗克珊娜汇合，并与伊庇鲁斯国王埃阿格德斯（Aeacides）联盟，欲打回马其顿。卡山德从伯罗奔尼撒半岛回来后，将奥林匹亚丝捉获并处死（前 316 年），并把罗克珊娜和亚历山大四世软禁在安菲波利。出于政治目的，卡山德娶了亚历山大的同父异母妹妹萨洛尼卡，并以她的名字命名了在塞尔马（Therma）重建的一座新城，即今天的希腊第二大城市塞萨洛尼基。依然是出于统治目的，他秘密杀害了罗克珊娜和亚历山大四世（前 310 年—前 309 年），还秘密毒杀了亚历山大的私生子，以彻底断了亚历山大的血缘后代，后树立了在马其顿绝对统治地位，并于前 305 年自立为马其顿安提帕特王朝的国王。然而，好景不长，他于公元前 297 年死于水肿。

图 14　卡山德时期的钱币，背面刻有“卡山德国王”的字样
“ΒΑΣΙΛΕΩΣ ΚΑΣΣΑΝΔΡΟΥ”

人们不禁会问：卡山德作为马其顿国王，为什么不公开自己的大墓工程呢？为何秘密建造、不留任何历史记录？

六、大墓的内部结构

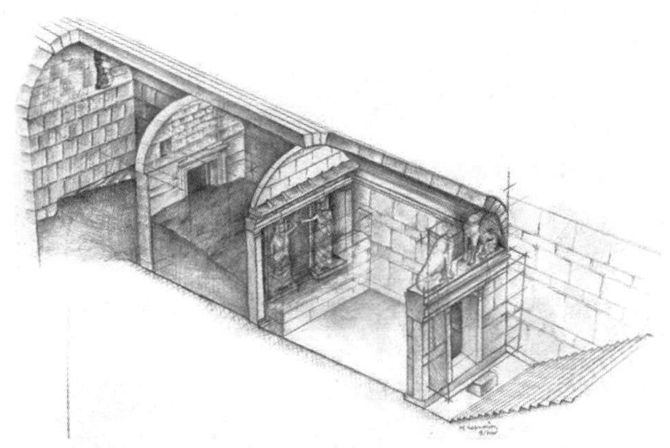

图 15　安菲波利大墓内部示意图（2014 年 10 初）

大墓的入口前，有向下的 13 级台阶，入口上方竖立着两尊缺少首部和双翼的斯芬克斯雕像，尽管雕刻部分残缺，但仍然可以看到其雕刻艺术之精湛。

图 16　斯芬克斯前有一堵大理石护墙

第一隔间

随着发掘人员清理移走大量的河沙土，斯芬克斯雕像的下面露出一道用大理石建造的石门，石门两侧是刻有古典时期爱奥尼亚柱式的门框边柱，上面刻绘了蛋-镖形花饰，有黑色、棕色、白色和红色的痕迹。入口石门的背面精美的石门柱上，有黑色和红色。爱奥尼亚柱式不仅用雕刻表现，也用壁画形式绘制。

图 17　爱奥尼亚式柱头，绘有红、黑、棕和白色

图 18　绘画色彩明显

图 19　石门的背面刻有蛋-镖图案和装饰线

图 20　入口前有一小片区域是用黑白色小卵石拼成的菱形马赛克地面

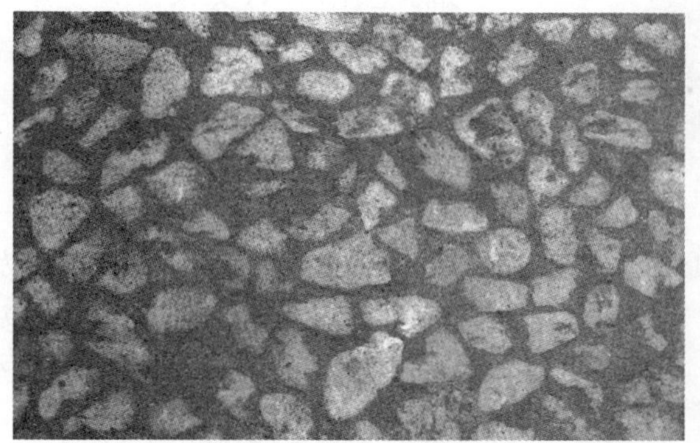

图 21　隔间的地面是由白色大理石碎块拼成的马赛克

当工作人员将第一隔间的河沙逐渐清理出去后，两尊巨大的大理石女像石柱暴露出来，这无疑是一个巨大的惊喜！

图 22　刚刚显露出头部的两尊女像柱之一

图 23 右侧的女像柱面部受损原因何在?

图 24 女像柱被完全清理后风姿

如示意图所示,女像柱下方有一米多高的石基,河沙被填充到女像柱的胸部位置。这种大量用河沙填充的做法,除了被理解为是古人的防盗措施,没有更好的解释。但右侧女像柱的脸部为什么脱落了?而左侧的脸部也有一定程度的受损。考古学家在进一步的发掘中还发现了金属炸弹碎片,这是第一次世界大战期间,安菲波利大墓地区发生过轰炸,这使大墓内部受到一定影响。除此之外,地震也是自然破坏因素。

第二隔间

女像柱背后是第二隔间,那里依然堆满了河沙。工作人员清理出全部河沙后,大墓的第三道门露出来了,然而,这道门的大理石部件损毁严重。

图 25 大墓的第三道门

图 26　第三道门的示意图

2014 年 10 月初，考古人员在第二隔间发现并整理出 4.5 米长、3 米宽的地面马赛克装饰图，它基本上完好无损。

画面表现的是希腊神话故事“普路托绑架珀耳塞福涅”(Abdauction of Persephone by Pluto)。普路托是冥界之王，他看上了宙斯和丰收女神德墨忒耳的女儿珀耳塞福涅，当少女珀耳塞福涅快乐地在田野里采集花卉的时候，普路托把她绑架到冥界作了冥后。

马和战车的前面是旅行者之神赫尔墨斯神(Hermes)，这里他被描绘成冥界的引路人。驾驭战车的普路托留着大胡子，头戴环形桂冠，他驾驭的是一辆有两匹白色马拉着的战车。珀耳塞福涅表情惊恐悲痛，张开左臂，身体后倾，她希望回到人间，而不是去做冥后。

马赛克所用小石子有黑、白、蓝、灰、红和黄六种颜色。尽管马赛克地面中间有一个直径为 80 公分的圆形残缺部分，但考古人员已经找到了大量脱落的小石子，图案的复原不成问题。

这幅马赛克被定年为公元前 4 世纪最后 25 年，与考古学家之前确信的、整座大墓属公元前 325—前 300 年相吻合，即亚历山大大帝时代。墓主人依然被认为最有可能是亚历山大的亲属或他的大将。

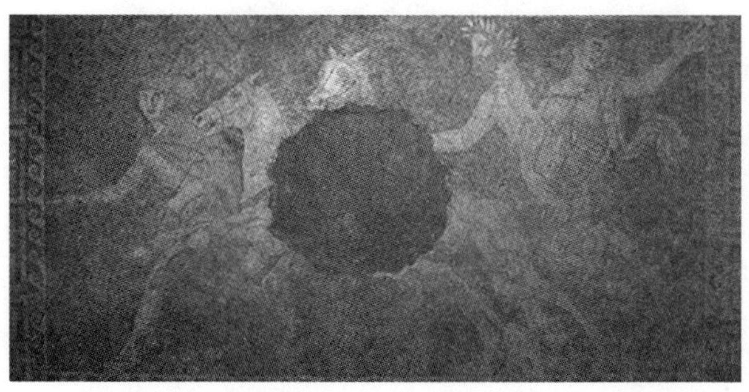

图 27　第二隔间地面马赛克，驾驭马车的冥神普路托和珀耳塞福涅

图 28　珀耳塞福涅被表现为红发，身穿白色束腰外衣，腰部系红色腰带，左手腕上戴着一个手镯。

图 29　赫尔墨斯神，他在这里被表现为引领灵魂前往地下世界

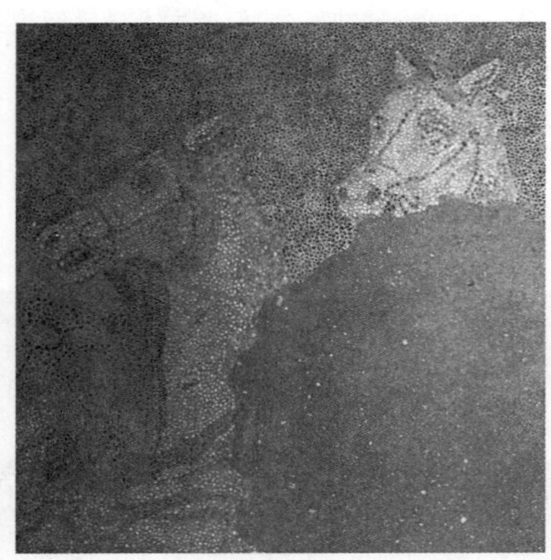

图 30　两匹白色骏马

图 31　美安德几何图形

图 32　通往第三隔间的门

图 33　工作人员在第三隔间搭建防护架

七、对墓主人猜测的继续

随着安菲波利大墓一个又一个令人震惊世界的发掘新闻发布，希腊及世界各地的考古学和历史学界就墓主人的猜测有增无减。在众多的猜测中，有些人讲得似乎很有道理，可有些人却表现得过于武断。无论如何，所有这些猜测都成为人们重温公元前4世纪希腊马其顿亚历山大大帝征服世界的契机，几乎所有的希腊报刊都连续数星期兜售亚历山大东征故事和安菲波利介绍的副刊。墓主人之谜一天不解开，热议安菲波利大墓就不会降温，对墓主人的猜测还会继续，希望会越来越接近真相。

除了之前提及的亚历山大的妻子罗克珊娜和儿子亚历山大四世、亚历山大的母亲奥林匹亚丝(Oplympias)，以及杀害了奥林匹亚丝的马其顿国王卡山德以外，被学者们较早关注的还有以下两位大人物，尼亚胡斯(Nearchus)和赫菲斯提昂(Hephaestion)。

尼亚胡斯(Nearchus，公元前360—前300年)曾是亚历山大大帝的海军大将，克里特人，他同其他两位海军大将拉俄墨东(Laomedon)和安德罗特涅斯(Androsthenes)都是公元前320第一批返回马其顿的，他们有足够的经济财力和权利来实施大墓的建造。资深的考古学家强调，在公元前4世纪末以后，由于新王朝的确立，从东方来的财源基本断绝了，所以大墓不可能晚于公元前300年。一时间，尼亚胡斯成为最佳人选。还有专家推测，如果大墓是由那三位海军大将合资兴建，从经济实力和操作能力上都是可能的!

疑问:大将军为何要建造如此巨大的皇家规模墓冢呢?

赫菲斯提昂(Hephaestion)出身马其顿贵族，是亚历山大的童年亲密伙伴，后很可能成为亚历山大精神上的同性恋人，他对亚历山大来说比智者托勒密和勇者尼亚胡斯都重要。他在公元前324年死于酒后原因不明的高烧，亚历山大曾经为此悲痛欲绝，下令处死主治医生，并在巴比伦举行了史无前例的盛大仪式以怀念他。有专家分析，只有亚历山大才有权利和经济实力下令在安菲波利为赫菲斯提昂建造一座宏伟的大墓。而亚历山大本人也在几个月后离开了人世，死亡表现基本相同。

疑问:亚历山大如果真的下令为挚友兴建大墓，他在次年也去世了，大墓的建设何以得到了保障，圆满完工?

雅典大学的一位女考古学者提出，这座墓不是亚历山大时期的，而属于罗马时期，是罗马烈士陵墓。她称，女像柱是罗马皇帝奥古斯都喜爱的标志，大墓或是为纪念公元前 42 年腓力比战役牺牲的烈士而建的，交战双方是马克·安东尼和屋大维与刺杀凯撒的布鲁图斯和卡西乌斯，战役获胜者把他们的烈士安葬在安菲波利。而她的观点一公布，就在社会上引起一片哗然。有人请她去洗个凉水澡，再去咖啡馆儿喝杯咖啡清醒一下。这种完全否定大墓属非希腊文化遗产的趋势相当民族主义，它也受到了学术界一些学者的批判。以历史和考古学的科学态度出发，在发掘实践还没有定论不应掺加任何个人、集体或民族色彩。希腊境内经历了许多历史阶段，每一个时期和阶段都应作为古代历史客观地去研究和记录。从目前的发掘进展来看，她的预测是错误的！

英国历史学家迈克·伍德(Mike Wood)曾于上世纪 90 年代带领 BBC 纪录片摄制组沿亚历山大东征的路线走了一趟，他对亚历山大的了解或许比任何人都更富有感性；他认为安菲波利大墓是献给所有在亚历山大时代牺牲烈士的纪念墓。许多专家也不排除这个大墓是男性合葬墓的可能。

对于人们最关心的、墓主人会不会是亚历山大大帝这个问题，希腊文化部长科斯塔斯·塔苏拉斯于 9 月 22 日对公众媒体说了一个词“impossible”(不可能)！然而希腊著名历史学家喀尔伽克斯(Kargakos)用三个论点来证明亚历山大的母亲奥林匹亚丝秘密地将儿子运回马其顿，安葬在安菲波利：1. 她从没去巴比伦瞻仰过在那里安放了两年的儿子；2. 当亚历山大的墓棺从埃及的孟菲斯运往亚历山大里亚城时，她也没有陪伴其中；3. 她是公元前 316 年以前权势极大的女人。

图 34　亚历山大的母亲奥林匹亚丝

亚历山大的英年早逝是这位传奇人物的一生最不可思议的结尾。他在连续两天酗酒狂饮后，开始发高烧，得了热病。据古希腊史学家阿利安(Arrian)记载，他连续几天高烧不退，但依然坚持着每天沐浴、献祭、进餐，讨论军中事务。又过了几天，他不能言语，病入膏肓。公元前 323 年 6 月 10 日是他生命的最后一天。

图 36 亚历山大大帝雕像

亚历山大去世后，他的尸体被裹上蜂蜜做成木乃伊，两年后才被运到埃及；在孟菲斯(Memphis，今位于埃及开罗南 20 公里)放入一个金棺，进行暂时的存放；几年后又被移至亚历山大里亚城(Alexandria)他的大墓中。托勒密一世统治埃及，于公元前 305 年建都于亚历山大里亚城。托勒密十一世在公元前 89 年因财政困难将亚历山大金棺溶化他用，把亚历山大放入一个玻璃棺中。罗马共和国末期的政治家凯撒和罗马帝国开国君主奥古斯都曾于公元前 1 世纪在亚历山大里亚城参观过亚历山大墓，并向他敬献了金冠。然而，考古学界至今也没有找到亚历山大大帝在亚历山大里亚城的墓地。

八、结束语

毫无疑问，希腊总理出于个人兴趣亲访安菲波利大墓遗址的行动，使前来安菲波利参观的人数直线上升，许多当地人已经开始规划他们新的未来，这座大墓的发掘势必会带动该地区旅游业和文化事业的繁荣。在希腊债务危机依然水深火热、政治局势也相当不稳定的时期，安菲波利大墓发掘就像一股清泉，在社会中重新唤起希腊人的民族自豪感。尽管有些考古学家批评这个发掘项目被过于炒作和炫耀，但它的确是一件让希腊人抱以积极态度的社会事件。人们期待着好消息的发布和悬念的破解，期待着最佳发掘结果报告，即亚历山大大帝就是墓主人。

墓主人身份的最终确定是一个非常谨慎的科学实践过程，考古人员必须获得确凿的证据，才能公布结果。这些证据包括对发掘人体骨头、性别和其他特征的鉴定；还有通过随葬品，如胸盾、首饰、陶瓶和武器等等来分析判断；最直接和有力的证据是历史铭文和碑文。让我们继续耐心等待，并与希腊考古发掘人员一同，接受安菲波利大墓给世界带来的巨大惊喜与深深的疑惑吧！(未完待续)

作者简介：井玲女士，1962— ，希腊籍华人，西南大学古典文明研究所兼职研究员，曲阜师大历史文化学院兼职教授，有多部译著(英、汉、希腊文)出版。

ABSTRACT

The Trend towards *Isonomia* among Greek city-states in the end of 6th century BC

YAN Shaoxiang

This article starts from the discussion of an important concept *Isonomia* in Greek political thought, and analyses the general political trend towards *Isonomia* among Greek city-states in the 6th century BC. At that time, *Eunomia* favored by Lycurgus and Solon was unable to meet the requirements of the Greek people in general. There were different trends in pursuit of *Isonomia* in the transformation of Samos, the Greek city-states of Asia Minor and Cyrene. But *Isonomia* is most fully manifested in Cleisthenes' reform and foundation of political institutions in Athens. Cleisthenes recombined the political and social organizations in Attica, in order to realize *Isonomia* among people, and achieve citizens' equal participation in administration of the city-states. Cleisthenes' reform itself is probably the result of citizens' *Isonomia*. He founded the system, and thus became the original version of democracy.

Confucius' Heavenly Order Conception from the Perspective of Inheritance and Innovation

XU Nanyu

Abstract: In the idea of heavenly order in Western Zhou dynasty, the very core of the theory of "the interaction between human and heaven" is that the heaven possesses the quality of "punishing the evil and praising the kind", and human could invite happiness and avoid misfortune based on one's own behavior. From the end of Western Zhou dynasty to the Spring and Autumn period, the contradiction between the social reality and the theory of "punishing the evil and praising the kind" becomes more and more apparent, resulting in the changes of the traditional heavenly order belief. At this moment, Confucius creatively interpreted the dominance of the heaven over individual life and the social order, changing the connotation that the heaven dominated human destiny, and reconstructed the theory of heavenly order that inherited and also sharply differed from the traditional conception of heavenly order to meet the theoretical demand of the time.

The Prehistory of the Greek Language

XU Xiaoxu

This essay is both an introduction to the prehistory of the Greek language and a review of studies in this field. It deals with the relationship between Ancient Greek and Proto-Indo-European, pre-Greek substrate(s) in Greek, the Linear B script and Mycenaean Greek, and the emergence and development of the Ancient Greek dialects and their mutual relations.

Reflection on the Persian's victory and defeat of the Persian War

ZHU Hongjun

The Persian war is famous in the ancient world history. According to the classical authors, the Persian war mainly took place in 480 – 479 BC, and the Persian main aim was to revenge Athens and Eretria, while to occupy territory was the second aim. In 480 BC, Persia had taken Eretria and Athens' Acropolis by storm, realized the revenging aim, and retreated orderly after the Salamis Battle. Hence, Persia had not defeated at least in 480 BC. But after the Persian war, Athens and Sparta fell into competing for the hegemony, and started a large-scale propaganda, consequently, they embellished their performance in the Persian war in 480 BC. As a result, the failure became the winner.

Fortune, Hope, Fear and Desire: The Thinking of Human Nature in Thucydides' Historical Narrative

BAI Chuanxiao

Thucydides' work does not merely preserve the historical facts of the Peloponnesian War. In his historical narrative, some thinking on the human nature as well as the pattern of human deeds and speeches is hided. However, Thucydides uses two excellent rhetorical skills in order to guide his readers to understand his ideas: firstly, he narrates the selected deeds in historical events with a compact and detailed manner; secondly, the readers are aroused to think about the deeper meaning by his historical characters' speeches. In the elaborate episodes, such as "the Revolt of Mytilene", " the Mytilenian Debate", "the Melian Dialogue" and "the Debate before the Sicilian Expedition", it can be found that Thucydides always focuses on some fundamental problems in the human condition: Fortune, Hope, Fear and Eros, etc. And the deeds and speeches of the historical characters convey his exploration of those issues subtly.

Suspicion is Exploration: The Discussion of the Significance of Greek Skepticism

CUI Yanqiang

In the history of philosophy, Greek Skepticism is the first time to criticize the dogmatism or metaphysics in Meta philosophy sense. "Skeptics" and "inquires" that hold skepticism are always exploring, but never claim to find any conclusions. Skeptics oppose all dogmatists to use a set of general principle and ultimate principle to end the conversation. Besides, skeptics constantly regard dialogue as a philosophical adequate target, and also regard wisdom as the ability to maintain dialogue and then by collecting philosophical schools of thought to compare, analyze and criticize. Greek skepticism is a pioneer of edifying philosophy. In Meta philosophy sense, exploration activities determine that it has a scientific and empirical spirit, and forebode the 20th century scientific positivism thoughts of metaphysics.

On the Scholastic Origin of the Thinking Ways of Modern Science in Europe

ZHANG Xushan

Scholasticism, a combination of theology and rational logic, is characterized by its unique way to defend its theological doctrines by rational logic. Its frequent resorts to the Aristotelian logic helped to revive the great Greek tradition of logic, and fostered the taste and habit for precision and exactness, which are indispensable to the thinking ways of the modern science; its full use of rational logic was instrumental to skeptical attitude to dogmatic views, and thus bring logical rationalism into the theology which is to a large extent alien to logic. Scholasticism has made three creative elements to the modern scientific thinking ways: A) established a firm belief in God's rationalism, viz. to believe that God has made a rational order and law in nature or in universe; and all natural beings, supervised by God, evolved in harmonious order regulated by God, and thus are understandable by human's rational logic, which was given to the human being by God . B) fostered the sense of logical precision and exactness, which survived the scholasticism when the latter died out, and further transformed into the mathematical logic. C) helped to create man's belief in the approach of systematic experiment in seeking the law of the nature and universe. It was through scholasticism that the great Greek tradition of logic was revived and passed into the modern science. Turning to natural phenomena of the logical rationalism and its connection with systematic experiments marked the establishment of the thinking ways of the modern science in Europe. Emphasis today should not solely be laid upon the theological character of scholasticism.

The Forgotten Predestination: A Study on the order of gods and human in Hesiod

XIAO Xunneng

The kings of gods in "*Theogony*" succumbed themselves to the bind of predestination (πέπρωτο). The reason why Zeus became "the Father of gods and men" was that he was resourcefulness and broke through that bind, thus established the foundation of the order of gods' world. Afterwards in "*Works and Days*", Hesiod built the justice order on the basis of Zeus's theocracy. Thus it seemed that Hesiod received the commands of Zeus and deliberately forgot the predestination. The result was he acknowledged and accepted the fate (μοίρα) that Zeus and other gods allocated.

A Discussion about the Study of Chinese and Greek Classical Civilizations

YANG Juping

Ancient Chinese and Greek civilizations both belong to the primordial civilizations of Axial Age, although they are distant from each other and developed independently. The two civilizations are not only comparable in modern research, but also communicated with each other in the Hellenistic period. A comparison between Chinese and Greek Classical culture would promote a deeper understanding towards the two civilizations. Information about the Hellenistic world from Chinese Classics provide the earliest as well as the richest first-hand texts for the Study of the Silk-Road and the East-West culture exchange. It turns out that we could build an academic interactive relationship between Chinese and Western Classical Studies, and also between research on ancient Chinese and Greek Civilizations.

Classics and Intellectual History

ZHANG Wentao

In recent years, there is arising quietly a profound change in the Western Studies of Chinese academia and great importance has been attached more and more to the Classics or the Studies of the ancient Greeco-Roman world. This paper aims at to understand that change broadly and thus to unfold some thoughts on the consciousness and methods of the future Chinese Western Studies. The Chinese Western Studies originate from the Question of China or the Question of Chinese Modernity, on which the deep research enable us to build the horizon of the Quarrel between Ancients and Moderns in the Western intellectual history. It is in this horizon that we encounter with the special kind of Study of the Classics or the classical Western Studies.

《古典学评论》征稿启事

《古典学评论》是由西南大学古典学交叉学科和历史文化学院主办、古典文明研究所具体承办的学术书刊，2014年秋创办，由上海三联书店出版发行，计划每年出版1辑。本刊旨在探讨世界古典文明及相关问题，以期促进古典学术的发展，推动国际学术交流。本刊重点研究西方古典学，兼及中国古典文明和诸文明比较研究；提倡严谨扎实的学风，注重创新、探讨、切磋和争鸣。设有多个栏目。欢迎国内外老中青学者不吝赐稿。

本刊接受学术论文、译文（尤其是原始资料的迻译）、研究综述、札记、书评、争鸣，等等。来稿一律用中文，论文、译文字数请限于1.5万字以内，优秀文章不受此限；其他文章5000字以内，精粹的短篇稿件尤为欢迎。本刊热诚欢迎历史学、哲学、文学、宗教学、文化学、人类学、神话学、考古学、生态学等不同研究视角的文章；引文务必准确无误，译文请附上原文。编辑部在收到稿件后，将请有关专家审阅，一般在2个月内回复作者。由于编辑部人力有限，来稿一律不退。来稿免收审稿费和版面费，一经刊用，即致薄酬。

来稿时请作者提供200字左右的内容摘要；3—8个关键词；英文题名、英文摘要、英文关键词要与中文文献对应，置于文后。本刊注释采用页下注的格式，具体参照《世界历史》最新注释规范（西文古典作品卷、章、节请用底圆点间隔）。作者简介请另附页，注明作者真实姓名、出生年月、籍贯、工作单位、职称、以及联系方式。来稿一律使用电子稿，请用 Word 文档“附件”发至：xfgdwm@163.com，信件请注明“《古典学评论》投稿”。

重庆市北碚区天生路2号西南大学历史文化学院

《古典学评论》编辑部

2014年8月

图书在版编目(CIP)数据

古典学评论. 第 1 辑/徐松岩主编. —上海：上海三联书店，2015. 3

ISBN 978 - 7 - 5426 - 5118 - 1

Ⅰ.①古…　Ⅱ.①徐…　Ⅲ.①社会科学—文集　Ⅳ.①C53

中国版本图书馆 CIP 数据核字(2015)第 052038 号

古典学评论　第一辑

主　　编 / 徐松岩

责任编辑 / 黄　韬
装帧设计 / 鲁继德
监　　制 / 李　敏
责任校对 / 张大伟

出版发行 / 上海三联书店
(201199)中国上海市都市路 4855 号 2 座 10 楼
网　　址 / www.sjpc1932.com
邮购电话 / 24175971
印　　刷 / 上海惠敦印务科技有限公司

版　　次 / 2015 年 3 月第 1 版
印　　次 / 2015 年 3 月第 1 次印刷
开　　本 / 710 × 1000　1/16
字　　数 / 280 千字
印　　张 / 17
书　　号 / ISBN 978 - 7 - 5426 - 5118 - 1/C · 531
定　　价 / 42.00 元